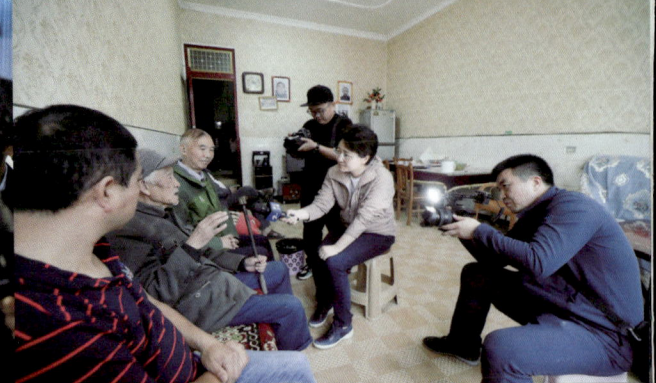

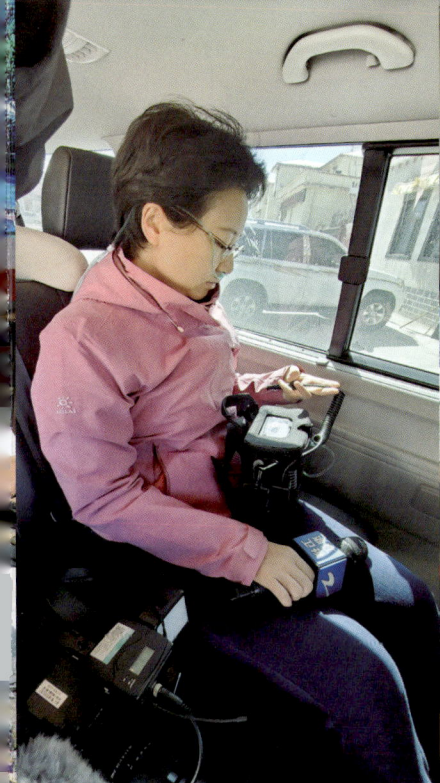

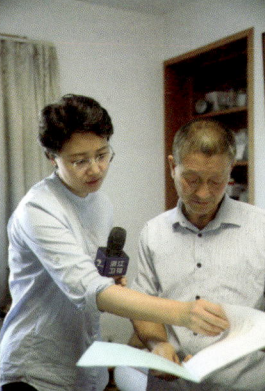

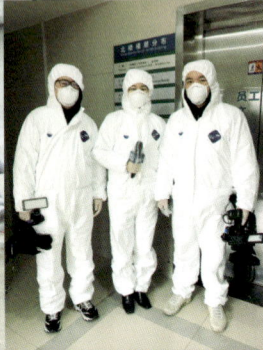

在一起

来自蹲点一线的报告

杨川源 编著

ZHEJIANG UNIVERSITY PRESS

浙江大学出版社

·杭州·

图书在版编目（CIP）数据

在一起：来自蹲点一线的报告 / 杨川源编著 . -- 杭州：浙江
大学出版社，2023.4（2023.7 重印）

ISBN 978-7-308-23606-5

Ⅰ . ①在… Ⅱ . ①杨… Ⅲ . ①新闻工作者—基本知识—中国
Ⅳ . ① G214

中国国家版本馆 CIP 数据核字 (2023) 第 053929 号

在一起：来自蹲点一线的报告

杨川源 编著

责任编辑	李海燕	
责任校对	朱梦琳	
封面题字	江　坪	
装帧设计	雷建军	
视 频 组	丁亦祺　王欣怡　王霁月　周凡琦　楼羽忻	
出版发行	浙江大学出版社	
	（杭州市天目山路 148 号　邮政编码 310007）	
	（网址：http://www.zjupress.com）	
排　　版	杭州棱智广告有限公司	
印　　刷	杭州高腾印务有限公司	
开　　本	710mm×1000mm　1/16	
印　　张	23	
彩　　插	1	
字　　数	316 千	
版 印 次	2023 年 4 月第 1 版　2023 年 7 月第 2 次印刷	
书　　号	ISBN 978-7-308-23606-5	
定　　价	98.00 元	

前　言

　　这是一份来自蹲点一线的报告。作为中宣部青年英才自主项目"瞄准'头部效应'加速'网格化'基层宣传系统建设方案"的阶段性回顾，这份报告汇集了我与团队在蹲点一线，探寻浙江故事，不断增强主流媒体传播力的一些实践与思考。

　　项目结题报告取名《在一起》，是因为在打通媒体与浙江实践的路上，我们始终和市县基层媒体的战友们，摸爬滚打奋战在一起，和众多基层干部、采访对象相知共鸣在一起。我们以同样的热情与信念，创作优质新闻内容，提高基层新闻生产力。蹲点路上，越是面向基层、扎根基层、报道基层，我们越感到宏大主题落脚平凡烟火的重要，主流媒体社会舆论引领力与推动力的强大，也越发体会到影响力和实效性是检验和评判传播力的核心标准。好报道要能让老百姓在一个个鲜活的故事中，看见政策，看见现实，更看见自己。因此，"在一起"是方法，是理念，更是呼唤。

　　为了充分还原记录的过程，这份报告用"蹲"这个深入一线的报道姿态与形式，分成果、方法、创新、启示、感悟五个篇章，选取了近十年来蹲点团队在基层创制的 35 组系列报道，包括五大新闻行动、四大类型重要会议报道、主题报道及突发事件、重大自然灾害报道等。这些报道主题不同，说的却都是老百姓的家常事，折射的都是新时代的国家大事：并村、撤镇设市改革背后的全过程人民民主；产业升级、企业转型、行业变迁里的经济高质量发展；扶贫、扶智、扶志蕴含的决战脱贫攻坚的伟大精神；民情、民生、民心凝聚的全面建设社会主义现代化国家的民族力量……每一件作品里，都是一组热气腾腾的新闻现场；每一件作品外，都有一群热爱新闻工作和关注这个时代的人。所以当我发出邀请时，无论他们身处何方，对这些作品"来时的路"，都记忆犹新。短时间内集成了业务总结 20 篇、手记 54 篇。一篇篇饱含深情的文章，推开的是一扇扇重回新闻现场的大门，再现的是众多场景里挖掘新闻价值的苦乐交加。每一次"在一起"都是从疼痛与苦闷中长出的欢喜，都是在努力扎根与思索中结出的果实。

　　党的二十大报告提出：加强全媒体传播体系建设，塑造主流舆论新格局。"体系建设"与"格局变革"的落地与推进，要从每一次基层新闻的采编过程中来，更要到每一次基层传播力的实践中去。习近平总书记强调："读者在哪里，受众在哪里，宣传报道的触角就伸向哪里。"[1]现在，全国已建成运行县级融媒体中心 2585 个，浙江更是率先实现了县级融媒体中心全覆盖。探索加速市级媒体融合，要做到传播手段和话语方式创新，让党的创新理论"飞入寻常百姓家"，对市县基层新闻的贴近性、及时性、创新性、精准性和传播力、影响力、感染力、公信力提出了新的更高的要求。作为最贴近基层群众的"神经末梢"，基层新闻做得好不

---

[1] 习近平：坚持军报姓党坚持强军为本坚持创新为要 为实现中国梦强军梦提供思想舆论支持 [N]. 人民日报，2015-12-27（01）.

好，决定着主流媒体是否能真正释放"头部效应"，是否能占领舆论阵地，是否能建立全媒体传播体系，赢得引导舆论的主导权。

改革推进需要有效管用的抓手。蹲点报道以其内容生产全流程的深入性与贴近性，成为发现基层报道痛点、疏通传播流程堵点、摸排良性合作的甜点，建立健全网络机制、优化体制、激发活力的实施载体。这是一个以解决基层新闻上稿难为切入点，以创新基层新闻报道精品为目标，不断摸索解决办法、探索手段、建立机制的过程。2018 年《浙江新闻联播》推出"联播头条工程"，鼓励记者向着陌生的山区海岛出发。以蹲点报道的方式，聚焦基层经济社会发展中的重大核心事件，深入挖掘基层题材，讲实情、问发展、找路径，在共情、共振、共谋上下功夫。不断拉近主流媒体与基层干部、群众间的距离，也在"双向了解、互相融合"中，为基层政府与有关部门重新认识主流媒体的传播方式、传播理念，拓宽了新思路，打开了新空间。紧接着，如何加速从"送头条"到带动基层"强能力"成为新课题。2019 年 5 月至 8 月，在全省"鲜活新闻大赛"中，浙江卫视与各市、县台，自主报题都出现了信息的"双匮乏"，卫视记者不知道"活鱼"在哪，县市区记者干着急发现不了身边的好故事，看到了又不知如何抓住"活鱼"。"两难"的背后，暴露的是地方新闻触角缺失，传播表面化、形式化，记者缺乏主动思考的能力、深耕基层的选题储备，"省、市、县"三级新闻媒体业务水平、理念不均衡等一系列亟待解决的问题。

连续两年"联播头条工程"和"鲜活新闻大赛"中遇到的棘手事、烦心事，不断倒逼我们在实战中找寻破题方法。改革破题关键在"人"。我们更加清醒地认识到，建立一支精准到"人"，细化到"网格"，懂政策、爱基层、会宣传，多元融合的宣传队伍，是巩固和优化基层宣传阵地，推动新闻宣传与基层治理良性共赢的必由之路。

在"瞄准'头部效应'加速'网格化'基层宣传系统建设的方案"立项中，我们制订了三年行动计划。目的在浙江省新闻协作网的基础上，通过浙江卫视《浙江新闻联播》常态化播出蹲点报道，在实战中解决"在哪里？对谁讲？谁来做？"三个实际问题，从新闻传播源头端、采集端、分发端"三端"入手，激活、联合各环节中的"人"，切实提升内容的精准度、及时性。建立并逐步完善"骨干记者网＋基层干部联络网"，贯通基层宣传"最后一公里"，反映基层问题、挖掘基层故事、传递基层声音，坚守基层意识形态阵地，蹚一条务实、高效的优质新闻传播群众路线。

按照"十四五"规划"进一步建强、用好基层融媒体，实现可持续发展"的要求，加速实施内容体系改革，已经成为新型主流媒体求生存、谋发展的当务之急。方案来自一线，实践在一线，卡点也在一线。"在一起"是一场关乎主流媒体能否与基层共情共享的系统变革。作为实施人，我深感摒弃空谈，建立"网格化"实用保障机制，行路艰辛。然而，这也正是我们越发坚定地推进立项的动力。

2021年我们建立了"蹲点工作室"，激活省级媒体在"省、市、县（区）、乡、村"五级联动过程中的统筹、统领作用。凝聚起了一支由全省市、县媒体210人（截至目前）组成的全省骨干记者、摄像团队，并尝试以具体蹲点项目为牵引，调动"人"的积极性，在实战中建队伍、炼业务，做大基层朋友圈，为好新闻"开源"。

几年来，我们一步步摸索"在一起"的新闻协作方法，取得了阶段性的成果，《"并村"之后》《陈立群的最后一次家访：即使拄着拐杖我也要来关注台江的教育》《〈数字化改革之道〉省市场监管局："闪电速度"的背后》连续三年获得中国新闻奖一等奖。

我们在深化总结省、市、县联动的优质内容生产机制的同时，加速提炼"扎根精神"，不断用有思想、有温度、有品质的新闻作品，感染和带动基层新闻工作者增强"四力"，打赢基层舆论引领的攻坚战。

习近平总书记提出，新闻舆论工作者"要转作风改文风，俯下身，沉下心，察实情，说实话，动真情"①。基层是记者的主阵地，群众是记者的力量源。只有蹲下去，蹲深一度，才能看到更美的风景，打开更开阔的天空。新闻一线不是孤勇者的战场，而是"在一起"发力、发声的舞台。中宣部青年英才的自主"立项"是一次倒逼，加速了我们直面问题，探寻以实用新闻人才队伍建设为牵引，省市县"立体化""网格式"联动的方法。让浙江实践的好故事，有奔涌不竭的源头活水，有纵深广大的覆盖空间。只有让更多人听到来自这支"不设边界、不拘一格"蹲点团队心底的声音，才能让更多人肯于立足日常，从"站着看"到"跟着干"，在更广阔的基层新闻天地，整合资源，凝心聚力，解决长远，不断捧出热气腾腾的中国故事。

我想，这也正是《在一起——来自蹲点一线的报告》作为立项阶段性总结的必要所在。相信关注基层新闻宣传和媒体发展的人们，在更长的时间里会更清晰地看到它的价值。同时，它也提醒我们，一段更加漫长崎岖的山路，正等待着我们奋力登攀。

杨川源

2022 年 11 月 8 日

---

① 习近平在党的新闻舆论工作座谈会上强调：坚持正确方向创新方法手段 提高新闻舆论传播力引导力 [N]. 人民日报, 2016-02-20（01）.

目　录

第一章 蹲出成果 1

作品一 "并村"之后 2
中国新闻奖一等奖（2020）
作品简介
一起做｜全过程人民民主的基层叙事 3
以场景叙事提升蹲点报道的成色 3
一起说｜许勤："勤"在团队中成长 15
张诚：要拍有"灵魂"的镜头 18
陶兆龙："三句话"背后隐含的成功秘诀 21
郑焕益 潘可静：唯有体察入微 方能动人心弦 25

作品二 陈立群的最后一次家访：即使拄着拐杖我也要来关注台江的教育 ... 28
中国新闻奖一等奖（2021）
作品简介
一起做｜用"短跑"的速度"长跑" 29
记者手记：贵州六日——那些难忘的"背后" 30
提升典型人物报道的传播力 35
现场 现场 还是现场 40
一起说｜王西：杨川源："我不是一个聪明人" 47
孙汉辰：在"焦虑"中找到一条路 50
王鑫：在战斗中"新兵"变"老兵" 53
邰子涵：做一个勇敢的人 56

作品三　(数字化改革之道)省市场监管局："闪电速度"的背后　58
中国新闻奖一等奖(2022)
作品简介

一起做｜让改革的报道暖起来——用"时度效"推动电视专题转型 ⋯⋯ 60
　　　　让改革的报道充满温暖 ⋯⋯ 65

一起说｜章根明：以"闪电速度"推动变革 ⋯⋯ 67
　　　　邵一平：降龙十八掌 掌掌击现场 ⋯⋯ 70

一起说｜马思远、孙汉辰、王西、许勤 ⋯⋯ 72

作品四　基层牌子何其多　74
中国广播电视大奖一等奖(2015)
作品简介

一起做｜以蹲点推动主题报道调查化 ⋯⋯ 75
　　　　在基层 我想知道得更多 ⋯⋯ 76
　　　　追踪报道：基层减负"加减法" ⋯⋯ 79

一起做｜改革话题一蹲到底 ⋯⋯ 81

一起说｜周新科：发现力与表现力 ⋯⋯ 85

作品五　诸暨：请来的"洋专家"又走了 "退出机制"动真格　88
中国新闻奖三等奖(2019)
作品简介

一起做｜"念念不忘"必有回响 ⋯⋯ 89

一起说｜胡正涛：多思考 多挖掘 好选题自然来 ⋯⋯ 90
　　　　郑重：在一起 向未来 ⋯⋯ 92

作品六　大山深处的浙江人　95
中国新闻奖三等奖(2021)
作品简介

一起做｜激活"过程价值"赋能融媒传播 ⋯⋯ 97
　　　　记者手记：三条哈达的故事 ⋯⋯ 98
　　　　主题报道在新媒体端的有效传播 ⋯⋯ 102

一起说｜贾永义：一场突如其来的直播 110

郑芬兰：那曲之眼 113

第二章 蹲出方法 115

方法一 重大会议报道全过程人民民主的创新表达 116
一起做｜全过程人民民主就在你我身边 116

一起说｜李盼盼："浙"样珍"贵"的对话 125

方法二 让互联网叙事脱虚向实 128
一起做｜连通基层 对话网络（2016—2021） 128

激活内容资源 锤炼融合团队 133

一起说｜朱世强：穿越黎明 奔赴大海 136

方法三 让跨国蹲点成为他山之石 138
一起做｜讲好国际视野下平等互动的中国故事 138

记者手记：到欧洲蹲点去 140

一起说｜张云洁：我和川源在德国走基层 153

忻皓：那一年去看莱茵河 156

韦飚：潮起钱塘 源来德国 158

蔡正欣：巴村来了中国记者 164

方法四 让老地方充满新活力 169
一起做｜跨越十六年 领悟大转折 169

一起说｜武书明：相遇在新长征路上 171

方晨晔："3+2"五人组的红色之旅 175

薛雅文：重访的意义 179

陈旺：奔赴一场"打鸡血"的"闪电战" 181

方法五 让倡议书回应现实需求 183
一起做｜新春走基层里的"题中题" 184

一起说｜鲍丹萍：用脚步丈量小镇梦想 用镜头解剖基层痛点 187

第三章 蹲出创新 191

创新一　激活基层发展代言人、发言人 192
　　一起做｜转变话语体系　变发言为动员 192
　　　　　　到基层钉钉子 193

创新二　改造主题报道　直达基层 196
　　一起做｜搭建基层宣传平台 196
　　　　　　小圆桌汇聚共同富裕大能量 198

创新三　理念一变天地宽 202
　　一起做｜"非"典型里的典型意义 202
　　一起说｜黄超忆：从雾里看花到豁然开朗 203
　　　　　　蒋阿玮：蹲点里我到底缺什么？ 207
　　　　　　叶建亮：素材里有宝贝 210

第四章 蹲出启示 213

改视角　"软"角度走近"硬"角色 214
　　一起做｜对话改革者一《柳市故事》告诉我们：这条路没有错 215
　　　　　　对话改革者二　站在改革者身后的改革者们 219
　　　　　　对话改革者三　坚持在发展中回顾历史 224

改自己　向着陌生出发 227
　　一起做｜联播头条工程：把头部位置留给人民 227
　　　　　　我要和他们见面 228
　　一起说｜林子路：蹲出新闻的色与彩 232
　　一起做｜激活骨干记者力量 235
　　一起说｜叶丰鸣：新闻协作我们在一起 236

改态度　沉下去看底色 239
　　一起做｜充分还原改革探索历程 239

沉下心　扎下根　为乡村振兴鼓劲加油 ⋯⋯⋯⋯⋯⋯⋯⋯⋯⋯ 239

一起说｜叶欢娜：一起吃苦的幸福 ⋯⋯⋯⋯⋯⋯⋯⋯⋯⋯ 243

高爽爽：师傅叫我要认真 ⋯⋯⋯⋯⋯⋯⋯⋯⋯⋯ 245

张洁云：走出"短平快"的迷失 ⋯⋯⋯⋯⋯⋯⋯ 247

朱仁斌：我眼中的媒体人 ⋯⋯⋯⋯⋯⋯⋯⋯⋯⋯ 250

一起做｜用持续关注力　挖掘山区发展新动能 ⋯⋯⋯⋯⋯⋯ 253

雷蕾：在"农村电商"报道中"结缘" ⋯⋯⋯⋯⋯⋯ 254

潘君跃：我们是一个团队 ⋯⋯⋯⋯⋯⋯⋯⋯⋯⋯ 256

改观念　直面矛盾　推动发展 ⋯⋯⋯⋯⋯⋯⋯⋯⋯⋯⋯⋯⋯⋯⋯ 258

一起做｜解开高质量发展中的"心结" ⋯⋯⋯⋯⋯⋯⋯⋯⋯⋯ 258

一起说｜康伟：珍珠背后故事的主题报道"三变" ⋯⋯⋯⋯⋯ 260

一起做｜产业变革中的"危"与"机" ⋯⋯⋯⋯⋯⋯⋯⋯⋯⋯ 262

杨云贵：原来身边有这么多好故事 ⋯⋯⋯⋯⋯⋯ 263

改表述　形成同屏共振的话语共同体 ⋯⋯⋯⋯⋯⋯⋯⋯⋯⋯⋯ 266

一起做｜在细节中撕开"突破口" ⋯⋯⋯⋯⋯⋯⋯⋯⋯⋯⋯⋯ 266

一起说｜陈婕：在"最多跑一次"中奋力奔跑 ⋯⋯⋯⋯⋯⋯⋯ 267

陈波：不能做只跑一次的记者 ⋯⋯⋯⋯⋯⋯⋯⋯ 269

一起做｜改革"热"话题的"冷"思考 ⋯⋯⋯⋯⋯⋯⋯⋯⋯⋯ 272

一起说｜常艳荣：数字化改革报道也要"数字化" ⋯⋯⋯⋯⋯ 272

改格局　小县城大观察 ⋯⋯⋯⋯⋯⋯⋯⋯⋯⋯⋯⋯⋯⋯⋯⋯⋯⋯ 277

一起说｜赵占东：三婶的惊喜 ⋯⋯⋯⋯⋯⋯⋯⋯⋯⋯⋯⋯⋯⋯ 278

改锐度　用机制来凝聚共识 ⋯⋯⋯⋯⋯⋯⋯⋯⋯⋯⋯⋯⋯⋯⋯⋯ 280

一起做｜把脉改革进行时 ⋯⋯⋯⋯⋯⋯⋯⋯⋯⋯⋯⋯⋯⋯⋯⋯ 280

一起说｜谢陈啦：做新闻就要"稳准狠" ⋯⋯⋯⋯⋯⋯⋯⋯⋯ 283

改硬度　用"软实力"碰"硬" ⋯⋯⋯⋯⋯⋯⋯⋯⋯⋯⋯⋯⋯⋯⋯ 286

一起做｜以民生视角解读城市转身涅槃 ⋯⋯⋯⋯⋯⋯⋯⋯⋯⋯ 286

一起说｜余斌：蹲点报道那些事 ⋯⋯⋯⋯⋯⋯⋯⋯⋯⋯⋯⋯⋯ 288

徐觉民：对话绍兴古城的昨天、今天和明天 291

改思路　回应急难愁盼　助力基层治理 295

一起做｜在风声雨声中回应人民心声 295

向"台风报道"要价值 298

一起说｜俞济树：追风逐雨"硬"碰"硬" 300

一起做｜在"深蹲"中传递"力量" 304

一起说｜罗凌芳：向心而行　同频发力 309

沈速：在最闹心的时候相遇 313

金鳃：声音的力量 316

方华芬：她把我们的歌声传了出去 318

王莹、章鸣宇：好新闻是蹲出来的 321

一起做｜蹲到抗疫最前线去 323

与你同在 324

蹲到救援一线的队伍中去 332

苏村的 7 天 7 夜 332

第五章　蹲出感悟 335

思想向上　心沉基层 336

杨川源：烟火气里寻找大滋味 343

做顶天立地的记者 350

江坪寄语 351

后　记 353

第一章 ○ **蹲出成果**

如何定义成果？中国新闻奖是记者职业追求的目标，更是提升业务能力的航标灯。在每件作品的背后，我们看到的是文章当随时代的方向，看到的是如何持续增强传播力的方法。对蹲点团队来讲，我们的目标就是要让基层的"拳头产品"成为新闻里的"新优特"，让基层的"一招先"收获"满堂彩"，让基层的"拓荒者"成为时代的"追梦人"。因此，这一章将通过"在一起"记者的心路历程，回溯拍摄方法，提炼团队启示。我想，了解这些作品是怎么做出来的，又是怎样敲中了时代的鼓点儿，要远比知道成果本身更有价值。

作品一　　　　　　　第三十届中国新闻奖一等奖（2020）

"并村"之后

（来自蹲点一线的报道）"并村"之后（一）：一根水管引发的换位思考

（来自蹲点一线的报道）"并村"之后（二）：鸭棚拆了 干群间"篱笆"也拆了

（来自蹲点一线的报道）"并村"之后（三）：一条山路 激活发展新思路

▶

作品简介

2019 年是全国深化基层治理，加大力度推进"并村"改革的攻坚年。该组报道以"并村"之后这个基层矛盾集中爆发的窗口期为切入点，对温州永嘉的 8 个不同类型的合并村进行深入蹲点，从"并人、并事、并心"三个角度，记录了在这场中国乡村行政改革中浙江基层的探索和实践，梳理和提出了"并村"之后基层治理、基层发展亟待破解的难题。把问题在故事化、场景化中展示，解决问题的答案也在跟踪记录中呈现。"问题 + 方法"纾解民生焦虑、解决一线焦点问题，集互动性、故事性于可视性、引导性中，成为党政、百姓、社会多方共赢、受众广泛叫好的系列报道。

REPORT   一起做

全过程人民民主的基层叙事

习近平总书记在党的十九大报告中首次提出"坚持农业农村优先发展"，把农业农村发展摆在了一个前所未有的国家战略高度。"合村并居"是推进农村城镇化进程，加快社会主义新农村建设，整合开发和集约利用土地的一项重要举措。浙江率先启动这项改革，也更早地面对了矛盾与问题。"合村并居"是否真正有益于发展，取决于村级领导班子的构建，以及村级民主管理、村庄的渐进式发展程度。作为主流电视媒体，我们如何直面问题，客观反映中国农村的发展诉求，村民的民主意识、村级管理水平提升的迫切性？如何充分展现乡村基层治理改革背后，全过程人民民主的底层逻辑？这是一次话语体系的转变，需要记者学会在新闻现场保持"隐形"，真实记录场景里故事发展的起承转合，将蹲点报道的表现力与功能最大化。

以场景叙事提升蹲点报道的成色

"场景"是构建新闻叙事"故事空间"与"话语空间"的重要载体，也是新闻现场内容呈现的基本单元。在"场景"中不断丰富和完善新闻叙事，是深化主题价值传播的有效途径。在电视新闻传播过程中，最大限度地让叙事根植场景，让"叙述语言"与"画面语言"实现主题传播的场景回归，才能更好地提升传播的可信度，有效地传递主题。

在《"并村"之后》系列报道中，记者梳理和提出了并村之后基层治理亟待破解的"干部能力提升、干群关系融合、发展方式转变"三大典型难题。着力针对"场景叙事"传播过程的前、中、后段，攻坚梗阻，打通堵点，探索通过新闻现场的"场景"来搭建媒体、受众与报道对象三方之间沟通的平台，提高电视蹲点报道的传播力与感染力。那么，如何"打通"？如何"搭建"？

一、抓住关键要素　提升叙事感染力

蹲点报道中的"场景表达"是在特定时间、地点，展现人、物之间关系，人物在做什么、想什么；需要具备人物故事化、事件情节化、情感贴近化三大关键要素。以"场景"推进，优化过程性展示，重构电视叙事，提升蹲点报道主题表达的表现力、亲和力和视觉张力。

1. 抓取个性化语言　推动人物故事化

同期声承载了大量的现场信息。人物的语调、语速配合表情、手势能够充分发挥电视形象语言叙事的优势，从而给受众一个具体、真实的现场氛围，推动主题的传达，是场景表达的核心。

在《"并村"之后》系列报道中，记者着力尝试借力同期声，塑造鲜明"人物形象"，构建清晰的"叙事节奏"，与解说词互动共同搭建场景空间。一个突出特点即采用"核心人物"与"辅助人物"并行互动的叙事形式。在《一根水管引发的换位思考》中，核心人物是新社区书记胡秀忠，辅助人物是"旧村干部"，将他们一同放置在并村之后民生项目投票会和新社区第一场拔河比赛现场。两组人物互动，带出了"并村"先并"带头人"的现实痛点与问题焦点。

在第一场景，记者选择了合并了六个行政村的红星社区。在成立后的第一场干部座谈会上，核心人物社区党委书记胡秀忠一出场，就被赋予了解决矛盾的使命，辅助人物胡秋妹和胡秀月之间因水管而生的矛盾一触即发：

【同期声】永嘉县红星社区纪委书记　胡秋妹：我们村是绝对不给他装的。

永嘉县红星社区党委委员　胡秀月：你现在临时改变说不让做，这是什么意思。

永嘉县红星社区党委委员　胡秀月：自来水都没下来呢，还跟他并村。

并村改革之后，为了融洽合并村之间的关系，促进村民间相互了解，永嘉枫林镇举办了第一次包粽子比赛

　　场景叙事被"电光石火"的矛盾迅速点燃升温，并村后干部并心难的现状一目了然。胡秀忠左右为难的尴尬，也显得越发传神。进入解决问题环节，叙事依然以胡秀忠的视角，说服干部换位思考。两位旧村干部第一次到对方村察看民情。这个"土办法"触碰了并心的痛点：边界意识，让旧村干部真正站在"大社区"的角度去为民服务，倒逼干部们全面"转变"思维格局、工作方法。

　　从为了"一根水管"的争吵，到打破小我利益的藩篱学会换位思考，辅助人物的出现，持续深化了干部"并心"难的现实主题。在叙事情节上环环相扣，层层递进，将干部与干部之间关于信任、方法、思想的交流、交锋，清晰地展现了出来。在塑造鲜明人物形象的同时，营造了热气腾腾的主题叙事氛围。这样的"带入式"传播，强化了叙事的戏剧性，实现了表达功能的最大化。

2. 展示典型矛盾 推动事件情节化

"事件"是多个"情节"的组合，新闻叙事中的情节不是对事件的简单搬运，而是基于新闻事实，对事件进行重构。《"并村"之后》系列报道，用"一根水管、一片鸭棚、一段山路"作为并村发展中各方矛盾的展示载体。将并村前后基层工作方法、干群关系中的"转变"，精准地放置在三个典型矛盾的解决过程中，节奏分明。

《一片鸭棚 倒逼出"方法"之变》从永嘉县江枫村环境整治动员大会切入，聚焦并村后"干群关系"融合难题。面对思想转不过弯来的老乡，新村主任周望东主动转变工作方法，把选择权、发展权交给群众。

【现场声】绿道造起来，我们这里还要再造一条路。

【配　音】徐阿姨终于慢慢懂了。

【同期声】村民　徐冬蕊：村干部要把这个村搞好建设好，要把村的门面搞得好看，游客过来看的时候，说你这个村搞得蛮好。

温州永嘉县江枫村村主任周望东给一直不肯拆鸭棚的徐阿姨耐心讲解并村后的新规划

　　徐阿姨和很多拒绝周望东的老乡都开始慢慢在理解"发展"的含义，也在慢慢开始接受这位急得满嘴起泡的新村主任。从会场的尴尬，到做邻村群众工作碰壁后的坚持，再到耐心疏导寻求方法。场景化叙事中围绕"改变"，形成了完整立体的情节链条。周望东作为新村干部典型，站在发展的角度，从群众利益出发，采用突破"干群关系"僵局的"曲线工作法"，也成为情节推进中自然传递出的主题信息。

3. 读懂人的需求　推动情感贴近化

　　在场景化表达中，人是核心要素，人的需求就是表达的路径。场景中的人此时此刻的所思所想，是场景化需要去特别关注的叙事主体。《"并村"之后》正是将个人、群体的需求放置在场景中展示了出来。

　　开篇放在永嘉村干部培训班上的海采，我们看到了行政村数量减少46%后的新村干部面临着新挑战，以及群体性的能力恐慌。

【同期声】永嘉县东城街道峙口社区干部：现在5000多人吧，原来才几百人。

　　　　　永嘉县东城街道峙口社区副书记 黄达汉：一下子我们并这么大的村还不习惯。

　　　　　永嘉县红星社区党委书记 胡秀忠：（最着急的是要做什么？）就是搞团结、团结。

　　在《一条山路　激活发展新思路》中，作为返乡大学生村官的新任村主任胡明武，他的焦虑、困惑、试探，直到豁然开朗，是整个情绪变化的起点，伴随着人物的诉求在"场景"中自然延伸发展。

【配　音】这条狭窄的石板路，让之前的"里山村"成了名副其实的"山里村"。山上的姑娘都要嫁到山下，山下却没人愿意嫁上去。

【同期声】永嘉县龙前村村主任 胡明武：我们现在上面娶不到老婆的很多。

　　寻着强烈的发展需求，胡明武带着村干部们拎着家乡的特色农产品上部门找专家。在找到电商发展的路径后，干部们发出了由衷的感叹：

【同期声】山上没有人愿意嫁上去，还有很多光棍。看包装时：以后我们村里的光棍
　　　　　也能娶上老婆了。

朴实诉求，推动情感的共鸣。被解读的个别人物和人物群体的精神内涵，
在场景中得到传播力有效的渗透性表达。

二、挖掘典型细节　提升叙事可信度

细节是从现场事件中自然流淌出来的，与事件现场融为一体。场景化叙
事中的细节，更加注重与事件整体信息、环境背景之间的互动关联。情节
性细节是对场景中个别人和事物细节的主题性汇集。如果说常规性细节是
"点"，那么情节性细节就是"块"。在电视叙事常规性细节的基础上，挖掘
"情节性细节"，具有更大的说服力。在《一根水管引发的换位思考》中投票
大会中突发的群体性细节被记者记录下来：

【配　音】干部有没有真正心连心，要过事儿才能见分晓。虽然胡秀忠的话稍稍缓解
　　　　　了现场尴尬，可是原本混着坐的几个村干部，还是纷纷按原来的村坐在了
　　　　　一起。虽然经过投票，岭根的自来水基础设施建设入选新村五大实事，虽
　　　　　然干部们碍于面子勉强握了手，但看得出他们心里的疙瘩并没有解开。

旧村干部当场换座位这一情节性细节成为干部之间矛盾的最好例证，加
上对干部间互相嫌弃的眼神、抖动的手指等多组人物特写，营造出了矛盾一
触即发的现场氛围。《一片鸭棚　倒逼出"方法"之变》中，江枫村合并后的
新村环境整治动员大会现场，一个干部和群众一热一冷的反差情节化细节，

温州永嘉县红星社区干部现场协商解决山上山下铺设水管问题

极大地增强了报道的带入感。

【配　音】温州永嘉县江枫村
【同期声】永嘉县江枫村村主任 周望东：我要跟大家先说说自己的心里话。
【配　音】一个多月来，作为新村村主任的周望东和村班子十分着急。眼看其他村的大项目有不少已经陆续开工，自己村却还徘徊在"村庄整治"的这一步。
【同期声】永嘉县江枫村村主任 周望东：环境卫生都没有达标，怎么样去创造精品民宿村？
【配　音】为了尽快让村民融合起来，活动组织了不少，可一较真儿要推进拆小屋，困难重重。
【同期声】永嘉县江枫村村主任 周望东：多提提意见好不好？
【配　音】台下却一片沉默。

这是在拆小屋推进会上周望东的一场"独角戏"。台下黑压压坐着的新村群众一言不发，无声细节的使用反衬出新村干部与群众之间融合的巨大难度。《一条山路　激活发展新思路》中的情节化细节，则是以胡方治一家人迫切的致富梦想作为载体展开。

【配　音】并村前，山上、山下两个村的村集体经济都不足 10 万元，根本没能力造
　　　　　路。村里的茶叶、笋干、土鸡蛋卖不出去。村民胡方治每周一、周五都会
　　　　　把山上的土货带到山下的姐姐家代销。
【同期声】村民　胡方治：因为在家里，你就算种起来，东西都卖不出去。书记他们就说，
　　　　　我们一个村了，有些政策方面就可以，就好解决了。
【配　音】知道村里的路，终于要开始修了，胡妈妈说不出的高兴。
【同期声】村民　胡方治：听说你们要来，特地去买了这些东西。
　　　　　胡妈妈：以后我们老人有车可以坐了。
【同期声】永嘉县巽宅镇组织委员　金耀旭：你放心，原来把这两个村放在一起，就是
　　　　　有这个考虑的，对于政策上可以支持的资金，我们可以尽量去争取。

　　不会说普通话的胡妈妈知道要开始修路时，特意给新村干部买来的糖果，是一种无须表达的喜悦与信任。一家人，一条路，一个致富的夙愿，情节化细节贯穿在整个叙事中，传递出浓浓的群众期待与发展的渴望。
　　这些连贯的细节构成场景，蕴含着戏剧性的冲突燃点、情节化的故事看点、生动的人物交流碰撞点等，使场景叙事中的细节不再单打独斗，而是抱团表达，具有很强的感染力和传播的渗透力。

三、行进式采访　提升主题到达力

　　场景叙事要求对场景记录要更真实、及时，有连续性。记者在场景中的自身定位，决定了叙事的视角与基调。伴随式采访以现场为核心，还原真实自然的交流状态，调动被访者潜在的生活原型状态。记者更像一根"火柴"，在场景中发挥"点燃""点亮"的功能："点燃"即是精准拿捏场景的矛盾冲突爆点，恰到好处地在氛围中获取情绪到位的采访内容；"点亮"是通过真实记

录，清晰呈现事件的进展。要最大限度地解决采访时间的延续性与内容空间的接纳性问题。

1. 紧扣主题 精准"点燃"

场景叙事中的伴随式采访，保留了现场的完整性，有利于人物与情节的自然生长与情绪发挥。但"伴随"不等同于流水账，需要在场景前、中、后，于运动中精准找到切入点。记者在进行中的场景中要做到紧扣主题提前预判，精准把握叙事中的矛盾焦点，提升情节的叙事张力。

记者在《"并村"之后》中，围绕深化基层治理"并村"改革后半篇文章，瞄准"人、心、事"，以及"干部能力提升、干群关系融合、发展方式转变"的三个突出现实困难，提前预判，分别选择伴随式跟踪：在"多村合并"典型金星社区，重点观察新、旧村干部之间的融合；在"2并1"经济发展不平衡典型江枫村，重点观察新村干部与群众之间在发展面前如何融合；在"山上山下"集体经济薄弱典型村，重点观察"山里村"如何造好"路"，转思路走出来。这三个典型是三对矛盾最可能集中爆发的地方，我们在典型场点顺藤摸瓜，根据基层实际寻找典型类别人物，记录他们在场景中的矛盾冲突。

在《一根水管引发的换位思考》中，红星社区举行了多村合并后的第一场民生实事票选大会。在确认票选民生项目包括饮用水、修路等历史遗留问题都将列入议程，合并村前的所有旧村干部都将参加大会这两个信息后，记者与社区干部进一步详细了解了合并前各村的经济发展情况，以及长期以来存在于各村之间的矛盾，进一步缩小了聚焦圈：下宅村和岭根村因为水管问题长期互不相让。提前布局架设机位，有计划有重点地慢慢等待场景的升温。在两村干部矛盾爆发后，记者并没有马上介入，而是在认真记录的同时，耐心等待会议结束，恰当自然地抓住散会的情绪"窗口期"，紧跟矛盾焦点人物，在社区调解干部们勉强握手后，单刀直入：

【同期声】记者：看得出大家心里还是别扭，并村后有变化吗？

【同期声】胡秀月：自来水都没下来呢，还跟他并村?!

现场的矛盾气氛在伴随式采访中被挑明和点燃，解决矛盾的需要迫在眉睫，自然开启了第二场景中的解决矛盾环节，流畅自如，环环相扣。

点燃现场并不是煽风点火，记者需要处理好客观与主观、理性与感性之间的关系，始终关注人的命运，关注基层的发展，坚持问题导向，把群众的需求放在"点燃"的落点，不失衡，不跑偏。

2. 寻找方法 贴近"点亮"

用场景叙事达到传播中的"点亮"，需要记者始终坚持做"有用"的报道。"方向"明确才能脚下有力。"问题＋方法"，用探讨性、建设性报道形式，引导基层舆论，凝心聚力找寻发展路径与方向。

《一根水管引发的换位思考》由村干部并村不并心，带出解决问题的"换位思考"法；《一片鸭棚 倒逼出"方法"之变》由群众对新村干部的不接受、不信任，带出"曲线解决法"；《一条山路 激活发展新思路》由并村后山里的经济薄弱村争取到资金修路，带出由"有路"到以电商思维整合、打通"山里、山外"资源走出"致富路"的思路之变。特别使用了开放式结尾，突破传统媒体大屏传播封闭性互动的瓶颈。加强了对"并村之后"不断面临阶段性难题艰巨性的客观提示，同时也增强了系列蹲点报道的思辨性。

另外，在叙事中用群众的话语讲述群众的事情，也是打开群众心扉的便捷方式。在红星社区举行的第一场拔河大赛中，记者发现了追着新社区书记胡秀忠，要求在规划文件上加上"南垟"两个字的旧村干部金潘根。

【同期声】永嘉县原南垟村村干部 金潘根：林山不是写上了吗？为什么南垟不写上？

【正　文】之前，南垟村 2018 年已经有了一本自己的历史文化村落保护规划。

【同期声】永嘉县原南垟村村干部 金旺兴：怕自己村里好的资源被落下被忘记。

永嘉县巽宅镇党委副书记 单飞杰：在原来 6 个村的基础上，结合我们这镇的浙南红军小镇的规划，然后把社区规划再拿出来，在这个过程中肯定还需要反复地探讨。

红星社区党委书记 胡秀忠：先要并心，一开始要从村干部开始，然后还要带领老百姓心连心。

【正　文】听到这儿，原南垟村村干部紧锁的眉头舒展开了。

【同期声】永嘉县红星社区委员 金潘根：刚才说的我听懂了，也理解过来了，这就是一家人了。

由此看来，记者在场景中与群众迅速打成一片的方法并不是"套近乎"，而是急人所急、想人所想，汇聚社会各方资源，助推群众问题的解决。

在越来越讲求速度与贴近性的融合传播时代，"场景叙事"是加速电视系列报道向"有意思""有意义"发展的必由之路。只有以破解基层问题为己任的表达方式创新，才能成为不为技巧所困的本源性创新。作为一线记者，非下苦功夫、动真感情，实实在在扎根基层，才能在探真问题中提升"四力"，扎实提高蹲点报道的温度与成色，让来自基层的报道真正"入耳、入脑、入心"。

2019 年 10 月 8 日

永嘉县巽宅镇党委副书记单飞杰带着新的规划图解开南垟村村丁部的心结

REPORT　一起说

"勤"在团队中成长

浙江广播电视集团融媒体新闻中心摄像 ｜ 许勤

　　调入浙江卫视浙江新闻联播后，基本是做主题报道，起初那段时间真有点不太适应。改变正是从跟川源姐蹲点开始，更令我感到惊喜的是，这一"蹲"，蹲出了我这辈子的第一个中国新闻奖一等奖。

　　在拍摄《"并村"之后》之前，对"并村"这个词很陌生。人和人、家和家之间合在一起都不简单，更何况是几个村，在改革推进过程中，势必会遇到各种各样的矛盾与冲突。在去永嘉的路上，川源姐带着一本很厚的书，边看边把一些村级治理的知识点念给我听，跟我说这次一定要多拍细节，多拍场景，镜头里不要把她拍进去。我心里隐隐感觉，这会是一个不太一般的报道。

　　起初拍摄非常不顺利，虽然作为摄像，我很少在对接会上发言，但这次我明显感觉到在一个接一个密集的对接会上，川源姐一直在找"路"，而并村改革正像大迷宫，一时让人不知方向，难以入手。有几场会，见川源姐精力明显不够，我也忍不住接了上去。可笨拙的我，实在招架不住十几个县里部门和镇村干部们的集中对接场面，没几个回合就问不出什么问题了。那一刻，我才体会到每次川源姐抽丝剥茧，在一堆乱麻中找到故事，找到通往精彩新闻现场的路径的艰难，也更坚定了要用自己的镜头多记录的决心，我就不信遇不上有"戏"的。

　　我们首先聚焦了矛盾比较突出的类型村。红星社区是由六个行政村合并而来，其中岭根村位于山脚下，和下宅村一河之隔。由于地理位置原因岭根村一直没通上自来水。在新社区成立后第一次干部座谈会上，两位村干部就因为自来水工程管道问题而引发了矛盾，原本隔坐的两人也在中途投票时相互换了座位。这尴尬的一幕也正好被拍摄了下来。散会后,两位争吵的干部碍于面子勉强地握了一下手。在这节骨眼上,我留意到了川源姐的眼神,赶紧追上,那位岭根村女干部一肚子的不满也随即发泄了出来:"自来水管都不让通,还讲什么并村,肯定讲不到一块去。"第二天,社区书记让下宅村村干部去岭根村子里走走。天下着大雨,一路上下宅村村干部胡秋妹走走停停,挨家挨户了解缺水的情况。当看到老乡因为缺水拿着水桶在接雨水时,他面露尴尬地说:"现在合并了就是一家人了,这几天我们连夜做工作,要把这件事处理好。"

《"并村"之后》带给我业务上的极大收获,不仅来自奖项,更重要的是让我对蹲点拍摄方法有了全新的认识,也提炼了自己的一套方法。其实这样的感触和总结正是来自5年多里,在川源姐的带领下,我们不断在实战中摸索,在片子里比武。

《鲁家村的振兴路》,讲的是这个村子7年之间巨大的变化,这也是我正儿八经第一次拍蹲点报道。我当时既紧张又有点摸不清拍摄重点是啥,索性用起了笨办法,多拍,一个劲地拍。发现了我的困惑,在拍摄的间隙川源姐都会跟我捋一遍后续思路和重点,顺利完成任务后,我懂得了摄像与记者沟通的重要。

面对来势汹汹的"烟花",我们锁定宁海地区的人员转移和安置问题。因台风所带来的大量雨水导致奉化江倒灌,宁波海曙区石碶街道出现了积水,不少群众被困家中。收到这个消息后,我们当即决定前往受灾最严重的横涨村。平常半个小时的路程因为积水绕路我们整整开了两个半小时。到现场后我看到情况也远比我想象中要严重,整个村子被淹没在水中,积水最深处已超过2米。街道、消防、志愿者等救援力量开着橡皮艇吹着哨,挨家挨户将被困群众转移出来。我瞅了一眼身旁的川源姐,我们俩几乎同时选择登上橡皮艇打算跟随救援人员去村子里搜救与劝说被困的老乡。没有电,没有手机信号的他们受灾情况如何?会不会饿肚子?我们带着这些担忧坐上了运送救灾物资的自卸车深入灾区。在洞桥镇我们蹚着齐腰的水走访了安置点,挨家挨户询问百姓需要最迫切的是什么?希望向外界传达受困群众最真实的声音。跟川源姐一起蹚水,乘橡皮艇,爬上自卸卡车,坐上铲车的铲斗,看到她跟男人们一起摸爬滚打,我瞬间觉得自己没有任何理由不冲在前面。

拍《大山深处的浙江人》,川源姐带着我们小团队踏上了西藏的土地。一到拉萨,大家都有了高原反应,让我印象最深的是在那曲拍摄送织布机的场景。那天,从杭州出发的 50 台新式织布机到达了那曲。这场行动也被称为"牧女计划"。新式织机一到,现场围满了众多牧民妈妈们,都争着想试试新织机。"牧女计划"的牵头人郑芬兰也开始了一对一的专门培训。平常我们拍摄时,会通过减缓呼吸来保证画面相对稳定,可那曲平均海拔 4450 米,端着设备走几步、拍几个画面对我们来说都是无比的艰辛。大家嘴唇也出现了"高原紫",而我喘着粗气、憋红了脸一直艰难地拍着。现场培训完还得把新织机送上门让牧民妈妈亲手试试。我一路快步小跑尽可能稳住相机跟拍着织机送上二楼,等拍完后才发现背上全是虚汗,后背也绷住了,直不起腰来。但当带着 200 多个小时的素材回到杭州,看到高原上除了蓝天白云、牛羊成群,还有这样生动鲜活的东西部协作场景被我们记录了下来,我感到无比自豪,更理解了川源姐一直跟我们说的那句"越难越有价值"的含义。

从《大山里的"高速梦"》到《嵊泗打造东海大景区》,从浙南到浙北,跟随川源姐的蹲点团队,用镜头捕捉到了无数精彩生动的新闻现场,也结交了一批地方台的骨干摄像。每一站都是一次业务切磋会,我们相互合作、共同进步。只有抓拍到真实、鲜活的画面,才能将观众带入最鲜活的现场。

5 年相处下来,蹲点团队已经是一个大家庭,我们在全省有 200 名靠得住、信得过的骨干记者和摄像。在他们身上我看到了无数的闪光点,这激励着我不断前行,也让我读懂了蹲点工作真正的意义。

2022 年 5 月 19 日

要拍有"灵魂"的镜头

温州市永嘉县融媒体中心新闻采访中心副主任、摄像 ｜ 张诚

　　2019 年的 5 月，接到跟川源姐一起拍摄"并村"蹲点报道任务后，既兴奋又紧张。2018 年是我第一次跟川源姐前往拍了两个阶段的鲁家村蹲点，他们蹲点的高强度和对高质量的要求，一直让我很有压力。她当时对我提出的批评"你的画面只有肉体，没有灵魂"，始终让我惴惴不安。再次蹲点，面对"并村"这个如此错综复杂的基层选题，画面的"肉体"在哪？"灵魂"又在哪？为了争取主动，她还没到，我就抓紧时间进村走访，边了解情况，边琢磨。但说实话，平时拍风光比较多的我，要一下子从拍得漂亮到拍得有意思有灵魂，这绝对是一次全新的挑战。

　　蹲点开始后，我的焦虑得到了大大缓解，因为川源姐根本没有时间给我上课。对接会开得焦头烂额，说话像开机关枪，散会后我以为总算可以走上去问问要求，没想到她一起身就对我说："直接进村看情况。"没想到"跟着我"这三个字，正是贯穿在 5 天拍摄过程中领悟什么叫有"灵魂"的画面三字要诀。在"跟"的过程中，我们跟踪拍摄了 8 个村近 30 个场景。除了构好图，在怎么让画面语言来衬托文字上我也着实下了一番功夫。在准备拍摄每一个场景前，我都会在大脑里预演，这个场景中会发生什么事，可能会出现怎样的细节，细微的一个表情，一个不经意的动作，该怎么抓怎么找。由于做好了每个场景的预演设计，自己在实际拍摄中就可以有意图有准备地抓拍，这让很多细节在报道中得到了展现。

　　在岩头镇红星社区举行的座谈会上，岭根下宅两个村村干部因为自来水问题针锋相对，我用中景把两个干部框在一起，在你一言我一句中体现双

方的矛盾程度，同时随时抓拍双方微妙的表情变化，为接下来的报道埋下伏笔。在枫林镇兆潭村，针对鸡鸭棚拆除问题，村干部上门做村民的思想工作，握着村民的手做动员，我用一个特定镜头抓住了这一细节，体现干部与村民的互动像是家人间真诚的沟通。在巽宅镇，为早日打通两地公路，村民知道干部要来，特意拿出了瓜子松糕等小吃让干部尝尝，临走又出来送干部。我用中景特写记录全程，体现百姓对干部干实事的认可，也有效营造了"干群一家亲"的和谐氛围。

为了更好地抓住细节，不错失任何一个有效细节，我选择了微单不关机，将相机全程拿在手里，方便有情况可以直接抓拍，同时戴上耳机，边用眼睛看构图，边用耳朵听有价值的信息，了解动态，确保不错过任何一个关键画面。

在"并村"的拍摄过程中，我改变了以往的风格，除了严重的脏乱差之外，基本保留了农村的风貌。经过这样蹲点的实战锻炼，我甩掉了自己固有的拍摄套路，明白了只把构图拍好，不懂得活用画面、用活画面是没有用的，必须跟上现场，才能抓到细节，讲出故事。另外，构图方面我也有所改变，镜头的运动方式也更加灵活。以往的新闻拍摄，更多的是一板一眼的站桩式采访，川源姐希望新闻能走起来、动起来，所以大部分镜头是行进式拍摄的。通过她的指导，几个会议场景从气氛、现场音到特写等方面的捕捉，有效选择了独特的角度，找准了最佳切入点，很好地抓住了报道的突破口。这样一来，既把会议的主要内容报道了出来，又把那些与受众利益密切相关、受众十分关心的内容"拎"了出来，使新闻有新意、有分量，更贴近生活、贴近实际、贴近群众，为广大受众所乐于接受，同时也让报道有了深度、广度、厚度。

《"并村"之后》拍摄是我职业生涯中至关重要的一次转折，让我学会了如何有效抓拍细节、展示细节，让细节为新闻报道加分，更让我学会了活用画面，让画面更加真实可感。

有句话我一直想问一下川源姐：姐，你看我的画面有"灵魂"了吗？

2020 年 10 月

省市县三级媒体记者组成团队，协同推进蹲点报道

"三句话"背后隐含的成功秘诀

浙江广播电视集团融媒体新闻中心高级编辑　|　陶兆龙

每次编辑杨川源的文稿，总感到"压力山大"，倒不是因为她是屡获大奖的"大牌"记者，而是因为她的稿子大都是蹲点系列报道，动辄三四篇好几千字，分量重、头绪多；还有就是她的文稿大多采自一线，带着露水，鲜活的场景多、故事多、细节多，需要仔细琢磨。因此，每次改稿前，总需要屏气凝神，全力以赴。

编多了编久了，加上常年合作，风里雨里一起合作采制了不少报道，也从她身上学到不少东西，感受最深的是她的三句话。

第一句话：我要做有用的新闻。

如何做有用的报道？杨川源的特点是善于在纷繁复杂的各种社会现象中把握时代脉动，捕捉矛盾，直面矛盾，在报道中展示解决矛盾的过程。

作为传统主流媒体的记者，主题宣传毫无疑问是职责所在。对于主题报道，杨川源这样认为："传统的主题报道往往'有意义'大过'有意思'，甚至相当数量的主题报道缺乏可看性，因此传播的贴近性缺失成为主题报道一直以来的短板。"基于这样的认识，在选题上，她能敏锐把握时代脉动，站在风口浪尖，又能通过展示新闻事件发生发展过程中的矛盾冲突，淋漓尽致地表达主题，从而赢得"贴近性"。

杨川源和团队获得的 2021 年度中国新闻奖一等奖的新闻专题《省市场监管局："闪电速度"的背后》，就是直面数字化改革进入关键时期的浙江，在整体推动省域经济社会发展和治理能力质量变革、效率变革、动力变革之际，所产生的矛盾和冲突，深度聚焦接连上线 11 个数字化应用平台、处于"暴风眼"中心的省市场监督管理局。片中展示的不是隔靴搔痒的赞美，而是一群面对接踵而至的困难既有焦虑和不甘，更有迎难而上、不懈追求的勇气和实干精神的干部群像。这样活生生的场景，不仅使数字化改革之艰巨、之必然跃然片中，更重要的是把实现改革的路径和方法彰显无遗。2018 年下半年，针对当时的经济形势，浙江发出了开展创优争先"之江擂台赛"的倡议。杨川源和团队深入楠溪江，采制了《永嘉一条舴艋舟如何载动三百里碧水古村？》，通过永嘉县一条消失了 30 多年的"舴艋舟"，在展示小舟从消失到"重现江湖"的矛盾冲突中，串联起楠溪江沿岸古村的乡村振兴之路的不平凡。报道尽管站在一条小小的舴艋舟上，折射的却是浙江各地奋勇争先的火热景象。类似这样的主题报道，比起那些习惯于"简单事例 + 大段说教"的主题宣传，其贴近性、可看性高出的就不止一点点了。

不仅在选题上，在对素材的处理上，同样体现出川源的不寻常之处。2019 年是全国深化基层治理、大度推进"并村"改革的攻坚之年。在系列报道《"并村"之后》中，川源通过对温州 8 个不同类型的合并村进行深入蹲点，紧紧抓住"并村之后"的并人、并事、并心三个矛盾点，用"一根水管、一片鸭棚、一段山路"这样三个看似微不足道的小切口，作为并村过程中各方矛盾的展示载体，娓娓道来，承载的却是中国最基层也是最重要的村级组织治理中迫切需要解决的干部能力提升、工作方法转变、干群关系融洽等重大主题，让报道不再停留在讨论村如何并，而是如何实现基层治理能力现代化的更高层面。

党的二十大报告明确提出，坚持以人民为中心的创作导向，推出更多增强人民精神力量的优秀作品。作为一名新时代的新闻记者，如何以人民为中心？就是要站在时代的风口浪尖，把人民群众的冷暖疾苦放在心上，为解决人民群众的急难愁盼问题鼓与呼。用客观、积极的态度，把矛盾和问题在故事、场景中展示，把解决问题的答案在跟踪记录中呈现，展示改革过程中的"浙江智慧"。多年来，杨川源正是很好地践行了这一点，才使她的报道充满时代气息和启迪价值。

第二句话：我要在现场。

同事曾这样评价杨川源，她总是在新闻发生的现场或在去现场的路上。

蹲点新闻发生地并且"深蹲"是她的拿手绝活。

仔细分析杨川源的报道，不难发现一个现象，她很少泡在会场，即使是全国两会、省两会这样的会议报道，一般也是会前大量采集一线素材，会内会外结合报道。这样的报道，其针对性、说服力不言而喻。

如果说去现场仅仅体现记者的一种职业态度的话，那么，对现场有价值细节的发现和把握，则体现记者的真正功力。在系列报道《基层牌子何其多》中，有一段杨川源在杭州临平东湖街道庙前社区的现场出镜让人过目难忘。她数着叠了五层挂在墙上的18块牌子，一路解说足足有两分钟，除了惊叹她一气呵成的现场播报能力，观众更佩服的是她在现场的发现能力。消息《陈立群的最后一次家访：即使拄着拐杖也要来关心台江的教育》，是一条全现场抓拍的消息。记者来到第一次考出9名大学生的苗寨展下村，从村口老乡排着长队自发迎接，到孩子们高喊"陈爸爸不要走"，再到村民唱起山歌为老校长送行，这些在片中看似一气呵成的"场景"，其实都是杨川源和团队从现场纷繁复杂的场景中精选的片段集聚而成。尤其是陈立群在雨中的一声大喊："我拄着拐杖也要继续关注台江教育！"更把一位呕心沥血为苗寨孩子读好书的支教校长、全国"时代楷模"形象刻画得栩栩如生。3分多钟的片子既体现了记者敏锐的现场观察力，更是杨川源和团队长达三年多时间持续跟踪不断积累的成果在瞬间的爆发。

许多人并不知道，川源写稿一般不在办公室里，而是在制作机房。每次采访回来，她做的第一件事，就是仔细查看拍摄的素材，这种看似有些笨拙和辛苦的做法，恰恰是使报道生动展现现场的"撒手锏"。好的电视报道不是事后编出来的，而是带着思想在现场拍出来。为了把现场原汁原味地呈现出来，好几次，杨川源甚至修改已经终审的稿件，当然她会征得值班终审领导的同意。也正是对新闻现场生动呈现的执着追求，使她的报道与众不同，赢得广泛认同。

孙子兵法云：兵无常势，水无常形，能因势利导、主动求变而取胜者，谓之神。同样，新闻没有常势，有的只有不断变化的现场。只有在现场的深度挖掘中，把矛盾冲突和精彩的故事生动展现，才能让报道具有熠熠生辉的活力，才能实现传播力的最大化。杨川源的实践生动地印证了这一点。

第三句话：我就是一名记者。

从一名主持人转岗当记者，从念别人写好的稿子到写稿子让别人念，对于这种转变，杨川源说，我就是一名记者。

播音主持专业毕业的杨川源，刚开始工作时，长时期担任浙江卫视晚间黄金时段一档新闻栏目的主播，后来因工作需要当起了记者。正当同事们担心走出聚光灯的她会有些许不适应时，她已经拿起话筒，奔波在采访一线，并很快带着语言表达及场面把控方面的优势，在记者岗位上做得风生水起。许多同行特别是地方台的同行问她有没有成功奥秘，她说，不要说成功，当记者要有一颗永远走在路上的平常心。

正是缘于这种平常心，当杨川源去农村采访时，站在田埂上，头戴草帽，裤管卷得老高，和村民们笑脸相对，侃侃而谈，人称"村里来了女支书"。在诸多来自田间地头的报道中，她总是能和普通群众、乡镇干部打成一片，倾听他们的心声和要求，使报道更加客观真实，散发着泥土的芳香。当面对高级官员、顶级专家学者及各类精英人士时，她依然能不卑不亢，目光炯炯。无论做官员访谈还是在世界互联网大会上追问各路"大咖"，她的提问总是直奔主题，问题犀利，激发被采访对象思想的火花。正是基于能和各类采访对象平等相待的平常心，她积累了大量采访所需的人脉资源，建起了能为她提供各种信息的"智囊团"；也正是这种不为世俗利益所裹挟的平常心，迸发出巨大能量，让报道穿透表面的迷雾直达本质，让报道充满活力和传播力。

如今，当人们为杨川源和她的团队连续三年获得中国新闻奖一等奖而惊叹时，我想说的是，这个世界没有什么"天才"，更没有从天而降的"馅饼"，能够站上成功舞台的人，也许具有比常人更好的天赋，但同时付出了比常人更难以想象的奋斗。他们和我们一样是普通人，有喜怒哀乐，需要家庭，需要休息，需要正常的生活，他们能，你也能！

唯有体察入微 方能动人心弦

永嘉传媒集团原党委书记、总裁 ｜ 郑焕益
温州永嘉县融媒体中心副主任 ｜ 潘可静

2020 年的一天，正在大学读传播专业的儿子发来信息："老爸，杨川源老师的《"并村"之后》报道获中国新闻奖一等奖了，她真是厉害！"我看了一下信息，很为川源高兴，但并没有觉得很意外。以她抓鲜活细节的能力，以她那样扑在一线的工作状态，加上近年来中央对农村发展的高度关注，《"并村"之后》能获得大奖实在是实至名归。那几年，我在永嘉传媒集团工作，对卫视新闻协作工作很是重视，卫视的记者们也高度关注关心永嘉上报的题材，永嘉传媒每年在卫视的新闻播出量，一直在全省县级台中名列前茅。卫视的新闻协作网，把全省各地的好题材源源不断地汇向卫视新闻中心，然后又变成一篇篇鲜活的蹲点报道。川源还专门成立了蹲点工作室，把全省各地的优秀采编人员拉到一个群里，大家一起挖题材，合作上联播。

2019 年初，永嘉紧锣密鼓开展村（社区）规模优化调整，把 649 个行政村优化调整成 454 个。这个时候，川源给我打来了电话。"老郑，省委、省政府高度关注并村后村一级的和谐问题，矛盾纠纷如何解决，百姓如何实现共同富裕，永嘉有好的做法么？""川源，你问对人了！永嘉县委、县政府正在谋划一系列活动，通过建言会、联欢会、运动会、农家赛事等，推进解决并村之后干群问题、解决历史遗留问题，依靠新两委带动村民致富的问题。""好，我马上准备，我的团队下周就到，麻烦你先帮忙收集些资料，具体见面细聊！"川源新闻敏感度很高，关键时刻很干脆，毫不犹豫。那几天，川源一边在中心值班，一边就忙着对接这事，她问得非常仔细："最后一个融合的乡镇、最后一个村分别是哪里？""村数融合最多的是哪个乡镇？""融合中遇

到哪些最典型的难题？又是如何解决的？""融合后，如何真正做到并心？政府层面推出什么样的动作？""各新村都有哪些项目在推进？"几天下来，包括语音文字等各类交流的微信信息超过500多条，也正是有了前期的充分沟通，才为后面的现场采访打下了坚实的基础。

那次川源团队来到永嘉已是晚上，我们当晚就安排了碰头会。初步敲定第二天的采访计划，时间已经快到深夜1点钟了。

陪着川源采访，你会发现她和她的团队不是一般的拼。

第一个拼，拼的是吃苦的耐力。在现场，两位年轻摄像全部开机随着她在转，全过程记录现场的采访。她在现场时刻盯着，随时拿着话筒进行采访，这种行进式采访为她获得更多的现场素材，同时也对摄像和她自己的体力是个巨大的考验。永嘉山区融合后的村子中，原来的自然村相距都比较远，而在永嘉短短的五天时间里，她走访了多个村社。在岩头镇红星社区，她走遍了组成社区的七个自然村，来感受七村合并的不易；在巽宅镇龙前村，她沿着山路爬了一个多小时，体会山上村民对一条路的渴盼；在枫林镇江枫村，她在原湖西和兆潭两个相隔一公里多的自然村间，跟村民来回跑了三趟，记录村民打开心结的过程。而相对于工作的拼，她对吃饭等生活安排很是随意，午饭啃几块永嘉的麦饼加矿泉水就解决了，而整个团队对于没有正常饭点也是习以为常。

第二个拼，拼的是发现细节的能力。川源在现场发现细节的能力，充分展示了她对新闻价值的判断力。如在采访红星社区的民生实事票选会议上，她就能够从各村干部坐的位置中感受到，村虽然并了，但心还没并在一起，各村干部还都坐在未并之前的位置上。体现在新闻作品里，川源用了"勉强""别扭"两词揭示了并村后出现的矛盾。而面对自来水问题的采访，村民胡秀月那句"自来水都没下来，还跟他并村？"直接把问题升华了。而在该社区举行的拔河比赛中，她竟然能够在嘈杂的现场，看到原南垟村干部追着新社区干部要求在村庄规划里加上"南垟"的场景，并马上暗示摄像跟拍并采访。而像这样的细节，在短短 10 多分钟的报道中屡屡呈现，简直达到细致入微、扣人心弦的境界。

第三个拼，拼的是透过现象看本质的笔力。五天的采访，几十个小时的记录，她能从纷杂的素材中，梳理出"一根水管""一片鸭棚""一条山路"的故事，并引申出"换位思考""方法之变""发展新思路"，这体现了记者扎实的基本功和驾驭能力。用一个个小故事，用最平实的语言，讲述基层最真实的声音，让人更加深刻感受到了"并村更要并心"，人心齐、泰山移，要从村民最关心、最期待的小事入手，帮助解决一批难题、办好一批实事，以实际行动去赢得民心、温暖民心。

有些记忆是难以磨灭的，会刻在脑海里。现在我虽然离开了传媒行业，但仍关注传媒事业的发展。这几年每每知悉川源拿到中国新闻奖一等奖消息时，眼前就闪现出这段陪同她一起采访的经历。川源老是开这么个玩笑：自己就是一个干新闻的，不会干其他。这话简单，有如她的新闻作品，平实耐看。鲜活的新闻在基层，而好新闻就像一个艺术品，唯有细致入微，方能动人心弦。而看似随手拈来的鲜活细节，恰是一个人或一个团队过硬"四力"的体现。

2022 年 11 月

作品二　　　　　　　　　第三十一届中国新闻奖一等奖（2021）

陈立群的最后一次家访：即使拄着拐杖我也要来关注台江的教育

2020 年暑假，展下村为考上大学的 9 名孩子准备了一场特殊的谢师大会

作品简介

　　2020 年是中国全面打赢脱贫攻坚战的收官之年，教育扶贫是这场全社会攻坚"交响大合唱"中的重要乐章。在浙江支教校长陈立群持续 3 年的努力下，2020 年贵州台江民族中学实现了本科率从 10% 到 79% 的猛增，2200 多名民族地区的学子走出大山，实现了大学梦。

　　当年 8 月，花甲之年的陈立群，在三次推迟返杭后，即将告别台江。得知消息，记者在三年持续记录这一典型人物的基础上精准判断，将"最后一次家访"作为新闻价值的集中体现的特殊时间节点。聚焦"典型事件＋典型场景＋典型人物"，通过记录大雨中展下村孩子们大声呼喊的"陈爸爸，不要走"、村民唱着山歌含泪送别等鲜活场景，生动展示了贵州山区群众对陈立群发自肺腑的感激。片中陈立群一句"我拄着拐杖也要来关注台江的教育"，更突出体现了脱贫攻坚典型人物"久久为功"的教育扶贫情怀，传递了东西部协作"扶贫先扶志，扶贫必扶智"的重要意义与坚定信念。

（贵州支教校长陈立群）（一）只为心愿

（贵州支教校长陈立群）（二）只为更好的课堂

（贵州支教校长陈立群）（三）只为更好的明天

陈立群的最后一次家访：即使拄着拐杖我也要来关注台江的教育

▶

REPORT 一起做

用"短跑"的速度"长跑"

这是一次以"长跑"的姿态进行的记录。

几年前，没有人知道它的结果，可时间就是这么公正、公平，它默默记录着你的付出、你的态度、你的心地、你的胆量，然后在你翻山越岭的某段路上，告诉你什么才是坚持的意义，指向前方的光。

2017 年初见陈立群就是在贵州台江民中每周一次的升旗仪式上。也正是这个 1:3000 的背影，让我忽然读懂了 60 岁的他执意要到贵州的目标与使命

📷 记者手记（2017 年）

在第 33 个教师节来临前夕，我与团队踏上了去往贵州省黔东南州台江县的列车。路程遥远，但在那一头，正有一个 1∶3000 的温暖故事等待着我们——

贵州六日——那些难忘的"背后"

这是一次"说走就走、说拍就拍"的跨省系列人物报道，也是我第一次抛开了一切前期功课，完全凭直觉进行的一次"裸拍"。从 9 月 6 日到 9 日，陈立群，这位与我父亲同龄的老教育家连续出现在《浙江新闻联播》的《只为心愿》《只为更好的课堂》《只为更好的明天》三篇系列人物报道中。这也是我第一次把"支教"这个话题通过人物化、故事化的展现放入"精准脱贫"这个重大决策部署里，教育散发出的这份"温度"让人振奋。

一、那些"情怀"的背后

怎样塑造一位跨省支教校长的情怀？他的纠结、困惑正是他坚持"背后"的原因，也是他情怀"真实性"的体现：面对推迟 9 天开学的尴尬，他一气之下也想过就此回杭；第一次高一新生家长会，家长们清一色把问题指向他：你会不会走？这让他一时语塞；看到孩子们宿舍楼里厕所少，他自然而然地想到"如果他们是我的孩子"时流露出的辛酸；看到 3000 名学生一半以上家长都在外打工，决定搞全校封闭式教学时的坚定；面对全校食堂只有一口锅，他马上推进改革，两个半月增加到三个食堂六口锅的实干；看到教师懒散，他铁腕制订并推行了青年教师培养计划，让每个教师心中有了目标——这些实实在在的改革，让一个大山中的超级学校不再迷茫。制度改革、基础设施改革，是一切"精神革命"的前提和保障。我看到，这位 60 岁的老人，浑身上下充满着年轻人的干劲儿与光芒。

　　第一次到他办公室，我就发现了桌上的一封辞职信，这来自一位高一班主任刘明。他家里即将要添二孩，为了生活，在犹豫再三后，他决定去收入更高的民办学校。得知这位老师的妻子已经入院，陈立群决定只身前往。进入病房，气氛一直很尴尬。握手过后，刘明不停地解释着自己面对的生活难题。陈校长看到此情此景，"劝回"的话到了嘴边又咽了回去。可是，当陈校长向刘老师描述前天他去班里，孩子们都在帮刘老师的请假说各种好话的时候，我看到刘老师的眼睛里一直闪着泪光。

　　大反转出现了：当陈校长准备离去时，刘明追出了病房，决定收回辞职信。我和陈校长不敢相信这是真的，反复问他：想好了吗？不后悔？我还特意让他去问问妈妈和病床上的妻子，结果，刘明的决定得到了家人同样"大反转"式的同意。我追问："那以后工资不够用怎么办？"他的妈妈说："先不管，他要先回去教书。"

　　一封发出又收回的辞职信背后，是"现实"与"理想"的碰撞，也是在"物质"与"情怀"面前，一群平凡人最朴素的坚守。情怀的背后，是陈校长以及一群可爱、可敬的平凡人的群像。他们没做什么惊天动地的事，他们只是想做好自己该做的，对得起孩子们的期待，情怀就是这么"干"出来的。

二、那些"泪水"的背后

　　一路泥石流，到达台江县红阳寨的这一天，下着大雨。在这个远近闻名的光棍村里，有十几名孩子在台江民族中学求学。沿着泥泞的山路，我们跟陈校长一路家访。张菊英的妈妈与我同岁，这位皮肤黝黑不太会讲普通话的妈妈拉住陈校长的第一句话是："陈校长，你不要走，我的孩子需要你教。我不想让女儿再过我这样的日子，看到他们努力读书，再苦我的心里也是甜的。"在张国菊家，满墙的奖状让简陋的木房子蓬荜生辉，陈校长一直在表扬和鼓励这个有四个女儿一个儿子的家庭，然而我注意到，张国菊和她的爸爸始终没有笑过。家访结束，陈校长往外走，我搂住这位瘦弱的小姑娘："你

2018 年贵州省黔东南州台江县红阳寨，我和张菊英妈妈同岁

知道吗？你笑起来很好看。"听到这，张国菊的泪水一下子涌了出来："其实，我是一个自卑的人。这些奖状就是为了证明，女孩子不比男孩子差，我不想他们再这么封建。"这时，爸爸也追出门，反复说出了自己的担心，让陈校长一定要多留几年，带他的孩子走出大山。看到这一幕，我再也止不住泪水，教育的"含义"和"价值"正是这些泪水背后的"希望"，谁来点燃它？谁来守护它？这样的坚守不仅可以改变一两个孩子，更能让大山的生活充满动力，让贫困不再世袭。——不记得那天的家访我们这一行人流过了几次泪，正如陈校长所说：每次家访过后，他和很多老师都要郁闷好久，因为会看到很多孩子背后的家庭艰辛，更觉得自己不能轻易放弃和离开。正是这样平凡的感动在一点一滴中渗透，才让整个生活充满着热气腾腾的希望与勇气。

采访时，我在支教教师办公室看到了省党代会时结识的 90 后党代表章

成之。作为陈校长在学军中学时的学生，现在在贵州他为了共同的目标与陈校长成为并肩战斗的战友。他的感悟也正与陈校长不谋而合：光靠一两个老师的支教是不够的，该如何持续？教育意识、理念的改变才是大山里教育提升的关键，个人只有投身于更大的群体，才会迸发出更大的能量，这也正是"校长支教"的意义所在。

我们要传达的不是"感动"本身，而是希望在传递这些"感动"的同时，让人重新思考我们所理解的支教、我们所认识的大山，我们每个人，到底应该如何去投身于一个宏大的社会变革当中。面对当下身边的种种"潮流"，我们应该如何去"选择"。

三、那些"精彩"的背后

每个精彩感人的片段背后，都有一个共同打拼的团队。这次报道时间紧，《浙江新闻联播》《今日评说》《新闻深一度》多档栏目同时编发，对我们前后方团队的小伙伴们来说基本是"喷血"的节奏。

每天下午的五点半被小伙伴们称为黑色时刻的开始：斗稿件、斗非编、斗只有100K的网速，当然还要斗得过自己。不论时间多紧张，我始终提醒自己：每一篇中必须要有1~2个让人动容的细节和片段，如果自己不满意就要不断改，不断变换文稿和同期。既要与人物"谈恋爱"，又要按时、按量做好"采购员"与"讲述者"，让报道充满感情、充满细节与爱。这是在之前"慢慢来"的人物报道中从未感受过的压力。六天中我也不记得每天都吃了些什么，因为根本没心思。每天起床第一个念头就是：抓紧时间，来不及了！每天晚上结束对稿，我跟米娜都会躺在床上再聊一会，从下篇稿件的结构到采访时的感受，怎么分配时间？下一步采访，哪个环节可能有戏？一聊就是两个小时，我们自己都觉得有点儿"走火入魔"了，可就是这样疯魔的两个女人，第二天又会精神抖擞地出发。

压力并没有因为报道接近尾声而有丝毫的减缓。离开的前晚，为了能赶上第二天中午的动车，我、米娜、张忞写稿到四点半。第二天一早七点闹钟一响就跳起来开始剪。余晖去附近网吧踩点，选择了网速稍好的凯里大学附近的网吧，没想到网速还是比牛车慢。我们分三组到三个网吧传三段，但是都进展缓慢。无奈，我们错过了中午的列车，改签到更晚的一班。当家里接应的小伙伴终于接收完毕说"妥妥地"时候，我们几个决定在这家战斗过的网吧门口合影留念，那一刻是无比的轻松与释然。

　　回望贵州六日，我每天都在追问自己同样的问题：你真正走进他的心里了吗？你获得真实的感动了吗？答案是：问题就是行动的方向。千里苗寨，万千期待着教育改变命运的家庭和孩子，正是我们此次挥写新闻"感染力"与"行动力"的初心。每一个人物、每一次转身的"背后"都充满着无限情怀的滋养与力量，它超越了报道本身，带给我们对中国社会发展"变革"的思考，对教育兴邦、脱贫攻坚的信心与希望。

2018 年 9 月 20 日

REPORT 一起做

提升典型人物报道的传播力

典型人物是时代风貌与时代精神的代表，典型人物报道则是媒体正面宣传中最具代表性和社会价值观引领力的重要形式。特别是在融媒体传播形势下，具有直观、生动、系统画面语言优势的电视主流媒体，能否在平凡人中及时准确地发掘具有强感染力、高认同度和鲜明时代精神的人物，是对传播方式、思路、理念的一次全新考验，也是媒体彰显传播力，真正实现"成风化人、凝心聚力"的使命需求。

2017年教师节前夕浙江卫视采访团队深入山水阻隔的贵州省台江县，克服重重困难，挖细节、找角度、跟场景，用写实的叙事笔法，连续推出系列典型人物报道《贵州支教校长陈立群》之《只为心愿》《只为更好的课堂》《只为更好的明天》，记录了原杭州学军中学校长陈立群跨越千里支教台江县民族中学的点点滴滴，引发了社会的强烈反响，时任省委书记车俊对该组报道高度肯定并作出批示。两年来，典型人物陈立群不计个人得失，"拔穷根、育新人"的坚定决心，纯粹的扶贫育人情怀，不断以各种形式感染着人们，传递着脱贫攻坚的信心与正能量。2019年，陈立群被中宣部授予"时代楷模"荣誉称号。作为全国第一个主动挖掘陈立群事迹，持续推出典型人物报道的省级主流媒体，系统地梳理和总结方法，为进一步提升典型人物报道传播力，弘扬正气，传递正能量，奠定了坚实的基础。

一、强化场景表达　切实增强人物真实性

真实是打动人心的基础。典型人物报道的传播力来源于报道本身的真实性、鲜活性、贴近性与思想性。"场景化"表达为人物真实性提供了保证。"场景化"表达构成的要素是"信息"，即核心信息和外围信息；"人"，即典

型个体与人物群落。典型人物有效信息的获得与选择：首先要做到准确地定义人物，生动的第一印象取决于第一场景中人物本身个体性与周边环境之间的关系，寻找人物价值在场景中的价值核心，展现典型人物身上的矛盾之处，表达人物的复杂性。

《贵州支教校长陈立群》第一篇《只为心愿》正是选取了台江中学新学期的第一次升旗仪式。陈立群校长面前是 3000 多名学生，在这样 1:3000 开场中抛出的第一个矛盾点：这是学校推迟开学的第九天。第一个人物同期声更是充满人物的焦虑与矛盾："第二次推迟，当时我和我爱人要收拾行李回浙江了，我当了 30 年校长，从来没遇到过，说好要开学的日子不开学。"这样充满着冲突感和矛盾性的场景，精准、生动地刻画定义了人物的典型性。东西部教育、社会资源存在的差异性一目了然。这样真实的场景和独白，充满着强烈的视觉冲击力和矛盾性，为典型人物奠定了真实性的基础。通常定义人物心理特征的不是某一特定环境，而是他或者她对这一环境的反应。

报道不断用场景梳理展现了陈立群遇到的各种"难"：陈立群在阶梯教室回忆第一次新生家长会上被追问是否能留三年，却一时无法回答而纠结；面对学校教师流失严重而想方设法；学生辍学率高，陈立群就去山区挨家挨户走访；学校食堂伙食差、宿舍简陋、教学楼水压不够没水冲厕所，他一追到底、不遗余力——陈立群面对这些大大小小的"难"时的反应和态度正是场景中刻画人物的关键：承认自己无法回答家长的问题，因为当时只是想来一年，面对家长的追问内心充满责任感与矛盾；面对教师流失的无奈与焦急。他把学生都当成自己的孩子，将心比心正是父爱深沉。这些场景里没有拔高，没有豪言壮语，有的是平实与真实，真真切切地将一位花甲之年老教育家的责任感与使命感勾画得淋漓尽致。

在场景中个人与人物群的互动表现力，直接决定了典型人物的性格和张力。报道聚焦典型场景里的典型矛盾，着力探索对典型矛盾的精准抓取，构建人物报道叙事的肌理感。《只为心愿》《只为更好的课堂》《只为更好的明天》三篇中，始终注意把握层层递进中的情感逻辑，将最终的"场景化"落笔在人物与环境、人物与他人、人物与自身之间的矛盾、冲突与和解的过程，此时"人物集群"对挖掘典型人物个体精神内核发挥着重要的信息释放、印证定义的作用。

如在《只为心愿》这一篇中，我们关注了一封辞职信的故事。这封信来自台江民族中学的高一班主任刘明，他家里即将要添二孩，为了生活，他在犹豫再三后，决定去收入更高的民办学校工作。得知这位老师的妻子已经入院，陈立群决定只身前往。进入病房，气氛一直很尴尬。握手过后，刘明老师不停地解释着自己生活面对的难题。陈校长看到此情此景，"劝回"的话到了嘴边又咽了回去。只是向他描述前天去班里，孩子们都在帮老师的请假说各种好话。这时刘明老师眼里一直闪着愧疚、矛盾的泪光。记者在这个过程中全现场记录。随后，事情出现了大反转，当陈校长准备离去时，刘明追出了病房，决定收回辞职信。陈校长激动地紧紧拥抱着他，眼里满是理解与鼓励的热泪。在这样的一个充满矛盾冲突的"场景"中，支教校长、当地老师、老师家属、隐含在场外等待老师返校的学生，共同构成了"人物集群"。他们之间的矛盾、和解、相互改变，折射出的是"现实"与"理想"的碰撞，也正是在物质的现实面前一群平凡人最朴素的坚守。这样的"场景"在我们的报道中被浓墨重彩地放大，成了最吸引受众的一个亮点，也构建起了三篇人物系列报道内在的逻辑，建立了由"事件流"组成的典型人物时间线，引领了人物故事发展的脉络，增强了内容的带入感。融媒体同步传播的过程中对于这个场景的留言多达上百条，这也正是传播力的印证。

二、坚持人性视角 深入反映人物精神

情感深化了典型人物的人性。强化人性，正是摒弃"高、大、上""假、大、空"脸谱型典型人物的突破口。通过报道我们让受众看到的是一个人如何看待生活，人物对他人、对自己、对情境、对特别的话题都有其态度。添加情感、态度和价值观，可以进一步充实人物形象，正是对人物情感生活、恐惧与

弱点的理解，使观众走进了人物的心扉，深化和定义人物让典型成为多维的、有温度的人。这里必须要重视的是运用辅助人物增添色彩和质感，建立有力的人物关系。这个目标的达成，需要梳理出场景中各个不同人物的性格类型和他们对现实生活的需求。所谓盯着"情"字做文章，就是要通过处理好主人物与辅人物之间的叙事节奏，把"直接描写"与"间接描写"穿插使用，构建起典型人物一波三折的悲喜故事，引发屏外受众的共鸣。

片中让人印象深刻的一次"人性化"叙事，来自陈立群校长深入苗寨的家访，这也是他到台江县民族中学后就一直坚持在做的事情。沿着泥泞的山路，我们跟陈立群校长一路家访。张菊英的妈妈皮肤黝黑，不太会讲普通话，她拉住陈立群校长的第一句话就是："陈校长，你不要走，我的孩子需要你教。我不想让女儿再过我这样的日子，看到他们努力读书，再苦我的心里也是甜的。"在张国菊家，满墙的奖状让简陋的木房子蓬荜生辉。陈校长一直在表扬和鼓励这个有四个女儿一个儿子的家庭。片中关注到的辅助人物细节是张国菊和她的爸爸始终没有笑过。家访结束，记者的一句话戳中了辅助人物的内心："你知道吗？你笑起来很好看。"听到这，张国菊的泪水一下子涌了出来，压在心里的话一股脑说了出来："其实，我是一个自卑的人。这些奖状就是为了证明，女孩子不比男孩子差，我不想他们再这么封建。"这时，她的爸爸也追出门，反复说出了自己的担心，让陈校长一定要多留几年，带他的孩子走出大山。正如陈校长所说：每次家访过后，他和很多老师都要郁闷好久，因为会看到很多孩子背后的家庭的艰辛，同时更觉得自己不能轻易放弃和离开。很多受众在朋友圈转发这篇时，都附上了"泪目""感人"这样的词语。正是这样平凡的感动，才让人物的"人性化"光辉在叙事中流淌，让整个报道充满着希望与勇气。

三、注重细节挖掘　激发受众共鸣

细节是这组报道获得传播力的重要元素之一，添加细节可以使人物成为原创性的、独一无二的人物。对典型人物报道来讲，细节时常来自人的缺点。

这种缺点、这种努力、这种生活，构成了典型人物的"非典型性"，更加真实可爱：看到孩子们宿舍楼里厕所少，他自然而然地想到"如果他们是我的孩子"时流露出的辛酸；看到3000名学生一半以上家长都在外打工，决定搞全校封闭式教学时的坚定；面对全校食堂只有一口锅，他马上推进改革，两个半月增加到三个食堂六口锅的实干；看到教师懒散，他铁腕制订并推行了青年教师培养计划，让每个教师心中有了目标——这些实实在在的改革，让一个大山中的"超级"学校渐渐走出迷茫。

另外，报道还根据电视语言的特性，探索了"隐性细节"——"无声"同期声的使用：辞职老师决定收回致辞报告那一刻，陈立群校长拿下眼镜抹眼泪；陈立群无论走到哪里都背着的那只书包，里面藏着不愿意让人看到的药盒；结尾处陈立群校长和学生打羽毛球时整个教学楼里同学们的喝彩声……正是这一系列隐性的细节，让受众动容，也让整个报道的思想性得到了自然的强化，典型人物的精神核心得到了很好的提炼和展示。要让受众看到那些真实发生在生活中的细节，才能实现更广泛意义上的价值认同，"感同身受"才能引发更多人群的共鸣。所以有的放矢地挖掘典型人物的"非典型性"，才能主动构建创造出以价值为基础的"个人意义"，实现传播思想性的提升和社会价值观的引领。

好的典型人物报道正是通过构建场景、彰显人性、勾勒细节之间的内在逻辑而实现的典型人物的真实与完整性。让报道实现从关注"一个人"，到关注"一群人"，关注一个区域的社会变革。《贵州支教校长陈立群》正是在这样的过程中，带给受众对支教校长的敬佩与感动，更提振了受众对教育兴邦、脱贫攻坚的信心与希望。多手法、多角度，让典型人物报道的传播力得到最大限度的释放。

2018 年 10 月 1 日

现场 现场 还是现场

于身边瞬息变幻的场景中，及时发现和捕捉触动人心的新闻现场，是电视新闻传播中的硬核表达要素。"好现场"总是求之不得，而一旦来了，就是一场硬仗。怎么找？怎么抓？怎么拎？是大考。直到 2020 年，我与团队跟踪记录到了陈立群卸任贵州台江民族中学支教校长前的"最后一次家访"，才真切感受到了，怎样的新闻现场，才能突破时空的局限，瞬间迸发出巨大的能量；怎样的新闻现场，才能有足够的时代价值，掀起人们心底的波澜与感动。"最后一次家访"就像一束穿云之光，传递出中国脱贫攻坚、教育兴邦的坚定信念，也照亮了我们一直探寻的新闻现场价值求索之路。

大雨中来展下村来送别的村民们都久久不愿离去，大家争相和陈校长合影。忽然觉得这雨是赶来灌溉大地上此刻无数萌动的希望的

一、在现场找"路"

通往那些能发光的新闻现场的路在哪儿？持之以恒地发现和积累，是唯

一的路径。在这条消息的背后，就是一场持续了3年多的"长跑"。

贵州省黔东南州是全国脱贫攻坚的一方主战场，2016年8月，60岁的杭州学军中学老校长陈立群决定义务支教台江民族中学3年。然而要改变这所全县垫底、升学率几乎为零的中学，谈何容易？初次见面并不愉快，老陈对新闻媒体很抵触，反复说："不要宣传，不要像拍电影，浪费时间。"蹲点无从下手。而当我第一次站在他身后，听到他每周一次激荡人心的国旗下的演讲，看到他和全校期待知识改变命运的孩子们1:3000的对望，忽然读懂了他的成见里是可贵的耿直和务实。这也给我指明一条"不打扰、不介入"的跟拍记录之路。也正因如此，我们见证了他改造学校食堂、宿舍，建立全寄宿、师生同堂考试，叫停初中优秀教师遴选升高中制等多项在当地颠覆性的教育改革举措。

"理性"的积累是报道走向"人性"发现的基础。渐渐地我们走进了他真实的情绪和生活：面对停水、停电导致推迟9天开学的尴尬，他一气之下也想过就此回杭；面对教师的频频流失，他坚持登门赢得反转，高兴得像个孩子，热泪盈眶；翻山越岭的家访中，看到孩子背后家庭的艰辛，他总是会郁闷好久；背包里藏着的急救药，是他最大的隐私——我们从积累事实，到积累理解，积累情感。渐渐地陈立群打开了心门，肯把最痛、最难向我倾诉，连续赠我两本他自己的书。扉页写着"首席记者川源雅正"，几个字，一个称呼，是他对我这样记录新闻现场方法的认可，成为报道打开局面的关键拐点。我们用实事求是的记录之路，改变了被采访对象对电视传播的成见，找到了走进人物内心的路。这条路越走下去，就越能深刻地体会到脱贫攻坚最大的难点是改变"人"和人的"思想"。

路对了，就要坚定地走下去。2017年9月，在第33个教师节前夕，我们在《浙江新闻联播》连续推出了陈立群《只为心愿》系列人物报道，社会反响强烈。省委书记发出倡议：向陈立群同志学习！随后他被评为"浙江骄傲"人物，"感动中国"人物和全国"时代楷模"、全国优秀共产党员。三年里，跨越浙江、贵州两省，我们始终与陈立群，与台江的孩子们同在，记录他们的转变，分享他们的喜悦。我开始意识到，手头几百个小时的素材已不是一次简单的影像"积累"，开启的是一场前所未有的"能量储备"。

功夫不负有心人。2020 年是中国全面打赢脱贫攻坚战的收官之年，台江民族中学实现了本科率从 10% 到 79% 的猛增，三年，2200 多名苗寨的孩子走出大山实现了大学梦。那个暑假里，陈立群在电话里跟我说，他要继续带着老师们翻山越岭，把录取通知书送进苗寨，所到之处，锣鼓震天。"我就是要把动静闹得大一点，让这里的苗族同胞看到、听到，让他们从内心明白教育的意义，考出一个孩子，脱贫一个家庭，带动一个寨子。"他任性起来的样子光彩照人！

8 月，随着杭州支教新校长的到位，已三次推迟返杭的陈立群即将告别台江。这个"老典型"的"新动态"，却很少有人为之兴奋，而我只有一个念头：这才是回望与展望的重要节点。我必须在现场！那天我以这辈子最快的短跑速度，跳下堵在路上的出租车，在动车开前半分钟，冲进了当天赶去凯里的最后一班车。晚上 10 点多我们四人小分队搬着大包小包的设备，坐上了台江民中来接站的一辆考卷运送车。在黑夜颠簸的路上，几年里蹲点中的情景历历在目。人们看到更多的是"逆袭"的成绩，却很少有人知道这条教育扶贫之路的坎坷崎岖。坐在这辆考卷运送车上，忽然发现此情此景如此恰切，这场跨越三年的关注，对我来讲又何尝不是一次"赶考"？

从凯里站下车，我们直接坐上了老陈派来的一辆考卷运送车，开启了一段难忘的"赶考"

二、在现场炼"价值"

新闻现场在价值提炼中升华。要"热闹"更要有"灵魂","价值"需要关键现场来呈现。

2020年的台江民中,"爱与责任是人类道德的基点"这句陈立群的教育理念,镌刻在学校最醒目的墙上;毕业班孩子种下的"志向林"已经郁郁葱葱;曾有很多空缺的教师照片墙变得满满当当——知道我们要来,老陈特意去剪了头发。办公室已经收拾停当,行李也已经打包。铃声响起,他拎起小板凳,带着新任浙江支教校长,按部就班去推门听课,这个习惯他坚持了四年。学校里师生都知道他要走,却不敢问是哪一天,心里是万般的伤感与不舍。

临行前几天,陈立群坚持带着新校长,拎着板凳去各个班级随机听课。这个举动他已经坚持了3年,我感到了他的不舍与不安,他要把板凳这样传下去……

临走的前一天,老陈特意叮嘱我们继续封锁消息,默默把行程安排得满满当当。那天的最后一站,他赶到距离县城一个半小时山路的展下村。这次村里破天荒地考出了9名大学生。几年来,他常来家访,每个学生家的情况他都了如指掌。一下车，苗寨的歌声已经响起，老乡们像过节一样都来了。十几位身着盛装的苗族大姐，摆出了牛角酒，以苗族最隆重的方式迎接亲人陈立群。在村公示栏的大红榜前，激动的心，颤抖的手，大家争相和老校长合影留念。

然而，跌宕起伏的情节还在后头。由于海拔1800多米的村子经常停电，活动刚刚开始，现场的两根充气柱突然倾斜下来，话筒瞬间没了声音，倾盆大雨随之而来。房檐下挤满了躲雨的老乡，现场混乱，计划全部被打乱，无处躲雨的我们全身湿透。我一边顾着核心采访，一边挂着抓取氛围记录，分身乏术、心急如焚。半个多小时后雨停了，老乡们自发地迅速聚拢回会场，然而就当陈立群讲话到一半时，雨又下了起来。一起躲雨的老乡对我说：姑娘，这是天在留陈校长！团队用借来的伞和塑料布保护着摄像机，始终跟在陈立群身边。为了不耽误陈校长的行程，展下村的孩子们坚持冒雨给陈立群戴上大红花。正当陈校长转身要走时，孩子们忽然大声喊起："陈爸爸，不要走！"陈立群被这突如其来的挽留镇住了，眼泪混着雨水，刷地就下来了，他大声回应："我是台江民中的终身名誉校长，以后我拄着拐杖也要来关注台江教育！"机会永远属于有准备的人，这突如其来的真情一幕，被协同作战、目标一致的我们完整地记录了下来。也正是有了这个关键核心现场，"最后一次家访"才顿时有了"别而不别"的真挚深意。

那天回县城的路上，团队中没人去整理贴在身上的湿衣服，大家都沉浸

那天展下村的现场，就像是中国教育扶贫在我们面前拆开的一个巨大"盲盒"，在那里，我们感到人们脚下的风，听到话里的情，看到眼里的光

在竭尽全力拼抢后的畅快和释然里。在决胜脱贫攻坚的关键之年，能捕捉和传递这样充满张力与正能量的一幕，是我们职业生涯中的"大确幸"。我主流传播跑赢了无处安放的情感诉求、内容刚需。

三、在现场作"答"

新闻现场是映射时代诉求的前沿。电视消息聚焦的是一个现场，要打开的却是通往传播价值的大门。"钥匙"在哪儿？关键人物、关键情节是完成关键提炼的关键载体。

邰子涵是展下村考上大学的 9 个孩子之一。那天，她像女儿见到爸爸一样，腼腆地跟在陈立群身后。很少有人知道她曾因家里没钱，三年里两次辍学，又两次被陈立群拉回课堂。她有一个愿望：考上大学，要带从没走出过大山的奶奶去看看大海。陈校长的一句话一直深深刻在她的脑海里："打工只是度过了眼前，输了未来。"也正是这个朴素的理念改变了她和家人对教育的看法，对生活方向的规划。四年来，陈立群一直瞄准"家庭"这个教育扶贫的关键要素，坚持翻山越岭深入大山苗寨，跟家长见面，了解家庭情况，及时发现、制止辍学苗头。用他的话来说，就是要让家长知道校长很重视他们的孩子，只要努力就会有改变的希望。在对 180 多个苗族家庭的走访中，老陈自己拿出 30 多万元，资助挣扎在辍学边缘的 200 多个孩子重返课堂。面对 2020 年 800 多名本科升学的学生名单，我问老陈，你对这个成绩单满意吗？他毫不犹豫地说："满意，孩子和老师都尽力了就是胜利。也有人问我，如果用一部分本科学生的升学份额去换一批北大、清华的，你换不换？我不换！我要做的就是要让更多的孩子走出大山，让更多的家庭能看到希望和改变。"这番话是陈立群心底的执拗。也正是从那一刻，我看到了台江民中逆袭中清醒的底色与未来。"以教育改变家庭，以家庭改变社会"，这将是更多后发地区教育扶贫"破题"的一把利器。

在那天的现场，更让我欣喜的是，展下村 200 多名村民和乡贤，自发设立教育基金，以此资助贫困家庭孩子完成学业。在人群中，我发现老乡们不是在议论谁家造了房子，赚了票子，而是议论谁家孩子来年也要考大学。从改变一个孩子，到一个家庭，进而到一个区域，陈立群的"校长支教"，用事实证明了，教育是"拔穷根"决胜脱贫攻坚的根本，贵州山区群众的思想正在发生重大转变。

在采访中，一位高三学生这样描述勇敢：勇敢就是不管身陷多大的困境，都永不放弃！这是陈立群在台江孩子们心里播下的种子。而作为记录这场转变的电视新闻记者，在这场追寻新闻现场价值的"长跑"中，我找到了"沉住气，扎下根"的业务方向，蹚出了一条"找到核心现场、抓住现场核心"的路子。现在，这场"脱贫不返贫""教育拔穷根"的改变正在无数陈立群的推动下继续着，我们要做的就是以最过硬的能力、最真切的声音，扎到基层、持之以恒，发现和传播那些扣人心弦、振奋人心的"中国现场"。

好记者，永远在现场；好现场，永远在路上。

2021 年 11 月 8 日

别而"不别"的浙黔深情

杨川源："我不是一个聪明人"

浙江广播电视集团融媒体新闻中心摄像 ｜ 王西

2020 年夏天的一个午后，在不到一个半小时的时间里，贵州黔东南的苗寨展下村第二场暴雨倾盆而下，村中央简陋的健身广场上还有村民不肯离去，他们在等待一个仪式……至今那时那刻的紧张和焦虑还会经常被清晰地记起。因为艰难，因为在那里我们成功冲击了中国新闻奖，更因为那份发自内心的感动。

今年，村里考出了 9 个本科生，4 个上了重点大学，这是寨子有史以来最大的荣耀。大雨稍停，阳光透过云层照亮山村，充满积水的广场很快又聚满村民。仪式开始，寨子里准备了红布制作的十几朵大红花，这些红花要戴在村里十几位大学生的身上。陈立群整理着系在学生身上的花带，跟学生一一握手话别。村民们纷纷拿出手机要求陈校长和学生合影留个纪念，大学生、陈立群、乡贤站成一排，在他们的对面拍照的队伍排了个里三层外三层。

这时，停了一刻钟的大雨又倾盆而下。然而这次不同于前两次，大家没有离开，他们围住陈立群，学生们在陈立群面前齐声呐喊："陈爸爸，不要走！""陈爸爸，不要走！"陈立群接过老乡送来的雨伞和同学们抱在一起，看着学生和家长，坚定地说："我是台江中学的终身名誉校长，就算拄着拐杖，我也要来关心台江的教育！"

这是我从业以来最让我感动的场景，也是我跟川源搭档以来被雨淋得最为狼狈的一次。尊重现场，忠实记录，这是我和川源达成的默契，为此我们经常要付出比一般报道更多的努力。作为川源的"御用"摄像，我和川源经历了许多需要我们去"战斗"的新闻报道。她作为第一主创，连续获得三年中国新闻奖一等奖的背后，是她忍受委屈，咬牙坚持，负重前行后的厚积薄发。

她的报道有三个"特别多"：一是素材特别多，二是场景特别多，三是采访的人特别多。2018年，丽水庆元县"大搬快治"攻坚大会散会后，人群前方一位女干部急匆匆地离开会场。川源拿着话筒快步上前，边走边和女干部交流起来。当川源问道："你这么急着回乡，乡里是不是事情还很多，很辛苦？"女干部迟疑了一会儿，缓慢地回答"是的"，然后掩面而泣，快步往楼道跑去，顺着这个线索，我们一直跟踪拍摄女干部哭泣背后的原因，用真实的场景反映了基层干部在执行重大政策中的努力与付出。

蹲点报道是我跟她经历最多的报道形式。与和其他记者合作不同的是，拍摄她的采访我基本不会停止录制，一条4分钟左右的蹲点报道，拍摄的素材往往在七八个小时甚至10个小时以上。就是这样，我们才能抓住场景中采访对象真实、生动的一面。

"无场景，不拍摄。"这是她对报道的追求。一贯到底的场景，是川源报道的一个特色。所有对报道主题的解读和呈现都是在场景中进行，所以她的报道很少出现"声画两张皮"的问题。为了追求场景，我和她甚至假扮过"情侣"。2017年在德国拍摄《看德国》大型新闻行动时，为了拍好报道结尾的出镜，摄制组决定选择多特蒙德的威斯特法伦球场作为出镜点。我们顾不上吃中饭和晚饭，以游客身份进入场馆拍摄。由于场馆内禁止拍摄，加上语言交流上的障碍，我们无奈只能假扮情侣，拍摄两人旅游纪念的视频，在工作人员警惕和奇怪的眼光中，终于完成了近3分钟的出镜报道。

以"人"为中心，是川源报道的一大特色。2017到2019年我们连续三年记录了安吉县鲁家村的乡村蜕变的发展过程。这次报道我们积累了近200小时的素材，采访了300多人。一切都聚焦人，从老百姓到村干部再到乡县干部，从他们对乡村发展的感受中总结乡村振兴之路。

2020年7月11日，刚到拉萨，那天晚上因为高原反应，川源在我们餐桌旁的沙发上不能动弹，错过了西藏最鲜的菌菇火锅。2个小时后，晚上8点她插着氧气吸管开始做我们到达高原后的第一次访谈。12个小时以后，她开始在拉萨那曲中学的操场奔跑。5天以后，在西藏那曲海拔4500米的生命禁区，川源带领着一个8人的摄制组，大家背着制氧机，鼻子里插着氧气吸管，从奶条加工作坊，到牧民家中，到义诊现场，一个接一个场景，一场接一场直播，我们用在平原地区的蹲点拍摄方式，在青藏高原"奔跑"。

川源常说三句话："我不是一个聪明人。""投机取巧的事情我做不来。""没有作为就没有地位。"她也以此激励她所带领的团队。

2021年10月21日

在"焦虑"中找到一条路

浙江广播电视集团融媒体新闻中心记者 | 孙汉辰

作为团队里最为"焦虑"的记者，每回面对来自四面八方的联络，每次从拍摄素材到文字脚本梳理，在不断"焦虑"中自我修炼，和团队一起成长。从海拔 5000 米的青藏高原到"原生态"的贵州苗寨……"焦虑"中，我的业务在升华，心态在平稳，认知在提升，对新闻现场理念的理解不断在加深。在一场场的焦虑中，我逐渐地找到了属于自己的那条"新闻路"。

首先，那条路属于现场。

我与川源姐的合作，起始于 2020 年浙江卫视大型新闻行动《大山深处的浙江人》，那时首站来到了浙江对口支援的西藏那曲智能蔬菜温室。此前，从未有过电视采编团队尝试在那曲进行网络直播，缺氧、海拔高、信号弱……负责现场筹备的我，备感焦虑。

而回忆当时的工作任务，更多还是聚焦一条大屏报道，这场网络直播只是一道"选择题"。而当一切准备就绪，川源举起话筒发声那一刻，我明白这是一道"必答题"。近两个小时的直播，最终获得了全网 807 万人次观看。这一刻，我更明白了现场的意义。而我内心的焦虑也在慢慢解开。回忆那半个多月，我们在西藏记录着嘴唇青紫的浙江干部，如何成就精准扶贫的高原奇迹，如何帮助高原上的 100 个妈妈，用浙江织机在氆氇上编织出更加艳丽的"格桑花"……再回忆起来，这些现场依旧熠熠生辉，闪闪发光。从焦虑到平和，我们做到了句句平实，却句句情深；场场家常，却场场动人。这些现场，是中国走在小康路上的脚步声，更是浙江力量。当然，也是让我们背起氧气机，拿起话筒，扛起摄像机，奔走在雪域高原的原动力。

现场是会发光的，找到发光的现场，心态也会变得平和。在记录现场的过程中，川源带着我们做有心人，下笨功夫。在我看来，这本身也是从"焦虑"走向升华的过程。在如今纷繁复杂的媒体大环境里，电视新闻虽然是传统媒体，但之所以能打动人心，是因为记者用心用情抓住了核心现场，更关键的是通过报道回应时代价值诉求。关键人物、关键情节正是完成提炼的载体。

因为焦虑，我们愿意跨越多年，去进行一场追寻新闻现场价值的"长跑"；因为焦虑，我们这支团队找到了"沉住气，扎下根"的业务方向；因为焦虑，我们找到了一条"找到核心现场、抓住现场核心"的路子。因为焦虑，我们这支团队做到了以最过硬的能力、最真切的声音，扎到基层，发现和传播那些扣人心弦、振奋人心的"中国现场、浙江声音"。

其次，这条路属于细节。

焦虑的人总是最关注细节，总是最在意细节。其实团队里的每个人都是如此。2020年夏天，我们在贵州台江县，第N次见到"时代楷模"陈立群。这个"N"，本身就是个最关键的细节。

由于是"老歌新唱"，在贵州的近一周时间里，团队无数次地焦虑过：同样的人物，同样的故事，同样的环境，甚至同样的镜头，如何才能找到一条属于时代的"新路"？在对细节的寻找过程中，我们沉下心来在每一个陈校长支教过的苗寨里寻觅，对话每一个陈校长俯身帮助过的孩子，走进每一户陈校长曾经走过的"苗家人"家里。随着走访的深入，我们的心情逐渐得以舒展，我们的镜头逐渐得以平静。焦虑，最终帮助我们找到了那条路。

我认为："细节"是我们整支团队的报道传播力获得的重要元素之一，细节可以使人物成为独一无二的人物。细节往往来自人的"缺点"。跟着川源学习，我的"焦虑"也正在转化，转化为从人物转变中的情绪抓取细节，从采访的进程中抓取细节，并根据电视语言的特性，探索了"无声"的同期声。

在每一场采访中，我们把焦虑转化成为一个个画面中扣人心扉的细节，这些细节不仅让我们动容，也让观众动容。也正是这一系列隐性的细节，让整个报道的思想性得到强化。在细节中提炼和展示典型人物的精神核心，让传播力得到强化。

因为焦虑，因为细节，我们团队能推出享誉业界的典型人物报道。通过细节，让团队深入内心，与灵魂对话与交流，让受众看到自己，看到一群人，看到中国社会发展进程中的"问题"与"选择"。

因为焦虑，因为细节，我们在每一个现场，试图建立"场景""人性""细节"之间的内在逻辑，相互渗透，以动态的事件与叙述视角建立人物叙事的"事件流"与"时间线"，真正从走进典型人物的心里，过渡到走进受众的心里，不断突破传播局限，让报道的传播力得到最大释放。

2021 年 11 月

2020 年夏天的一个午后，贵州省黔东南展下村村口已经拉起条幅，等待迎接支教校长陈立群

REPORT 一起说

在战斗中"新兵"变"老兵"

浙江广播电视集团融媒体新闻中心编辑 ｜ 王鑫

2020年对我来说是一个转折之年。这一年我从新蓝网来到浙江卫视融媒体新闻中心，从传统网站编辑变成新媒体"新兵"。从这一年起跟随杨川源团队，从东部沿海到青藏高原，蹲点平均海拔4450米的那曲，深入学校、牧民家庭、高原市场、援藏项目；随队走进大山深处的贵州千里苗寨，见证跨越三年的持续蹲点，记录浙江援助贵州的支教校长陈立群如何用"扶贫先扶志"的教育扶贫理念与实干，为数万苗族家庭带来观念的转变与命运的改变。跟随团队的这两年，让我从根本上持续迭代更新对新闻报道的认识，对团队精神的理解，也迅速从新媒体团队"新兵"向着"老兵"转变。

在新闻内容的生产上，由原来的单一选题单条报道，变为行进式、碎片化的报道。在新闻产品的呈现上，由原来的固定栏目单一品类，变成多端口、多样式的组合呈现。在大屏推出新闻行动系列报道的同时，小屏同步推出直播访谈、系列Vlog、系列慢直播、系列H5等。在新闻产品的分发上，由原来的单一渠道一次播发，变成融媒矩阵协同发力。联动全省101家县市级融媒体中心，并和央视频、抖音、快手等新媒体平台协作，同步分发。

在浙江卫视大型新闻行动《大山深处的浙江人》系列报道中，我们"大山西藏小分队"沿着绵延纵横的唐古拉山，进军平均海拔4450米的那曲。团队一路马不停蹄，途经拉萨、山南、那曲等地，深入脱贫攻坚一线，以浙江援藏25年成果为主线，从医疗、教育、产业等多个维度，挖掘出一批鲜活生动、扎根高原的浙江面孔。

在出发前团队就立足大小屏一体策划，同步开发融媒产品。在大屏积累素材、组织拍摄产品的同时，小屏专题同步开启，记者边走边拍，用行进式的新媒体播报展现采访过程。在出发西藏前，小屏已经制作完成《大山深处的浙江人·西藏篇》WAP 页，出发当天推出预告短视频。而在西藏的 15 天里，持续推出了《大山深处的浙江人·为了心中的格桑花》系列短视频，其间还完成了十几场直播、慢直播，小屏呈现形式多样的融媒产品线。在贵州的采访中，除了推出大屏报道，还同步完成了一场新老校长的访谈，以及全程记录陈立群最后一次家访过程短视频。作为团队的一员，全身心投入到这一场场重大战役中，有感动、有辛苦、有协作，但更多的是收获。

感动的是，在海拔 4600 米的西藏那曲，团队以饱满的热情，记录好那些嘴唇青紫的浙江干部，如何成就精准扶贫的高原奇迹；如何帮助高原上的 100 个妈妈，用浙江织机在氆氇上编织出更好的生活；如何不辞万里深入大草原，主动开展寻医问诊……特别是当我们看到援藏干部"缺氧不缺精神"的那股干劲儿，由衷地钦佩。

辛苦的是，在西藏之行中，在高原反应强烈来袭的情况下，团队依然坚持连续蹲点高原 15 天。在到达当天下午，一半以上的成员都因为高原反应倒下了，吃不下饭、睡不着觉、头痛呕吐都是常态。我从进高原的那天到离开，嘴唇都是紫到发黑，好哥们看到我的照片还不住地调侃，问我是不是中毒已深。但在团队成员的相互鼓励中，没有人停下脚步。为了记录那曲中学的晨读，团队早上 4 点就奔波在赶往学校的路上，一直跟拍到晚自习和宿舍夜读。出发前杨川源还特意叮嘱团队成员们走路要慢、多深呼吸，但为了跟上晨跑中被采访的孩子，嘴唇已青紫的她也跟着跑起来。为了做好在那曲世界最高蔬菜大棚的直播，她背着制氧机，脸色泛白，顶着各种不适，精神饱满地完成了直播。实话说，这还是我第一次看到吸着氧气做的直播，看着脸上的吸氧管，第一眼就特别想笑，但在现场呼吸不畅、眼冒金星的我才能感同身受地明白这是多么的不易。辛苦的是，在贵州的展下村，陈立群为村里破天荒考出的 9 名大学生戴上大红花，山里的雨说来就来，短短的活动仪式上就下了两场大雨，而团队成员们没有丝毫放弃的念头，借他人的伞保护着摄像机，始终贴身记录。拍摄下感人画面后，我和团队的孙汉辰、王西相视一笑，长舒一口气，为能记录下如此感人的现场而感到幸运和激动。我这时才感觉到全身的凉意，再看几人，大家都从头湿到脚，湿漉漉的衣服已经完全贴在了背上，皱到变了形。这种辛苦包含着的担当，将会是我职业生涯再出发的宝贵财富。

每个选题团队成员都积极参与策划，发挥各自特长共同完成爆款产品，有争论、有批评、有汗水、也有泪水。有问题集思广益，有困难共同解决，不分你我，协同作战。

一次次的报道中，我看到的不只是如何与当地群众打交道抑或是采访报道的技巧，更多的是全心全意去做一件事情，采访传播过程就是传递信心的过程。用网上流行的一句话来说："不过是用真心换真心罢了。"一场场的战役下来，思想得到净化，业务得到提升，团队得到了锻炼，更重要的是收获了战胜一切困难的信心，这是我作为新媒体"新兵"变"老兵"的洗礼。

2021 年 11 月 3 日

回去的车只能到凯里坐。我们拦下一位赶火车的大姐，匆忙中她帮我们拍下了这张合影。那一刻，我忽然确信这一定不是告别，更精彩的故事还在身后这片大山里向阳生长

三年里，陈立群三次把邰子涵从辍学边缘拉回课堂。那天，接到录取通知书的她，回到家就把大红花戴到了奶奶身上，一辈子没离开过大山的奶奶乐开了花。邰子涵告诉我，她有一个梦想：考上大学，带奶奶去看海。现在，她的梦想实现了……

做一个勇敢的人

黔南民族师范学院学生、贵州台江民族中学 2020 届毕业生 ｜ 邰子涵

　　2020 年 8 月 22 日是四面环山的展下村这一年中最重要的日子，如往年一样，展下村如期举办了老乡会，目的主要是对优秀毕业生加以鼓励。对于我们来说，今年是最不一样的老乡会，因为在那之前，大家都打听到陈校长带完我们这一届"陈家军"后便要离开了，因此，村里负责筹办此次老乡会的伯伯跟我要了陈校长的电话号码，说要邀请陈校长来参加我们的老乡会，以感谢陈校长这些年对我们展下孩子的关爱和培养。

　　那天，陈校长真的来了。那一刻，我呆呆地看着旁边陪了我们整整三年

的陈校，这位花甲之年的老人，眼睛突然湿润了……是的，他把本该最安逸的晚年时光奉献给了我们。记得那天，陈校冒着雨给我们全村的老少作了意义深刻的演讲或者说是告别，用着他那不流利的苗话陪我们数"一，二，三……"，跟我们10个民中学子交流、留影、告别……当时下着雨，为了方便，伯伯们安排陈校在球场旁边的一个叔叔家里跟大家交流。过了一会儿，陈校看到在人群之后的我，使了个眼色，似乎那是属于我们之间的"暗号"。之后他走到我身边，俯下身对我说："我不太放心你，咱们再去你家里看看，顺便看下爷爷奶奶。"就这样，陈校冒着雨，爬到山顶上，走到我家，跟我爷爷奶奶和我父亲告别，那也是我第一次看见父亲落泪……再后来，也许是怕我们红着眼眶告别，也许是怕自己憋不住眼里的泪水，他一声不响地离开了，背后是村里的喧嚣，他向着安静的白雾弥漫的公路那边默默走去。等我们缓过来时，已不见那熟悉的身影，眼泪还是不争气地在眼眶里打转。

古往今来，师生情谊始终贯穿贤士子弟的求学历程。陈校长，您的爱不似父爱泰山般沉重，却比珠穆朗玛更接近教育的天空。多少次教学楼办公室里的谈话，多少回模拟考试之前的鼓励，晚自习里带着关切和希望的目光，赛场上带头呐喊加油的身影，高考之前的击掌加油……幕幕皆深情。

陈爸，您教给我的，带给我的，我受用终身。感谢您给了我一双有力的翅膀，让我敢去想，更敢去做，在属于自己的天空里自由翱翔，飞越崇山峻岭，探索更广阔的蓝天。

2021 年 8 月

作品三　　三十二届中国新闻奖新闻专题一等奖（2022）

（数字化改革之道）省市场监管局："闪电速度"的背后

浙江省市场监管局与浙江广电集团相隔不到 200 米，这是我们做过最近的蹲点。"1+1"改变"这么近那么远"的背后，打通的是媒体与浙江改革实践间的距离

作品简介

2021 年初，随着国务院"十四五"数字经济发展规划通知的下发，一场前所未有的数字化改革在全国加速推进。浙江作为全国数字化改革先行省，实施数字经济"一号工程"没有范例可参照，新旧观念时时碰撞，畏难情绪和本领恐慌成为制约改革推进的"绊脚石"。浙江果断决定把 2021 年 12 月作为数字化改革升级节点，要求各省直机关单位和各市、县，加速实现数字化改革应用落地。正当改革陷入方法焦虑之时，浙江省市场监管局以其 8 个

《数字化改革之道》
省市场监管局："闪
电速度"的背后
（上）人人都是改革
者 处处都有改革劲
（下）越难越有价值
想清楚更要干到底

月上线 11 个数字化应用的"闪电速度"异军突起。记者紧扣节点，深入改革一线解剖"麻雀"，生动刻画了"办法总比困难多"的改革者形象，让原本生硬、零散的数字化改革热气腾腾、触手可及。充分展现数字化改革带来的理念之变、思路之变、机制之变和作风之变，梳理和提炼了数字化改革尖兵"向着需求走，迎着难题走"大道至简的改革思路与方法。用改革的普遍性困惑，引出典型破题的意义，提振了加速推进数字化改革的精气神，也为全国各省推进数字化改革提供了真实可感的浙江经验，凸显了新型主流媒体在重大改革中的舆论引领力与影响力。

REPORT 一起做

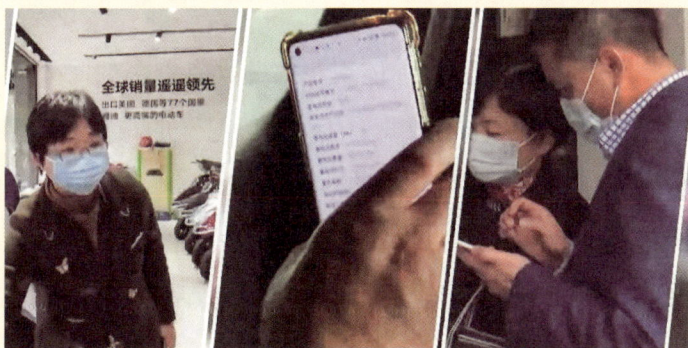

"浙江 e 行在线"攻坚行动。100 多名全局抽调的干部，分 50 路奔赴全省明察暗访，多方合力研发优化数字化落地应用，省市县贯通落实整改

让改革的报道暖起来
——用"时度效"推动电视专题转型

电视专题是对典型新闻事件长期积累的素材进行整合、梳理，具有鲜明主题的"集成式"报道形式。作为新型主流媒体，电视专题承载着对阶段性重大主题、重大新闻事件、重大社会现象作主流观察、主流发声的传播使命。这让电视专题长期形成了拍摄周期长、播出体量大、追求叙事逻辑、画面精致的特征。然而，在当下的融合传播中，新闻事件采制周期被大幅压缩，传统电视专题因篇幅长难以进入日常新闻节目，呈现了时效性明显滞后的现象。在一切以结果为导向的融媒传播赛场上，这样"憋足了劲放一次大招儿"的传统形态，已不能适应受众对传播"及时、高效、精准、可感"的现实诉求，制约了电视专题的传播到达率和宣传影响力，正在倒逼电视专题以更加常态化、鲜明轻巧的播出形态，闻风而动，迎难而上，加速向"时、度、效"功能转型。《（数字化改革之道）省市场监管局："闪电速度"的背后》正是以常态化蹲点对电视专题做出的一次瘦身、提速。

一、以"实"应"时" 热改革要有冷思考

电视专题的"时"，体现在主题具有鲜明的时代性，更体现在主动及时回应社会关切。这需要我们用"进行时"的观察，精准把握重大事件报道的切入点，敢于用实时、实人、实事，不断增强电视专题的记录、提炼功能。《（数字化改革之道）省市场监管局："闪电速度"的背后》正是充分发挥了电视场景化表达的优势，将看似抽象的数字化改革，作"眼见为实"的表达，强化了改革标杆的权威性和可信度。

1. 及时切入 迅速出手

建设"数字中国"是当前重要的国家战略决策。2021年初，随着国务院"十四五"数字经济发展规划通知的下发，一场前所未有的数字化改革

正在全国加速推进。浙江作为全国数字化改革先行省，实施数字经济"一号工程"没有范例可参照，新旧观念时时碰撞，畏难情绪和本领恐慌成为制约改革推进的"绊脚石"。浙江果断决定把2021年12月作为深化数字化改革的升级节点，要求各省直机关单位和各市、县加速实现数字化改革应用落地。正当改革陷入方法焦灼、情绪焦虑之时，浙江省市场监管局却以"黑马"的姿态，8个月上线11个数字化应用，这样的"闪电速度"成为数字化改革推进会上的标杆样本。《（数字化改革之道）省市场监管局："闪电速度"的背后》正是抓准数字化改革阶段性瓶颈节点，蹲点改革一线，打破传统电视专题的"完成时"叙述，用"进行时"的观察视角，在记录改革推进的同时梳理改革突围之路的关键方法和理念，为全篇奠定了真实、务实的改革基调。

2. 客观观察　真实记录

《（数字化改革之道）省市场监管局："闪电速度"的背后》以一场整装待发的"浙江e行在线"督查动员会开篇，第一个同期声就为应用落地的总体思路定了调子：这不是下去走马观花看一看，而是直接插到点上去，每个组就是要奔着问题去。务实基调不仅来自会议氛围，更来自事件背景：11月1日"一码统管"截止日期已经过去两天了，"合体登记"还没有完成，于是紧急抽调各部门的100多位干部，奔赴全省各县市区明察暗访，全系统都在倒查问题堵点。紧接着通过叙事空间的穿插，展现了基层通过数字化平台反馈了包括赋码不规范、认识不到位等112个问题形成平台汇总，专班迅速召开省市县三级对接会，直接通报到各地落实整改。整个过程一气呵成，中间穿插了省市场监管局11个数字化应用落地过程的路径方法共性。

数字化应用落地工作流程的行进式表达，与群众对电动车专项问题集中整治的需求呼应，紧凑生动，直观地展现了改革推进中，干部主体与数字化平台，以需求为导向，实时互动的工作方法。

二、以"感"控"度" 深蹲点要有浅表达

电视专题对"度"的把握，来自对报道主题、基层实际的深入调研。该专题正是通过蹲点式的跟进记录，以平实的视角，始终围绕改革推进中的"人"，建立了改革"通感"，在叙事的节奏和层次上下功夫，把看似"生硬"的话题变"软"，突出了推动数字化改革的核心内驱力：回应群众需求，增强政府效能建设。切中了改革话题里的"度"，增强了社会对数字化改革的理解，有效拉近了数字化改革与干部、群众间的距离。

1. 展现处处都是改革场 体现进行时

如何将"陌生的"转化为"熟悉的"情感与话语体系？需要找到改革的普遍性，联通个体共情、共鸣。"唱高调"是对改革命题的致命摧毁，平实的叙事基调、平视的观察视角显得尤为重要。我们将镜头始终对准数字化改革中的"人"：打响"浙江公平在线""上甘岭"战役的总工程师、从迷茫走向坚定的普通人、"浙江e行在线"的"窑洞"专班等，生动刻画了"办法总比困难多"的改革者形象，让原本生硬、零散的数字化改革热气腾腾、触手可及。

在观察中我们特别着力强化了社会的需求：市民对电动自行车安全整治的迫切心声；外卖在线使用中群众和商家的效果反馈；"双十一"到来前，商家平台培训大会上的真实发声。跳出数字化大屏看数字化改革，报道构建了立体生动的表达空间。

2. 突出人人都是改革者 强化参与感

从改革者身上去观察改革的路径、方法，是该电视专题的重要特点。在一个个生动鲜活真实的改革者体验中，以"小"见"大"、虚实相间、点面呼应、动静结合，达到了情理交融的表达效果。

数字化改革对政府效能建设作出的重要突破也是破解的最大难点就是"拆围墙"，要实现多跨协同，需要上下贯通，左右打通，动的是部门与部门之间的藩篱，更是干部与干部之间的利益边界。报道挖掘塑造了11个平台中

业务涉及最多、办事流程最长的"浙江企业在线"。在负责人王青与另外楼层同一专班市场合同处处长郑伟明的互动中，"求同存异"的"拆墙"法一目了然；经常加班的处长韩洪祥，在记者拿起窗台上的各种改革攻坚奖状时，眼里闪现出自豪和成就感，谈到妻子也在朋友圈经常转发他的成绩时的骄傲，这些现场让改革者显得真实可信、真实可感。

该报道也始终强化人物层次以及改革带来的"转变"：既兴奋又害怕掉队的食品安全协调处处长程浩，变坐在办公室为往下跑的工作方法。改革从不是一蹴而就，承认改革困难的客观性，是拉近各方情感、推进理解的关键一步。

三、以"思"达"效" 快速度要用慢功夫

在千头万绪的市场经济数字化治理中，浙江省市场监管局的"闪电速度"，看似"微小"，却是万千面对企业、机构、群众等众多社会需求的政府职能部门的缩影，它的每个突破背后都是上下贯通，"一把手"靠前指挥，夜以继日改革攻坚精神的体现。通过蹾点，我们深入挖掘改革的背后故事，真实直面了数字化改革中的共性热词，也是突破重点：三张清单、穿透力。通过改革节点人物，回溯梳理"黑马"是如何一步步梳理出"三张清单"，拆掉部门"围墙"，激发基层动力，倒逼系统重塑等。展现了数字化改革带来的理念之变、思路之变、机制之变和作风之变，提炼了数字化改革越到爬坡过坎，越要"向着难题走，迎着需求改"的改革思路和"以人民为中心"的根本之道。

报道播出后受到了省、市、县各级领导及干部群众的高度关注与一致好评，点击观看超百万人次。观众被改革背后的真实故事感染，在浙江广电集团中国蓝新闻 App 中留言上千条。浙江省卫生厅、交通厅、衢州、台州等省级厅局及地市踊跃参与到后续报道中。在基层凝聚形成了"刀刃向内、改革为民、时不我待、比学赶超"的数字化改革舆论氛围。在全国加速推行数字化改革之年，进一步推动改革，让群众有共鸣。用"新方法"展现"新改革"，用"新报道"回应"新需求"。作为一组日常播出的电视专题，通过

"时、度、效"的转型，我们向社会及时、平实、深入地传递了数字化改革并不是"一块大屏"，而是"向着群众需求走，为群众解决问题"的工作方法、工作作风、工作机制的转变。提振了数字化改革的精气神，坚定了深化政府体制、机制改革，更好服务人民群众的决心。更深刻感悟到，电视专题作为优质内容表达的重要形态，必须不断在"健身"中"瘦身"，在践行"四力"中，更及时、灵活、务实地培育"大象起舞"、孕育"松鼠攀峰"，不拘一格以优质新闻传播提炼浙江探索，体现时代精神，以增强新型主流媒体的舆论传播力与引领力。

2022 年 10 月 28 日

蹲点记者专访浙江省市场监管局局长章根明

REPORT **一起做**

让改革的报道充满温暖

改革是时代的主题。改革的报道怎样动起来、活起来，引发共鸣，进一步推动改革？2021 年 10 月，浙江正处在加速数字化应用落地的攻坚期，接到蹲点改革"黑马"浙江省市场监管局的任务，看到那些抽象的名词、枯燥零散的工作场景，我的手是"烫"的，心是"慌"的。拿不掉改革的距离感，改革的报道就看不懂。如何让改革的报道既有锐度又有温度？我们由此开始了一场新闻报道改革。

首先，我们改视角，沉下去，让改革细节汇聚社会热点。改革是大系统，数字化是"虚空间"，报道很容易被做得轻飘飘、硬邦邦、冷冰冰。电视受众多是中老年人，要让新闻有人看，就得贴近他们，贴着他们的急难愁盼。电动车安全一直是社会热点。在一场规模空前的"浙江 e 行在线"督查动员会上，紧急抽调的 50 路干部现场抽签组团，分赴全省明察暗访堵点。我们双管齐下，一边记录省市县联动第一时间通过数字化平台汇总问题，落实整改；一边走上街头收集群众呼声。用人民视角，回答改革之问。我把这一连串的现场放在开篇，触手可及的改革场景，扎进基层源头回应社会关切，热气腾腾的治理干劲跃出了荧屏。数字化改革不再只是矗立在办事大厅的几块大屏，而是带温度、有力度、提升政府效能的好抓手。电视表达的"弱势"，转化成了展现过程、营造氛围的"优势"，让改革热起来，让报道暖起来。

其次，我们改方法，生成"对号入座"的改革共鸣。报道中我们着力勾勒改革者群像。他们中有从迷茫走向坚定的程序员；有没日没夜汇总一线问题，研发应用的"窑洞"专班；有从吵架变成"战友"的跨部门团队……还记得，当我拿起浙江企业在线专班窗台上的各种奖状时，站在一旁原本躲着话筒的那位干部，突然打开了话匣子，讲起了妻子以前怨他加班，现在却在朋友圈默默转发他的每个突破。那时，我看到了改革者满满的获得感——人人都是改革者。我们在记录群像中，一点点把"对号入座"的"票"发到每位观众的心里。

我们改格局，"跑"起来才能有价值。改革是浙江的底色。"数字中国"作为当前推进"中国式现代化"的国家战略决策，"赶考人"又何止浙江。看报道，不是看热闹，共性诉求倒逼改革之道的提炼。在蹲点中我们观察到了一个现象：每天都有大量上门取经的团队。他们总会提到"穿透力"不够、"改革味"不浓——在模式创建人的电脑上，我们看到了上百个修改的版本，他瘦小而拘谨，却在回溯那段攻坚时，把过程比作"上甘岭战役"，采访还未结束，他又已投入新应用的创建；为了不耽误改革推进，他已经把白内障手术拖了又拖——眼前的他们，让我找到了数字化改革务实奋进的底层逻辑，让改革紧紧贴着满足人们奔向美好生活的每一个具体需求，记录"一键就灵"背后每一次真实的努力，冰冷的数字变成温暖的服务，简单的现象升华共同的价值。我们的报道在《浙江新闻联播》连续播出后，激励了更多摸索前行的改革者，干起来、比起来。

作为新型主流媒体的记者，看改革，说改革，更要看自己，改自己。每条蹲点的片子播出，我们团队总会回家问问爸妈好不好看。我们改视角、改方法、改格局，对我们记者也是一次次作风和思路的转变。融合发展的目的就是要做老百姓看得懂听得清愿意看的新闻，从而有效地传达党的政策、推动改革发展。贴着百姓拍，围着群众转，跟群众的心贴得近了，才能捧出热乎的新闻大餐，踩上时代的鼓点，把有思想、有温度、有品质的报道刻在奖杯上，更要印在人民群众的心坎上！

2022 年 11 月 15 日

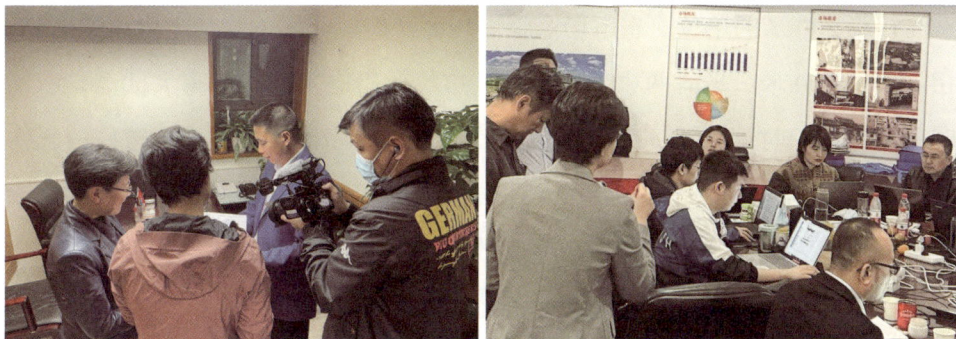

在"浙江企业在线"专班，之前吵架的干部"拆围墙"，拧成了一股绳；在"浙江e行在线"专班，因为没有窗子，这里因此得名"窑洞"。改革，更多时候就是一场勇于走出舒适区的自我革命

以"闪电速度"推动变革

浙江省第十四届人大常委会委员，（时任）浙江省市场监督管理局党委书记、局长 ｜ 章根明

2021年是数字化改革元年，我局用8个月上线了11个数字化应用，以"闪电速度"给群众企业送去"数字红利"，引来了各方关注。当接到浙江广电的采访邀请时，我一度认为这是为了推动改革氛围愈加浓厚的应时之举，而播出的节目却极大刷新了我对电视专栏的认知。现在回想起来，有几个数字萦绕脑海：

每天5000米的足迹。浙江广电这次采访，用的是"蹲点"的方式，近半个月的时间里，采访团队从早到晚穿梭于金汇大厦的各个楼层，奔走在数字化改革的各个专班，每天走的路起码有5000米。为了拍好素材，他们不仅来之前备足功课，在我们局也是事无巨细、一路跟拍，全程参加全局数字化改革例会，见缝插针地穿梭于各个专班工作会议，并根据采访情况又及时调整提纲，挖掘了一个个鲜活的改革故事，积累的采访素材超过了 100 个小时。这次蹲点采访，让我领略了浙江广电新闻人的执着坚守，也感受了电视场景化表达的独特魅力。

相距 200 米的单位。省市场监管局与浙江广电集团同在莫干山路的西侧，相隔不到 200 米。平时两家合作很多，市场监管的重要政策重大活动，浙江广电总是第一时间报道，为我省市场监管工作有序推进发挥了非常好的媒体桥梁作用。这次蹲点采访却与往常不同，用新闻人的独特视角观察数字化改革，用新闻人的敏感细腻透视数字化改革，用新闻人的生动语言诠释数字化改革，让群众从发生在身边的"小变化"更好理解"大变革"，真正体现了数字化改革没有局外人。无论是市场监管干部，还是新闻媒体，都是数字化改革的参与者、见证者，也是创造者和推动者。

面对面 5 米的访谈。采访临近尾声的时候，我与川源进行了一场面对面的访谈。我印象很深的是，她问我"闪电速度"到底是怎么来的。我回答说，除了数字化的认知、数字化的理念、数字化的思维，加速度的背后，是市场监管系统干部强烈的责任心，是市场监管系统干部一种扎实的、过硬的工作作风，是全系统上下对数字化这项工作在开发研究过程中的执行力。的确，通过这次采访报道，我感到我们的干部是真的可爱可敬，像平台经济专班负责人虽有病痛但不肯休息，生怕耽误了项目进度；像一位"双交流"干部说他刚转换角色，既兴奋又害怕掉队；像某个处室负责人谈到尽管常常加班，但妻子总是给予理解支持……这些热气腾腾的事例，是我们干部理念之变、思维之变、能力之变、作风之变的生动注脚。经过数字化改革的淬炼，我们的干部现在越改越有劲、越改越自信、越改越坚定，形成了责任感、方向感、成就感"三感"的良性循环。

通过一次蹲点调研，解剖一个改革样本，让原本生硬、零散的数字化改革变得鲜活灵动、可看可感，这本身就是一件充满"改革味"的事情。更重要的意义在于，通过这样 200 米内的"1+1"，让我们身处一线的改革者重新认识了主流媒体采访宣传的过程本身，就是一次宝贵的凝心聚力，就是加速基层改革共识形成的重要推动力。改革者不能光顾着低头赶路，不问群众感知；宣传员不能闭门造车，不问一线实情。只有让"改革者"与"宣传员"紧密结合在一起，我们从事的改革事业，才能真正以人民为中心，"改"在老百姓的心坎上。

得知浙江广电集团因为这个节目荣膺中国新闻奖一等奖，我们在高兴之余不由想到，新闻传播让浙江数字政府、数字经济发展方面的改革成绩名扬全国，也生动地说明，新闻工作者是改革的参与者、推动者，也是改革的成功者！

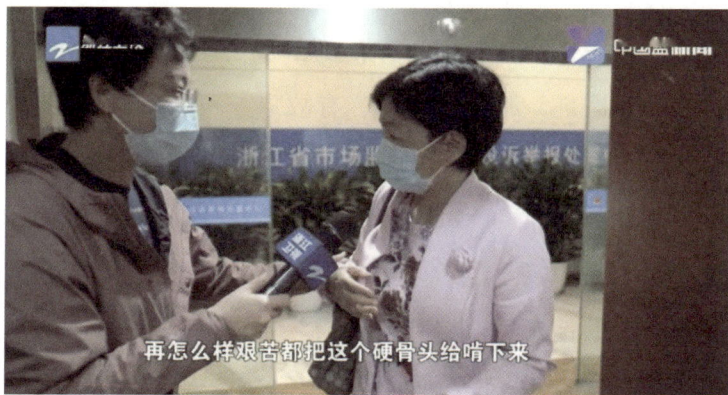

100多名各部门干部带着行李箱培训，结束后马上奔赴查找问题的基层一线现场

降龙十八掌　掌掌击现场

浙江广播电视集团融媒体新闻中心副主任　|　邵一平

　　把"数字化改革之道"的首篇选题交给川源，说实话，心里特别没底。

　　共事多年，我特别了解川源的长板。一起在村里蹲点的时候，见她把一个安静冷清的村民大会现场调度得热气腾腾，一群不善言辞的农村大爷，经她引导，一个个开怀畅谈、口若悬河；千里追踪陈立群的时候，见她将陈立群内心的谨慎、顾虑一一化解，让一个内敛低调的采访对象对着镜头说出内心最真实的声音；历年的抗台中、抗疫中，她总是能出现在距离核心现场最近的地方，在新闻事件的进行时中，抓拍到最真实、最鲜活的人和事。可以说，用电视化语言，将"现场"和"故事"说到极致，是川源闯荡电视新闻界的"降龙十八掌"，凭这一招，她驾驭各种基层题材游刃有余、炉火纯青。

　　但前提是，那得有现场、有故事。可这一次，她要说的是"数字化改革"。

　　果不其然，第一次踩点，带回来一叠材料，里面写的全是"清单""跑道""1612""体系构架"这些高级、抽象的概念。而"数字化改革之道"的任务，不仅仅是用事实和故事具象化说清这些概念代表着什么、带来了什么，还要挖出这些改革背后鲜为人知的历程，提炼出改革倒逼系统重塑的理念和方法。我至今记得，川源翻着材料时脸上的懵懂和无助，问：怎么弄？看不懂。

　　好在困难于川源从来都只是短暂的抱怨。采访对象的一句话，点燃了她的斗志——越难越有价值。带着探究"价值"的好奇心和责任感，她又出发了。走之前，跟我说：不知道能拍到啥，去了总会有的。前路未知，但风风火火地勇往直前，一如既往。

也对，对于电视记者来说，所有的难题、困惑，唯有现场可以解答。

在 8 个月诞生 11 个数字化应用的省市场监管局的大楼里蹲守近半个月后，川源带回来上下两篇将近半小时的初稿，每篇的采访对象超过 10 人，几乎是将市场监管局每个业务处室掘地三尺，把所有参与改革的人全部深挖一遍。这里头有改革设计者刀刃向内的坚定，有改革执行者克难攻坚的艰辛，也有治理重塑者破旧立新的探索。每一段故事，都是亲历者发自肺腑的变革触动，真实而生动。作为采编后道工序，我负责帮川源精简初稿、理清层次、拎出主题。这一次，每涉及场景和同期的删减，她总在我边上，详尽讲述素材的前因后果、来龙去脉，言语絮叨、眼神闪烁。我知道，她的潜台词是说，这么精彩的故事，你确定要删吗？在取舍素材、修改稿子的途中，为了核对事实，我拨通过一个采访对象的电话，改革的话题一打开，对方滔滔不绝，参与变革的澎湃激情汹涌而来。挂断电话，已是凌晨，那一刻，我意识到川源是对的：改革搅动下，人的思想、状态、作风之变，是最打动人心的故事，将这些捕捉到、写扎实，理性而深刻的改革意义则不言而喻。

还是"现场"和"故事"，以不变应万变，这是电视新闻的创优密码，也是川源热爱和深耕的匠心。电视的魅力，在于镜头记录的真实和真诚，它让一个优秀的记者历经急难险重，却始终宛如初见。

2022 年 11 月 5 日

马思远 浙江广播电视集团融媒体新闻中心 | 记者

接到任务后，从早到晚穿梭在一个又一个数字化改革专班之间，深度挖掘出了"窑洞"专班等有细节、有温度的改革故事，将原本冷冰冰的道理，从一位位机关干部的自身转变切入，生动体现出全局上下热火朝天的工作场面和人人争先创优的业务氛围。"越难越有价值"，这是川源姐对省市场监管局数字化改革的总结归纳，但我认为这同样适用于新闻报道，就是要把一个个看上去非常"难"的选题啃下来，真正走到一线去，用鲜活的改革故事，记录下之江大地的变迁，记录下这个伟大的时代。

孙汉辰 浙江广播电视集团融媒体新闻中心 | 记者

数字化改革一年多，我们光知道省市场监管局做得好，好在哪里？架构优在哪里？他们是怎么做到的？我们不得而知。记得最迷茫的那天，我在专班拍采访，七八个处室跑下来，每个采访对象都说了不少，可市场监管局改革的"线头"在哪里？我依旧不清楚。在市场监管局，有个叫作"窑洞"的地方，那是新开发应用的专班所在。在那里，我终于明白了什么叫作纵向到底、横向到边；在那里，我也明白了什么叫作"一周一迭代，一月　应用"，也正是在那里我找到了改革的"线头"。

王西 浙江广播电视集团融媒体新闻中心 | 摄像

"数字化改革"报道是所有新闻报道中最难的，它可感知性弱、场景单一、不适合电视画面表现，但是当把它和新闻最关键的元素"人"结合的时候，我们发现新闻事件本身往往比新闻更精彩。报道中有一句话是"越难越有价值"，这几年每一篇的重要报道，我们拍摄的素材量都在 100 小时以上。跟踪拍摄最长的对象是安吉县黄社村党总支书记盛阿伟，跟拍他长达 4 年。10 年间我已保留了 1 万小时以上的素材。任何事情选择最难的那条路走下去，我们才能行稳致远。

许勤 浙江广播电视集团融媒体新闻中心 | 摄像

在蹲点的日子里，我印象最深的是市场监管局凌晨仍灯火通明的大楼，各个专班里的同事们像打了鸡血似的以单位为家，以及桌上堆砌如山改了又改的架构图。换位思考为老百姓着想，用心用情解决百姓的"急难愁盼"，从最突出的问题抓起，解决最实际的问题。我想这就是"闪电速度"的起因所在。如今这是我收获的第二个中国新闻奖，心里满满的是感激和自豪。"越难越有价值"是川源姐对蹲点市场监管局的总结归纳，同时也是对我们团队直面困难、迎难而上的最好阐释。

作品四

中国广播电视大奖一等奖（2015）

基层牌子何其多

作品简介

　　"机构牌子多、考核评比多、创建达标多"，这"三多"现象是在党的群众路线教育实践活动中基层村（社区）反映强烈的问题。围绕这一热点难点问题，浙江卫视与浙江省委党的群众路线教育实践活动领导小组办公室主动沟通对接，从 2014 年 6 月份开始，独家策划推出年度系列报道《联播调查：基层牌子何其多》。报道立足推进社会治理体系和治理能力现代化的时代背景，直击村（社区）负担过重现象及其带来的危害。报道播出后，反响热烈，浙江省出台《省直单位涉及村（社区）机构牌子、考核评比、创建达标等事项清理整改工作实施方案》，同时全省十一地市和各县市区也出台相关政策，开展"清牌减负"工作。

（联播调查）基层牌子何其多（一）挂不下的牌子

（联播调查）基层牌子何其多（二）虚设的"社区学校"

（联播调查）基层牌子何其多（三）闲置的"服务室"

（联播调查）基层牌子何其多（四）填不完的"表格"

（联播调查）基层牌子何其多（五）摘牌 更要减负

（联播调查）基层牌子何其多（六）创建 要和基层"合拍"

（联播调查）基层牌子何其多（七）绿色创建"后遗症"

▶

2014 年嘉兴平湖基层拍摄现场

REPORT　一起做

以蹲点推动主题报道调查化

直到现在都很少有人知道，当年是这组报道让我找到了做主题报道的信心。基层牌子何其多，主题报道面对的选择又何尝不是？面对生动鲜活的基层现象，主题报道不是不能讲问题，要看讲什么、怎样讲、为谁讲。"站稳群众立场，服务中心大局"是辩证统一的。

作为记者，每次出发前都问问自己：你行吗？必须行！

在基层　我想知道得更多

2013 年 11 月浙江省在全国率先开展了一场"清牌减负"行动。在 2014 年初，我接到了主题报道的任务，按照一张全省摘牌先进村的目录，我们的第一站选择了宁波余姚谢家路村。村书记热情地接待了我们。乍一看，包括荣誉牌在内的 100 多块站、点、会、室牌子确实都摘了下来，成效可谓相当明显，但同时我也发现了几个让人疑惑的细节：不大的村政府办公室里竟然有三台复印机，用完的墨盒也堆了满满两箱，一旁工作人员正在加紧装订创建"全国文明村"的台账材料。而此时几位要求调节邻里矛盾的村民却没人接待。看到这些，我的第一直觉是："牌子真的摘了吗？"当我把 4 个小时的

2014 年杭州市余杭区庙前社区蹲点现场

素材成稿、成片时，说情的电话、希望压下不发的电话都来了。片子最终被暂缓播出，但有一个想法在我脑海里越发坚定：要把牌子背后的事情搞清楚。

"主题报道"变身"调查报道"并不简单。压力不仅来自调查本身，还有各方面的平衡与协调。为了获得第一手的信息资料，我们调查团队八进临平、六入平湖，可"收获"却始终没有"困惑"多，因为镜头里，基层工作者总是在躲闪，作为摘牌减负的直接受益人，他们的难言之隐到底是什么？

为了拉近与基层干部的距离，我每天与他们一起上班、搞活动、做台账，渐渐熟悉了他们的工作流程，也了解了他们的性格。功夫不负有心人，余杭庙前社区妇女主任丰红莲，从起初的不欢迎我到最后我俩成了朋友，我也就从她那里得到了许多有关牌子的秘密：形同虚设的各种学校、六个姐姐的职务、六层的拉门墙、一张照片多种用途等。可是，还没等节目播出，她就被批评了。平湖当湖街道如意社区的李凤琴书记，也是顶住压力，带我拍摄了没有 B 超仪器的 B 超室，但当我和她一起去参加区里的摘牌减负大会时，李大姐却躲开了我的话筒。

纠结和无奈，是这些基层干部最真实的心态。"牌子在基层，根子在上头"，他们的无奈、没信心不无道理。其实，当我把镜头对准他们，我自己也同样纠结，我们的调查能不能继续？又该如何继续？正当我迟疑的时候，第一期 4 篇调查播出引发的强烈反响给了我很大的信心，全省上下掀起了一场基层摘牌、去形式主义的热潮，瑞安、台州台甚至复制了一版地方级的《基层牌子何其多》调查。基层为实话而振奋，2014 年 4 月末，全省社区、村的牌子只保留了门口最基本的 4 块，其余全部摘除！

讲到这里，也许你会觉得我们大功告成了，但这只是表象，牌子是摘了，但背后故事都还在，基层的工作负荷丝毫没有减轻。在作为摘牌减负先进典型的江山东门社区，社区书记周小菊为难地为我打开了储物仓库，牌子一块没少全都还被妥妥地保存着。她说："我原来就是社区里 8 个学校的校长，现在还是，你说，这些牌子我们怎么敢扔呢！"在奉化舒前村，当了 20 多年老村长的舒海良让我在关机后才肯说出基层的"三怕"：怕得罪领导、怕摘牌是一阵风、怕影响自己的前途。他还说：你们记者做完采访拍拍屁股就走了，我们以后怎么办?!

　　周小菊和舒海良的担心也是千千万万基层干部的担心，摘牌不减负实质是用"新的形式主义"来替代"旧的形式主义"，这样的负面示范效应要远远大过挂不下的牌子本身。此后的小半年，在江山、奉化、台州、宁波、温州等地30多个村、社区，我们的调查继续进行：在温州某社区我们带着暗访机等待着上级卫生文明创建调查小组的到来，却最终因为基层干部通风报信而流拍；在奉化我们遇见声东击西、不停使眼色给被采访对象的宣传干事……调查越来越困难，可我们却越来越有信心，因为这预示着我们正在步步接近问题的核心。

　　8个月，近100个小时的调查素材，19篇调查加反馈报道。在地毯式的调查追踪下，很多发牌子的部门再也坐不住了，纷纷找上门来作整改说明。我们也终于在12月得到了一个令人振奋的消息：浙江省仅保留14项省级考核评比和创建项目！为防止"三多"现象反弹，浙江省正在加紧制订村、社区依法履行和依法协助基层政府工作事项的清单，将其纳入法治轨道。现在"14"这个数字还在逐步减少，直至取消。

　　记得在我们采访之初，基层有个比喻"上面千条线、下面一根针"，说的就是我们身边"倒金字塔"式的行政管理模式。基层各式各样的牌子就是这种模式的缩影，让原本应该围着百姓转的基层工作变成围着上头转，本末倒置。而要改变这种现状，不是摘几块牌子就能解决的，要实实在在地优化我们的行政管理体制和工作机制，才能完成这些改革。基层牌子会不会再回来，依然值得我们关注。

2014 年 12 月 21 日

追踪报道　　　浙江新闻奖电视重大主题类一等奖（2019）

基层减负"加减法"

5 年后，我与当年《基层牌子何其多》的起始站余杭庙前社区的杨书记又见面了。他的"老杨圆桌会"办起来了！

作品简介

2019 年是"基层减负"年，4 月初我省为深入贯彻《中共中央办公厅关于解决形式主义突出问题为基层减负的通知》，出台了《整治形式主义突出问题切实减轻基层负担的若干意见》，提出二十条举措。具体抓落实难点与痛点在哪、进展如何。浙江卫视《浙江新闻联播》立即启动"基层减负"调查评论蹲点，记者奔赴余杭、安吉、湖州、绍兴、平湖、北仑、台州等地连续作战，用扎实的调查事实、生动的电视化表达、活泼而深刻的叙事手法，推出系列调查评论《基层减负"加减法"》之《（一）整治形式主义　基层负担非减不可》、之《（二）该减则减　让基层考核切合实际》、之《（三）重在落实　将基层减负进行到底》。着力突出改革进程中务实求变的基层减负"加减法"模式。以"调查＋评论"的方式，紧紧围绕"基层减负二十条"对基层减负改革的"必然性、可行性、长效性"层层递进夹叙夹议，记录基层各部门和各地党政机关干部如何实事求是转变工作作风与方法，也生动而真实地展现了这场"刀刃向内"的自我革命的艰巨性。有力地求证了在现实工作中到底应该如何把形式主义"减"下去，又该怎样把党员干部的责任担当"加"上去。

基层减负"加减法"

▶

REPORT 一起做

改革话题一蹲到底

这组报道到来时，距离 2014 年的《基层牌子何其多》的报道足足已有 5 年。改革不是一蹴而就，回看、回访很有可能会让你更快触及事实真相，客观思考，反思路径。这也正是主流媒体应该坚持做下去的事。

浙江省为深入贯彻《中共中央办公厅关于解决形式主义突出问题为基层减负的通知》，出台了《整治形式主义突出问题切实减轻基层负担的若干意见》，从大力精简文件简报、统筹压缩各类会议、统筹规范督查检查考核等五个方面，提出二十条举措。针对"基层减负二十条"如何抓落实，浙江卫视《浙江新闻联播》立即启动"基层减负"调查评论蹲点预案。记者迅速奔赴余杭、安吉、湖州、绍兴、平湖、北仑、台州等地连续作战。从 4 月 8 日起连续播出系列调查评论《基层减负"加减法"》之《（一）整治形式主义基层负担非减不可》、之《（二）该减则减 让基层考核切合实际》、之《（三）重在落实 将基层减负进行到底》。着力突出改革进程中务实求变的"加减法"模式，紧扣"基层减负"加强基层治理，让干部更好地为人民服务的行动目标。

与以往的蹲点调查不同，该系列以"调查＋评论"的方式，针对"基层减负"这个重大基层治理话题启动新闻述评，用步步深入基层发现的有力新闻事实，紧紧围绕"基层减负二十条"对基层减负改革的"必然性、可行性、长效性"，层层递进，夹叙夹议，记录基层各部门和各地党政机关干部如何实事求是转变工作作风与方法，也生动而真实地展现了这场"刀刃向内"的自我革命的艰巨性。用浅显易懂的"加减法"，强化叙事性评论的贴近性，深入浅出地论证了当前阶段减掉"形式主义"表象的迫切性，挖掉形式主义根子的必然性。

夹叙夹议深入推进评论的观点，有效杜绝了新闻事实的主观化，实现了互为推进的新闻与评论之间的递进关系，既维护了报道的客观性，又凸显了系列电视新闻述评在规模化、场景化、贴近化上的优势，深化了基层减负这个社会话题的社会关注度和参与度。

一、评论要有底气 先要做到接地气

工作机制的转变，评论思维的转变。抓住典型细节，为评论提供"弹药"。在这次调查评论中，记者坚持"多地调查"，强化"覆盖面"和客观性，他们先后蹲点余杭、安吉、湖州、绍兴、平湖、北仑、台州的村、社区、政府，在看似平常的工作程序中，挖掘出各种基层的"形式主义"表象：旋转的App、不敢删的手机留痕照片、一个工作人员的4个手机、躲猫猫的易拉宝、脱离了基层需求的"宣传长廊""心理咨询室"、为了"创新"而"创新"出来的各种制度、需要认真"研究"的考核制度细则、社区里的"万能章"——"现象"的背后是广大基层对"减负"前所未有的强烈呼声，在评论中进一步剑指"基层减负"中的种种自上而下的"形式主义""官僚主义"。正是在这些让人哭笑不得的事实中，评论扎实推进，构建了"调查+评论"深入浅出的逻辑格局，强化了"基层减负二十条"落地的迫切性。

二、评论要有张力 必须充满穿透力

为评论打开格局，关键是层次感的形成，事先要有周密的策划和安排，从哪个层面开始，以怎样的节奏将文章发出来。"融入式评论"是该组"调查性评论"的一次全新尝试。在报道中记者做出了大量扎实的协调工作，克服了普遍存在的"不接受采访""担心被批评""不许说问题"的基层担心，站在客观、贴近的角度与"采访对象"同频共振，与"问题"同频共振。

在前后十几天的调查中，蹲点小分队几乎"打一枪换一个地方"，在注意采集现象的区域平衡性和典型性的同时，立足电视化评论表达的"问题+方法"之间的协同，坚决不让"现象"停留在"吐槽"层面，追问背后深层次的原因，精准锁定形式主义病症的"症结"，把解决问题锁定在对考核"指挥棒"的重新修正、监督机制的建立、基层准入制的完善、开源节流激活社会组织开展专业服务的路径探索。始终强调基层减负中"加减法"的可操作性，为"基层减负"工作的深入推进提供决策参考。

在大量生动调查推进的背后，是记者始终与基层"同频共振"的决心，他们以"观察者"的身份进入主题，以"探讨者"的身份切入评论，在三篇报道连续推出的同时，配发了融媒体传播，在全省的基层工作者中引起了强烈反响。报道得到大量转发留言，截至目前已累计达到10万多的转发量、数百条高质量的留言，让"以问题为导向，以促进改革落地为目标"的电视系列评论，成为媒体与基层沟通的桥梁，成为全社会参与"基层减负"大讨论、大实践的纽带。

三、评论要有热度　必须有暖人温度

评论的本质目的与目标是推动问题的解决，特别是连续评论是为了提起舆论对某一个问题的关注。系列评论能够形成评论上的规模效应，强化公众对某一问题的关注，将他们的关注点锁定于某一个问题。主要是对某个新闻事件相关的事实和观点进行综述，并在综述中夹带着作者的判断和观点。

塑造故事化场景为评论提高"共振感"。在调查评论中，我们始终强调"主题故事化、事件故事化、人物故事化"，一批个性鲜明、实事求是、一心为民的基层干部形象跃然眼前：应付各种自己力所不能及检查任务的社区干部小谢，最大的愿望是成为一名社区群众认得出的社工；如意社区里电话不停，一边应对各种考核事务，一边为处理停车难问题四方奔走的社区书记马小英；5年来一直坚持"螺蛳壳里做道场"，下决心腾挪空间把形式主义减下去，把"小罗圆桌会"办起来的罗跃宇等。无论他们是社区干部还是村干部，无论他们是考核的"应对者"还是考核的"制定者"，在调查中，他们真实生动准确的发声，构成了电视新闻评论中最有力的论证，也成为"评论"走向纵深的推动力。

　　"改革"从来不是"一蹴而就"，"基层减负"任重道远，这组系列蹲点评论，坚持以发展的眼光看待发展中的问题，为《浙江新闻联播》吹响了为新一轮"基层减负"鼓与呼的号角。我们也必将以电视新闻特有的表现形式，为"基层减负"真正落到实处，为基层工作更好地回归"为人民服务"的本质，提供智力支持与客观监督，构建和营造更加强有力的宣传氛围，让形式主义、官僚主义无处可逃。

2019 年 9 月 11 日

REPORT　一起说

发现力与表现力

浙江广播电视集团融媒体新闻中心副主任 │ 周新科

新闻报道工作，就是通过正确、生动、深刻地反映事件来传播信息、传播思想。

相比较而言，信息是浅性的、碎片化的，而只有隐含在信息背后规律性的思想，才具有长久生命力。做广播电视，做媒体融合，既要做好信息传播，更要做好思想和观念的传播。这就提出一个问题：如何把新闻做深刻？如何把新闻做生动？

新闻的深刻性，首先取决于新闻事实的深刻性，同时往往也取决于记者功力的深刻性——是不是有很敏锐、很严密、很深刻的思维。它的背后指向的是问题的"发现力"。

一个时代有一个时代的课题，在关键的历史节点上、在重大思想的传播上、在百姓关注的热点上，新闻人该如何回应时代的命题？关键是新闻人首先要看到时代、认识时代、胸怀时代，从中去发现、去提炼、去传播。1936年，范长江所著《中国的西北角》出版，而后一版再版，轰动当时。里面有一句话，无比精准地剖开了旧中国之痛患。"时代之社会政治制度，苟不能适合于当时大多数人生存之需要，则此大多数人必如石羊之艰苦挣扎，以求其生存之继续与发展。"在延安革命时期，毛泽东同志为《新中华报》题词，只有两个字：多想。事实上，尤论是《中国的西北角》，还是彼时《新青年》《大公报》等时局评论、报道；抑或进入新中国之后《人民日报》、新华社的通讯、消息等，每一种扑面而来的文字气息，都在不断提示，它与时代的呼应是多么丝丝入扣。

对时代的理解，投射在每一个作品之中，也决定了笔墨的走向。善于发现问题、提出问题、思考问题、研究问题、回应问题和解决问题，这是新闻之必需，也是新闻报道之必需。犹如音乐家对于声音，画家对于色彩，摄影家对于光线一样，是一种职业要求。以此来回看近十年来浙江卫视新闻中心的蹲点和调查报道，"问题"意识同样始终贯穿其中。系列报道《寻找可游泳的河》，立足环境污染与经济发展的问题，持续跟踪报道，推动全省开展"五水共治"行动；调查报道《基层牌子何其多》，聚焦基层"牌子何其多""摘牌为何难""社区治理，路在何方"等问题，最终推动浙江出台相关政策，开展"清牌减负"工作。《"并村"之后》关注的是乡村振兴，《数字化改革之道》对准的是深化改革中的硬骨头怎么啃，《陈立群的最后一次家访》背后关注的是教育公平、教育扶贫问题。这些追随时代之问的记录和呈现，无一不是在第一时间发现了发展中的不足和短板，让报道和时代同频共振，从而让作品有了深刻性与穿透力。

新闻的生动性，取决于新闻现场的生动性，往往也取决于现场人物的生动性、新闻故事讲述的生动性，它的背后指向的是作品的"表现力"。

"讲好故事，事半功倍。"习近平总书记在致《人民日报·海外版》创刊30周年贺信中指出，希望海外版用海外读者乐于接受的方式、易于理解的语言，讲述好中国故事，努力成为增信释疑、凝心聚力的桥梁纽带。作为一名新闻人，除了需要具备专业素养，更需要有人文情怀，学会用讲故事的方式传达事实。《人民日报》前总编辑范敬宜曾用一段鲜活辛辣的排比句，表达对当时一些生硬报道的态度："只知道旗帜鲜明，不知道委婉曲折；只知道理直气壮，不懂得刚柔相济；只知道大开大合，不知道以小胜大；只知道浓墨重彩写英雄，不知道轻描淡写也可以写英雄；只知道浓眉大眼是美，不懂得眉清目秀也是一种美。"这段话，说在很多年前，却也直击今天很多新闻报道的痛处——不生动。新闻人为什么讲不出好故事，为什么很多新闻人总是处于无故事可说的境地？中国记协原党组书记翟惠生把它总结为一句话：长于歌颂，略于问题。而要讲好新闻故事，新闻人必须要完成两个飞跃：一是由感性观察到理性思考的飞跃，只有做到这一条，才能称其为记者。看到现象了，要思考这是个什么事，应该怎么说这个事。二是从理性思考到平实描述的复归，用大白话讲故事给别人听。因为看报、看电视、听广播、看手机是饭后茶余的消遣，不是政治学习，也不是课堂学习，所以越轻松越好。完成第二个，才能叫真正的记者。这就要求必须把所有的复杂问题简单化，把新闻事件故事化，在故事中见人、见事、见精神、见道理、见思想。

提高作品表现力，关键在于深入挖掘细节。细节，指向人物性格、事实场景、自然环境、故事情节等基本要素，好记者就是要善于在真实的世界里发现细节、积累细节、运用细节，从而丰厚主题，突出内涵，激发作品打动人心的力量。提高作品表现力，关键还在于切实转变文风。一名好记者就是要不断创新报道手段与方法，自觉运用群众语言，选择平民视角，让文字和画面的表达回归日常生活，回归人间真实，更加接地气、聚人气、冒热气。"文章为时而著，笔墨当随时代"，在平凡中见真情，于微小处现伟大，这样的作品，自然更容易赢得受众共鸣。

好报道，当似朗月照人；好作品，恰如时雨润物。可以说，故事的生动性和话题的深刻性，决定了作品的可读性。而记者的发现力和作品的表现力，成就了传播的穿透力。懂时代，敢发问，讲好故事，传真声音，在这条道路上，新闻人要蹲得下去，蹲得真诚，蹲得长久。

2022 年 11 月 23 日

作品五　　　　　第二十九届中国新闻奖三等奖（2019）

诸暨：请来的"洋专家"又走了 "退出机制"动真格

作品简介

　　2018年浙江省各地纷纷出台人才新政，打造最优人才生态助推经济转型发展。高端人才如何引得进、留得住、用得好，是各地政府部门面临的新课题。报道选取了诸暨重点打造的海外人才平台中乌生命科学院的一批乌克兰专家，因未能达到预期目标而离开的事实，从而引发对县级市科学引才机制的思考。报道从最后一批乌克兰专家撤离诸暨的现场开始说起，回溯诸暨打造中乌生命科学院一年间，当地建立海外引才制度、评价专家科研成果、转化项目过程中碰到的挑战。通过充分采访启程离开的专家、当地人才主管部门、与专家团队合作的企业代表，用扎实的事实，体现诸暨引得进还要用得上的人才招引理念。面对洋专家的落地难，当地通过科学的考核，建立起海外专家能进能出的机制。报道除了展现人才退出机制本身外，还对退出后怎么办进行追踪。面对首批洋专家带来的启示，当地立即调整人才政策，进行"千企"人才需求大调研，一企一策提供人才引进方案，并进一步明确高端人才动态监管方法，为县级市的高端人才引进和管理提供借鉴。

诸暨：请来的"洋专家"又走了"退出机制"动真格

▶

REPORT　一起做

"念念不忘"必有回响

近年来，浙江各地掀起引才热潮，特别是宁波、绍兴、温州等制造业集聚的地区，更是全球引才。"人才之争"背后，是浙江省制造业转型升级的迫切需求。然而，"人才"从哪里来？如何与当地产业需求对接？是浙江高质量发展无法回避的现实考验。在这样的社会现象面前，我却在选题端面临着尴尬：很多鲜活的事例和场景，总是在发生过后，才在地方台上送的新闻报题中出现。痛惜的同时，我在尝试转换吆喝的方式：要告诉大家报道需求，更要告诉大家可能出现的情况，以及预判新闻价值的方法。

在张罗了一年多后，这个"洋专家"选题在诸暨出现了。这次我们面对的是地方跨国人才引进的大项目，更是一次"退出机制"动了真格。有人说"念念不忘，必有回响"，我看，默念是没用的，要持续，要搅动，要有方法。所以，当拿到诸暨台的这个选题时，我觉得报道已经成功了一半，因为我看到了诸暨小伙伴在业务判断力上的进步与改变，我们连通在了一起。

其实，找到路径的方法哪有那么高大上，在基层越土的方法越管用，多问几个为什么，多去现场走走，多跟基层聊聊，真相总会浮出水面，解决的办法也会一并出现。这不就是我们要做的吗？

多思考 深挖掘 好选题自然来

绍兴诸暨市融媒体中心电视事业部副主任、记者 ｜ 胡正涛

基层蹲点选题如何选、如何报？这对基层的新闻工作者来说是个技术活。在以往的实践中，很多基层的新闻人都认为向上级媒体报送的题材一定要冠以全国第一、浙江首个等，材料也往往是成果和措施，这就在第一关口就决定了这个选题与"蹲点"无缘。在采编实践中，我们通过给浙江卫视新闻中心杨川源老师的蹲点团队报送《诸暨：请来的"洋专家"又走了 "退出机制"动真格》这个选题之后，对基层媒体如何精准选报蹲点题材有了新的认识。

第一，要善于思考，将基层选题主题化。作为基层，我们选报的选题，就是要在国家经济社会发展的大背景下，找寻契合主题的小切口，让"天线"和"地气"成为有机体。"洋专家"这个选题就是由此而来。诸暨市经济开发区引进洋专家曾经是诸暨本地人才工作的一个亮点业绩，也曾经多次作为重点选题向浙江卫视新闻中心推介过，但是都没有成功。在 2018 年，记者在一次偶然的聚会上，与诸暨市经济开发区的一位熟人闲聊，他无意说了一句乌克兰专家都马上要走了。当时就觉得有趣，后来便想他们为什么走。几经了解后把事情弄清楚，原来是研究项目水土不服。由此，我马上联想到现在国家对于人才政策和人才项目的导向，觉得这是一个很好的体现大主题的鲜活案例，于是将其作为重点蹲点选题上报给浙江卫视新闻中心，并且与杨川源老师的蹲点团队深度对接，这才有了后面的这条报道。

这一次的采编实践以后我觉得，我们尽管没有动态的题可报，那也得改改思路，报点有趣的题，报点有料的题。

第二，要深蹲深挖，将主题内容场景化。作为电视蹲点报道，还是要回

归电视属性，要避免陷入传统主题报道"声画两张皮"的模式中。这就要求，我们的蹲点报道，一定要将主题内容场景化，立足现场发现矛盾冲突，立足现场讲好主题故事，立足现场凸显意义所在。"洋专家"这条报道，最初的选题信息就只有一句话，那就是乌克兰专家要走了，别无其他。为此，在杨川源老师蹲点团队的指导下，我先利用以前采访时积累的人脉资源，从各种渠道了解整个事情的来龙去脉。随后，浙江卫视蹲点团队专门到诸暨开了一次碰头会，与诸暨市经济开发区和相关部门的负责人进行了对接。因为这个题材属于深度报道，对诸暨过往的人才政策有反思，所以整个过程并不顺利。通过各种渠道，我们合力深蹲深挖，找到了珍珠项目研究与本地珍珠产业对不上号、企业引才的迫切需求等能够将主题内容场景化的典型案例，由此从他们离开的场景开篇，通过一个个典型场景，将主题在场景中凸显。

第三，要反向思维，将常规选题蹲点化。很多选题，如果我们用常规的视角去把握，可能就是普通的"四季歌"选题，但是如果我们用上反向思维，就有可能化平常为"神奇"，让选题有了深意或者新意。通过"洋专家"这则报道，我们更加深刻感悟到反向思维的重要性，由此将常规选题蹲点化。因为，人才政策不接地气其实很多媒体都报道过了，但是我们通过反向思维，将如何科学使用人才、科学评判人才的科研落地成果变成报道的重点，则赋予报道新的意义。所以，我觉得我们在拿到一个新闻选题的时候，应该自己先预判能否做多个报道方向的罗列，然后再通过反向思维来确立最有新意或者深意的报道方向，让普通的选题能够成为蹲点报道的好选题。

2020 年 12 月 3 日

在一起 向未来

湖州市新闻传媒中心首席记者 ｜ 郑重

2022 年 3 月，全国两会，朋友圈里是川源姐又一年的"两会时间"。跟随她每一篇的感想，思绪不自觉地跳跃到 2018 年的那个夏天。

4 年前的那个夏天，我作为一名湖州台主题报道记者被派到浙江卫视学习，跟的老师就是杨川源。作为科班出身的我来说，对于什么是好记者、什么是好故事，内心一直存在问号。这次，我得以近距离学习观察，寻找答案。3 个月，这位亦师亦友的骨干记者，用对人的真心、诚心和热心展示了什么是做人的态度、做事的方法，怎么样把"人"的故事讲好；用对新闻的痴迷、热爱和钟情诠释了什么是新时代记者的使命和担当。

"在实践中寻找答案，在信仰中孕育选择，才能赢得大地的回响，听到时代的宏音。"她曾经在一篇文章中这样写道。

在一起的"四力"

"脚下沾泥土，胸中才有料。"跟随川源姐报道的第一站，诸暨。前两天，一直在跑部门、跑乡镇、跑企业。我们得知，短短一年，乌克兰专家来了又走是由于研究项目不接地气没法在本地落地，不符合当地引进人才的考核标准。然而报道的内容仅仅是专家来了又走就够了吗？这是川源姐在诸暨期间一直在思考的问题。拍摄团队一直在各个部门、各个层面的人员之间寻找答案。但问题又来了：诸暨的中乌生命科学研究院是当地重点打造的国际化人才平台，虽然主动启动"洋专家"退出机制，但当时无论是政府部门还是当地企业都不愿意主动接受采访。为了挖掘事实的真相，川源姐用"脚力"开展"调查态"采访，大量走访乌克兰专家、当地人才部门和对接企业，交叉各方面给出的信息，并多方求证，梳理出诸暨一年间引才用才的来龙去脉，用"眼力"和"脑力"扩展新闻深度。最后，整个报道视角没有仅仅停留在专家离开的事实上，而是站在各地纷纷出台人才新政，打造最优人才生态的背景下，去观察诸暨的引才方式、考核体系、产学对接等一系列人才体系，在运作过程中遇到的现实困境和寻求的解决路径。脉络已经清晰，内容已经丰富，需要用扎实的"笔力"去呈现。川源姐娴熟地运用场景化的追问、故事化的呈现，充分调度镜头语言，使这个偏理性、抽象的题材，变得见人、见事，具体而生动：报道从最后一位专家的离开切入报道，开场一段行李箱轮子滚动的现场声急促而充满现场感，立即让专家启程这一相对静态的事实变得具象而生动，也让报道开门见山，迅速切入正题。随后的报道，川源姐以走访式的调查展开报道，从回溯乌克兰生命科学院如何建立，到专家带来的项目去了哪里，到项目落地难度何在，再到落不了地怎么办，调查层层深入，每一个场景都追问有力、事实充分，加上画面的细节到位，对新闻事实给予了有力的补充。全片通过走访串接娓娓道来，各个场景环环相扣，有机组成完整的故事，谈事实、谈触动、谈思考，同期平实、可信，没有空话套话，具有可看性、贴近性。

这是我第一次全序列、全过程地跟随报道，深度感受到一部好作品是由作者多少个"辗转反侧""抓耳挠腮"构成的，是用多么坚实的脚力、眼力、脑力、笔力来完成的。

而当我得知，《诸暨：请来的"洋专家"又走了 "退出机制"动真格》获得 2018 年度浙江新闻奖电视类一等奖时，开心雀跃之余更觉得这是她应得的。

在一起的激荡

跟着川源姐的 3 个月，我们一起奔赴温州、宁波、绍兴、湖州，在永嘉楠溪江畔感受酷热，在宁波港的夜里感受激荡，在本部 3 楼到 8 楼昼夜不分地切换，每一次都是"打鸡血"般奋斗着。

从 2017 年 11 月 2 日第一次踩点，2018 年初第一篇报道，到国庆期间的《鲁家村大考》，是一次跨度很长的蹲点报道。这次蹲点会遇到什么问题？大家全然不知。但未知就是打开报道的门。在蹲点期间，大家和游客一样坐着小火车去不同的农场体验；和融媒体合作，在景区设置意见亭，用"乡村振兴我来说"的方式，记录游客的感受。光是10月1日，团队就采访了四五十个对象，而15斤的摄像机，王西哥、许勤哥一扛就是一天，还有在永嘉认识的摄像张诚，国庆假期前只买到一张站票，他从永嘉一路站到杭州东站，再从杭州换乘汽车，赶到鲁家村来拍摄。而我和安吉台的同仁们，一起配合采访、协调、听同期。"这些来自大地的人，都抱着一份发自内心对大地母亲最深刻、最朴实的爱，为了一个共同的梦想而奋斗着。"川源姐曾经这么说。

这也许，就是新闻协作"在一起"的意义。

在一起的情缘

这4年，我和川源姐的见面次数屈指可数，主要还是她来到湖州采访时我们偶然一聚。但物理距离并没有让我们离得远了，对于新闻理想孜孜不倦的追求让我一直走在学习的路上。

她曾写道："无论何时何处，越遇急流险滩，越要'思想'向上，'脚步'向下，以更坚定的步伐，扎根基层新闻一线，迎难而上。"在疫情来袭的危急时刻，她到抗疫的最前沿让更多人看到抗疫一线的真相，消除恐慌；在海拔4600米的西藏那曲，她以饱满的热情，记录好那些嘴唇青紫的浙江干部如何成就精准扶贫的高原奇迹，如何帮助高原上的100个妈妈，用浙江织机在氆氇上编织出更加艳丽的"格桑花"……从一篇篇的报道中，我看到她的认真，感受到她的坚定。

不知不觉中，我对什么是好记者、什么是好故事的问题找到了答案：为党为国为民是好记者，利党利国利民是好故事。

"讲好中国故事，传播好中国声音"，开动脚力、眼力、脑力、笔力，在一起，去发现，去书写。

2022年5月10日

作品六　　　　　　第三十一届中国新闻奖三等奖（2021）

大山深处的浙江人

作品简介

　　2020 年是我国全面建成小康社会的收官之年，浙江广电集团融媒体新闻中心紧紧围绕"决胜全面小康、决战脱贫攻坚"的时代主题，深入贯彻落实省委省政府决策部署，策划推出大型融媒体新闻行动《大山深处的浙江人》，聚焦我省对口支援帮扶的西藏、新疆、四川、贵州等地，以象征"大山"为报道载体，寻访、蹲点跟拍，多角度、多形态、全媒体记录报道扎根奋战在脱贫攻坚第一线的浙江人助力当地群众脱贫致富奔小康的动人故事，全景展现国家战略大局中的浙江担当、浙江作为。

此次融媒体新闻行动创新采用大屏发力、小屏接力、多屏聚力的传播方式，充分发挥了融媒报道的联动优势和叠加效应。推出慢直播、Vlog、H5 页面、短视频等品类丰富的融媒产品，及时展现寻访全过程，有效实现"大屏未播、小屏先热"传播效果。

"为了心中的格桑花"系列

[大屏]

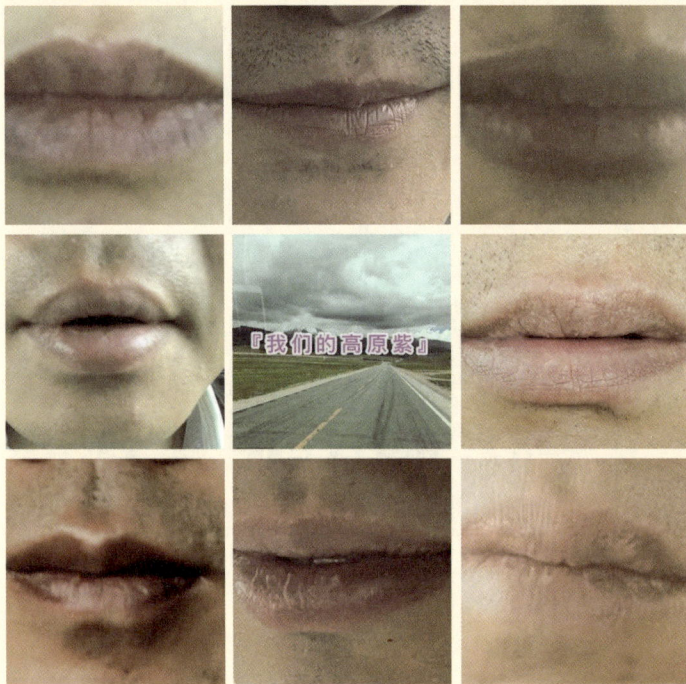

"为了心中的格桑花"新媒体系列

[小屏]

在西藏蹲点的日子，嘴唇是紫的，心头是亮的

激活"过程价值"　赋能融媒传播

📷 **记者手记**

三条哈达的故事

第一条哈达：斯塔措姆——胡忠军

那曲市区往东开出一小时，我们到达了色尼区罗玛镇卫生院。得知浙江医生来坐诊，很多藏族老乡提前半天，骑着马赶来取号。这是我从没见过的义诊场面，不大的卫生院里，里三层外三层，进进出出，挤了上百人。藏族老乡黝黑的脸上泛着的是急切与渴望。

巡诊现场的8位浙江医生，都来自那曲当地医院最紧缺的科室，巡诊现场，他们每个人脸上都写着着急。西藏那曲，地广人稀，基层医疗条件薄弱，肺结核、包虫病等区域性典型疾病发病率较高。来自浙江的医疗援藏团队，从无到有，在当地建起基层巡诊、家庭医生等制度，做起了当地牧民的健康守门人。在援藏医生们看来，藏族老乡身上的病，一半以上是拖出来的。罗玛镇医疗条件有限，卫生院仅有10名医务人员，辖区却有14个村庄。帮藏族老乡改变就医观念，是他们进藏后做的第一件事。一年来，他们走遍了色尼区的12个乡镇，把眼前的乡镇卫生院变成点对点的信息登记处，对牧民们的常见病早发现、早治疗。

人群中，有位个子不高的小姑娘和家人一起，找到胡忠军，激动地献上哈达。她叫斯塔措姆，去年在常见病筛查登记中，她先天性髋关节脱位被确诊。因为幼儿期没有及时矫正，留下了后遗症。

斯塔措姆告诉我："走路不方便，然后晚上睡觉的时候都是疼痛，睡不着。"胡忠军："第一次看到的时候，我一夜没睡，我自己的女儿比她大4岁。"去年，胡忠军把在巡诊中发现的7名急需手术的孩子带回杭州，让他们全部接受了免费手术治疗。当我问胡忠军收到献上的哈达时候是什么样感觉，他说："他们把额头放在你手上的时候，你做什么都是值得的。"

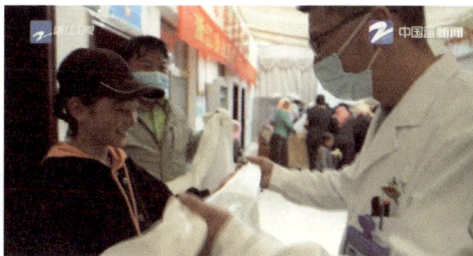

第二条哈达：西绕桑姆——郑芬兰

作为浙江省土布纺织技艺的非遗传承人，这是郑芬兰第15次进藏，从一个人进藏到带上来一支团队，郑芬兰始终想把更多的藏族手工艺品带出大山，帮老乡致富。去年秋天，浙江的援藏干部专门找到她，商量决定从改造织机开始。点子一出，那曲上百名牧民妈妈争相报名，当地腾出场地专门成立了"浙藏非遗纺织扶贫工坊"，启动了高原上从没有过的"牧女计划"。为了让浙江的织机从织"薄"的改成织"厚"的，郑芬兰团队花了大半年时间研发改造，第一批刚组装完，心里着急、嘴唇发青的他们，马不停蹄招呼大伙准备进村。

报名那天西绕桑姆的手举得最高，这位"90后"的牧民妈妈三次上机，却始终找不到感觉。一进门，西绕桑姆就拿出了自己的旧织机。以前，要织出这样一条格桑花氆氇，她和姐妹们到草原放牧时，要把桩子打进土里。那曲气候恶劣，刮风下雨都干不了，一年到头织不了几米，更谈不上赚钱。一架织机，一套培训。此行郑芬兰和她的团队，将培训100名西绕桑姆这样的藏族牧女，而这些牧女妈妈们回到自己的村庄，会将新的织布技术分享给更多高原牧女们。

那天郑芬兰和西绕桑姆师徒二人定下了"浙藏"之约：定期交流手工技艺、创新产品，携手让"牧女联盟"的品牌走出大山，走得更远。

格桑花只要在我这里放入她的花型   都要加入

第三条哈达：奔跑在高原上的浙江支教团

教育援藏是浙江对口支援的重要内容。25 年前，浙江在那曲建起了第一所希望小学，浙江援藏"拔穷根、树新人"的信念就从未改变。2004 年，那曲中学整体搬迁到拉萨，成为西藏第一所异地办学的高中。16 年来，我省的130 名援藏教师"组团"接力支援，学校综合实力排名大幅上升。

那天在校长室门口，我遇到了忍着剧烈的高原反应已连续失眠了近一个月的丽水教师潘琳琳。那天是她第五次想去请假，可又放弃了。这也是最近 3 个月里潘琳琳第五次放下假条。援藏以来，持续高反加上高负荷的工作，令她的体重急速下降了 25 斤。在她宿舍的抽屉里塞满了抗高反药。正是她的这份执着，打动了期中考试后想偷偷跑回那曲放牦牛的高一学生确土，他又回到了课堂。

几乎在所有援藏浙江老师的课堂上，我们都能看到这样的西洋参、润喉糖、扩音器。高原加上高强度，让每一个坚守讲台的老师经历着巨大的考验。在校园里，奔跑的不光是学生，30 名来自浙江的援藏老师同样是奔跑者：浙江班的班主任朱丽，"赛课带徒"的贡觉卓玛和周莉莉等。

他们每个人的柜子里，都是这样挂满了哈达，那是孩子们毕业的时候对老师由衷的感谢与爱。

陈东清老师当时跟我说的一句话让我记忆犹新：很多人都说教师是照亮别人的一束光，在援藏的这些日子里，孩子们也给了我们一束光。

是啊！一条条洁白的哈达，正是藏族老乡对援藏工作者们最真挚的认同和信任。

西藏的五篇报道名为《为了心中的格桑花》，回来后，很多人问我，格桑花什么样？我告诉他们，那些绽放在高原上的鲜艳无名小花，都叫格桑花。是啊，在时代的洪流里，我们每个人又何尝不是一朵无名的小花。越是开在严寒处，越能带来更多的生机与希望。

REPORT 一起做

主题报道在新媒体端的有效传播

主题报道是主流媒体日常新闻报道的重要形式，承载了党和政府阶段性的重要决策、中心工作以及社会关注的热点。在融媒传播时代，贴近、鲜活的主题报道，才能在传播中以事实凝聚人心，有效引导社会舆论。

2020年是全面建成小康社会和"十三五"规划的收官之年。"助力脱贫攻坚，决战全面小康"成为各主流媒体报道的主题方向。从增强主题报道的传播力入手，2020年7月开始，浙江卫视《浙江新闻联播》连续推出了一系列针对东西部扶贫协作、对口支援合作的系列主题报道，以"生产主体、生产流程"革新撬动主题报道融媒传播力，全流程探索主题报道的融媒表达。

一、有意思有意义 "人格化"传播提升价值认同

传统的主题报道往往"有意义"大过"有意思"，甚至相当数量的主题报道缺乏可看性，因此传播的贴近性缺失成为主题报道一直以来的短板。而从受众的需求端考量，在泛娱乐化选题成为网络短视频"爆款"的当下，大家对具有思想性、个性化、正能量的融媒产品的价值认同以及情感诉求，反而越发迫切。

正是在这样的背景下，新闻传播已从单一的提供信息衍变成具有更深层次社会影响力的公共对话。传统的宏大叙事逐渐让位于态度和立场，情感共振远大于理性逻辑分析，情感成为网络话题的根本动力。主题报道去"形式化"、强"人格化"已经成为传播的必然需求。

"人格化"表达是融媒传播过程中"意识形态"与"主观载体"相结合的产物，是新闻视角与价值判断的直观传播。深入的融媒传播走向总是以带入式感官体验为共鸣的依托，到达意义的传递与感悟。这要求记者改变主题报道的

"打开"方式，双线呈现："明线"是"有意思＋有意义"；"暗线"是"有意义＋有意思＋有意义"，让"有意义"前置，有的放矢地去选择"有意思"的内容场景载体。看起来信手拈来，而实际是对记者"四力"的升级挑战。

1. 找准"人格化"载体　精准提炼主题意义

在浙江卫视大型新闻行动《大山深处的浙江人》的系列报道中，记者沿着延绵纵横的唐古拉山、天山、乌蒙山、大凉山等，以记者第一视角寻访的方式，深入脱贫攻坚一线，聚焦小康路上典型浙江人、浙江团队，挖掘记录他们在艰苦环境中奉献奋斗、实现价值的动人故事。

为了充分展现浙江援藏 25 年的最新进展，西藏报道组准确地选取了"格桑花"这个具象的概念，在网络上连续行进时推出《为了心中的格桑花》融媒系列报道，行走在拉萨、山南、那曲，在凌晨 5 点的高原晨光中，记录了那曲孩子们奋发向上的晨读，听到了藏族孩子们描述着自己的家乡，谈论着并不遥远的理想；在海拔 4600 米世界最高的蔬菜大棚，他们用镜头见证中国精准扶贫的浙江奇迹；在下山搬迁的新社区，浙江织机轻盈地鸣响，高原上的 100 个妈妈，在氆氇上编织出更加艳丽的"格桑花"。完成网络直播、慢直播、短视频、对话访谈和 Vlog 等新媒体播发共计 21 条，全网点击量超过 1909 万。之后精心制作了《为了心中的格桑花》五篇大屏系列报道，在《浙江新闻联播》中播发，形成了大屏未播、小屏先热的融媒传播的新尝试。

在西藏篇系列报道的融合传播中，以高原上艳丽的"格桑花"为"人格化"载体，引领整组报道的展开。"平凡""鲜艳""顽强"的本体特性，象征着扶贫协作中的浙江人不畏艰险、坚强向上，帮助更多藏族老乡脱贫奔小康的精神内涵。这组扎实、生动、立意深刻的报道，被西藏电视台邀约，转成藏文版，在中央西藏会议期间连续推出，起到了很好的传播效应。也让浙江在东西部扶贫协作中，以项目引领、干部当先，"缺氧不缺精神"的核心精神得到了充分而生动的展现，同时东西部扶贫协作中带动人们思想转变和发展的艰巨性也得到了有效的探讨。

2. 在典型场景中表现典型意义

把意义放在场景里，是改造主题报道的实用路径。选取具有意义承载力的典型场景，需要精准的预判和充分的情感储备。

与传统的主题报道相比，主题报道的短视频开发首先需要对典型场景进行选择与判定。典型场景连着典型意义，典型场景来源于典型事件、典型人物。选题内容接地气，易于为受众接受，其中包括"亲民""亲切"等要素。

传播力强的热播视频大多具有小切口、画面真、标题实、表达潮、共情强的显著特征。用时代性、时尚感的创新表达，抓住承载主题的典型场景，赋予作品更多的活力。

在记者跨越三年回访贵州支教校长陈立群的融媒传播中，临别前的最后一次家访被记者精准地圈定为主题表达的典型场景，小屏端《最后一次家访：陈爸爸　不要走！》短视频，充分体现了短视频的典型场景中主题表达优势。区别于大屏传播，短视频重新梳理了叙事顺序，把最突出的"陈爸爸，不要走！"雨中送别时的突发现场提到最前，小切口聚焦教育扶贫路上的情感与成效，开门见山，直达主题。

同时，我们在典型场景叙事中，不仅限于单一场景，而是强化典型场景的"事件流"与"时间线"，从苗寨群众像过节一样摆出牛角酒迎接老校长和新校长入手，紧紧抓住了三个典型：典型环境（史无前例地考出了9名大学生）、典型人物群（陈立群和新校长、考上大学的孩子、家长、热切期盼的老乡）、典型情感（师生情、教育扶贫接力情、感恩情、家国情）。在典型中推进主题的表达，特别强化了"人性"中的情绪起伏，红榜前的感恩激动，考上大学孩子对老校长的依依不舍，家长对教育认识的转变，苗族老乡们的热切期盼，这些真实的现场感情时而如涓涓细流娓娓道来，时而如滔滔江水奔涌向前，视频内容与情感充满张力，教育扶贫给大山深处带来的改变跃然眼前，同时教育兴邦的任重道远也成为传播中的启示与感悟。围绕典型、展现典型、刻画典型、塑造精神，成为这组报道的点睛之笔与传播的核心推动力。

二、有速度有内容　连续激活过程价值

无论传播格局如何变化，电视媒体的传播优势依然十分明显，依靠画面语言，其能够真实还原人与人之间的交流互动，并在这个过程中传递出丰富的信息。也正是因为这样的特点，电视媒体的采访过程比其他媒体更凸显人本化。

现代电视新闻价值要素包括影响、兴趣、信息和可视性，而实现这些价值要素的正是叙事过程。所以我们在实现主题报道融合传播的过程中既要兼顾时效，更要兼顾内容，由此来激发过程价值。

1. 加强以主题为引领的策划与预判

选题的把握是报道成功的基础，尤其是直播类新闻在题材、场景、时间、直播方面都应该有前置思考、选择，不能盲目报道。不管传播格局如何变化，"内容为王"的本质不会改变。因此我们要加强策划，提升信息量，通过网络直播重构建立人与人、人与信息、人与媒介在不同时空和情境下的联系。

在选题确定的前提下，策划就要及时跟上。策划是事先的谋划，更是事前的准备，是方法论，更是一种态度。是为达到传播目的、效果提供的创意、思路、方法与对策。

以《大山深处的浙江人》新闻行动为例，我们首站以最为艰险的青藏高原蹲点作为开篇，沿着唐古拉山脉，记者寻访至西藏那曲。7月11日，西藏团队开启15天的高原蹲点。从海拔20米到5000米，从东部沿海到青藏高原，这支由8人组成的高原蹲点攻坚组，一路马不停蹄，历经拉萨、山南、那曲，以浙江援藏25年成果为主线，从医疗、教育、产业等多个维度，挖掘出一批鲜活生动、扎根高原的浙江面孔：在那曲中学连续高反失眠却坚持不下高原的浙江教师；15次上高原只为助力"牧女"变"织女"的非遗传承人郑芬兰；驻守世界海拔最高的蔬菜大棚的农技专家；医者仁心为高原群众送去贴心医疗服务的浙江医生。一路走，记者一路打破主题报道传播的路径依

赖，开启网络直播、慢直播、短视频和 Vlog 交互在一起的融媒传播"大合唱"模式。

网络直播 4 条		
日期	播发时间	阅读量
7.15	7:30	35.8 万
7.16	19:50	89.8 万
7.19	15:22	127.7 万
7.2	12:02	807 万
慢直播 4 条		
日期	播发时间	阅读量
7.15	6:50	7.1 万
7.15	9:00	126.7 万
7.18	9:07	104.6 万
7.19	17:05	103.9 万
短视频 &Vlog 13 条		
日期	标题	阅读量
7.11	15 秒快发：出发	50.4 万
7.11	为了心中的格桑花（一）出发	68.4 万
7.12	15 秒快发：达州凌晨出发	30.1 万
7.13	15 秒快发：走进拉萨高级中学	32.2 万
7.13	为了心中的格桑花（二）初见	87 万
7.15	15 秒快发：那曲中学学生晨读	21.1 万
7.15	为了心中的格桑花（三）晨读	103 万
7.17	15 秒快发学生合唱藏族歌曲	40.1 万
7.17	为了心中的格桑花（四）梦想	128.5 万
7.19	15 秒快发：小分队挺进那曲	44 万
7.2	为了心中的格桑花（五）奇迹	148.9 万
7.26	对话西藏自治区山南福利院	91 万
7.27	对话在藏浙商：我要把孩子也留在这里	88.6 万

从以上这组表中，我们可以看到主题报道在小屏端的传播力。这也给我们带来一个全新的启示，那就是在融媒环境下，我们只要充分发挥电视特色，以真实平实的语态，以原生态记录的方式还原鲜活的人物故事，就一定能够

感染更多的受众。

2. 强化对人的理解 激发过程价值

融媒体传播极大地倒逼新闻传播回归到快、短、软、近的本质特性上来，让其具有"沉浸感、瞬间反馈、强互动"的特点。而这样的传播更加依赖传播过程中的信任感，只有人与人之间的空间隔阂被打破，才能共情共鸣建立不同层级的信任。主题报道的内容生态搭建依赖的正是共构和代入。搭建优质的内容生态需要从更深处代入。

网络直播尤其是移动网络直播，为新闻传播带来全新的变革，移动性、现场性、互动性和社交性使其成为新闻传播新的增长点。首先我们要注重的是互动性，让互动参与激发受众的在场感，而这样的伴随性传播也打造了全新的受众"朋友圈"。如《为了心中的格桑花》系列报道，我们就有效地尝试了主题报道融媒传播的故事的延续性与贴近性，每场的固定受众都在15000人次以上，从后台的大数据分析看，很多受众是原来都对主题报道不感兴趣的90后、00后。

其次是要做到主题集中，处理好主题与故事之间的互动关系。以《生命禁区的浙江奇迹》这个融媒产品为例，我们的报道团队将现场踩点变成直播，在最贴切的时间做了互动切入。第一次的好奇心让我们与受众同步、同频进入世界海拔最高的蔬菜大棚进行新媒体直播。利用运动引导视觉焦点全过程叙事，观看量累计超过807万，创下新蓝网网络平台建立以来的历史观看纪录。之所以达到这样的观看量，是因为该视频直播极大地实践了网络传播"沉浸感、瞬间反馈、强互动"的特性，记者以第一视角，与受众做到了三个"同步"：同步情感、同步思维、同步诉求。记者放弃一般直播流程中的走位、踩点等流程，刻意规避了提前准备的步骤与内容，以类似一张"白纸"的空白状态，与受众同样带着强烈的好奇和疑问走进浙江援建那曲的海拔4580米的连栋智能蔬菜大棚。

在这个过程中，我们以伴随性的寻访方式，引入浙江援藏干部农业专家走进高原蔬菜育种室探寻培育技术的过程，并随机采访浙江坚守高原的技术人员。此外，品尝第一批成功种植生菜的那曲本地人、参与大棚建设的藏族大学生等元素都成了直播中烘托主题的"点睛之笔"，场景典型，采访生动自然，细节紧扣主题。

在语言的表述上，记者严格遵循了融媒传播的话语应该更具有口语化、通俗化的特征，语言准确而又简洁，深入浅出地紧扣主题，提炼和升华主题。全过程直播近 20 分钟，环环紧扣，悬念自然流畅地跌宕生成，毫无累赘之感。既体现了主题传播中的个性化表现，又极大地激发了传播中媒体与受众之间的共鸣。

三、有宽度有深度　以"时代性"拓展融媒传播纵深

在实践中，主流媒体的融媒产品往往受时间和空间叙事的限制，内容与主题大多局限于关注此时此刻。但好的融媒传播应该是时间与空间的汇流，记者需要思考不同信息形态的布局和呈现。既要有视频的时间布局，又要有文字、图片等空间布局，从而形成融合化的信息产品。在这个过程中需要不断以"时代性"强化视角感、现场感，提升主题的升华与展现。

"改变"是时代发展的脚印，融媒传播需要以时代眼光审视事件的发展。浙江卫视记者 3 年连续关注放弃个人利益、花甲之年教育扶贫支教校长陈立群，这样的时间跨度见证改变，使得叙事空间得以纵深地拓展。

2017 年记者深入贵州省黔东南州台江县，与团队一起在蹲点台江民族中学的同时深入千里苗寨，挖掘报道了贵州支教校长陈立群。在报道中，我们的团队深入大山深处的苗寨拍摄了大量宝贵素材，连续播发了《只为心愿》《只为更好的课堂》《只为更好的明天》三篇系列报道，记录了这位杭州学军中学老校长陈立群跨省义务"校长支教"的点点滴滴。我们看到了一封辞职信反转背后普通教师们的坚守；看到了家访中苗族爸爸紧紧握住陈立群的手，苗寨深处阻断贫穷代际传递的迫切渴望；看到了陈校长 1:3000 背后改造食

堂、封闭教学、教师赶考等一系列务实的改革；看到了这位花甲老人双肩包里常备的药盒——在一次次深入的采访中，很多次川源都偷偷转身落泪，在她看来，只有打动自己的现场才具备打动别人的能量。

　　3 年后的 2020 年，在陈立群校长卸任后即将还乡的节点，浙江卫视记者再次深入苗寨，以浓情与写实的笔法，不仅记录下了新、老校长的"接力"，更记录下了苗寨学生在大雨中动情喊出"陈爸爸，不要走！"的感人送别现场。场景化传递的是"扶贫先扶志"的教育理念对大山深处苗族群众的"撬动"，传递的是"知识改变命运""幸福是奋斗出来的"的正能量与信心。

　　融媒传播的最终目的是要实现从信息传递向价值传递的转变。习近平总书记指出：主流媒体要及时提供更多真实客观、观点鲜明的信息内容，掌握舆论场主动权和主导权。在融媒发展的新格局下，主题报道的内容传播也逐渐从宣传性向贴近性转变。伴随着主力军进入主阵地，主题报道的融媒体传播改造之路需要技术、形态、语态的全面转变，也需要在转变传播思路的当下，进一步夯实内容传播基础，坚定政治站位与主流价值判断与思考，搭建起受众与党和政府之间的沟通之桥，及时、深入地做好新闻价值传播，发挥主力军在主战场的先锋作用。

2021 年 12 月 5 日

浙江援藏医生联合当地医生，定期在那曲市色尼区罗马镇卫生院开展义诊活动

一场突如其来的直播

浙江省畜牧农机发展中心农机化发展处处长、浙江省第九批援藏干部　|　贾永义

这是一次印象深刻的采访经历！顶着高原反应坚持第一时间到现场，临时踩点安排变成了现场直播，聚焦到问题解决和群众实际感受上等，让我真切感受到了杨川源等浙江新闻媒体人的敬业和真实。

顶着高原反应第一时间到现场

西藏那曲平均海拔 4450 米，气压低，空气稀薄，含氧量仅为海平面的一半，每到那曲都常常伴有强烈的高原反应。杨川源团队是 6 月中旬来到那曲的，一上来他们高原反应就十分严重，几乎所有成员都出现了头晕、脑涨、疲劳等症状，不得不依赖吸氧来缓解身体的不适。当时，我们建议他们先到酒店休息，等身体适应了再开展工作，但杨老师他们考虑到时间紧任务重，坚持吸着氧，立马行动，第一时间赶到百亩连栋智能温室踩点。我都为他们捏了一把汗，毕竟像我们这样已适应那曲环境一段时间的人员来说，也难以承受这样快节奏的工作。因此，我看到了杨老师走不动的身影，看到了摄影师发紫的嘴唇，看到了他们坐在板凳上喘着粗气的样子，他们是来见证"生命禁区"的浙江奇迹，而我也见证了像杨老师那样的浙江新闻媒体人的敬业精神。

临时踩点变成了现场直播

在我为他们身体担心的时候，没想到杨老师到大棚后就给我们出了一个难题，希望将这次踩点任务直接调整成现场直播。当时，我虽积极配合，但心想这也太冒险了。按常理应该先到温室内了解一下实际情况再采访，而且我也没有准备呀！但杨老师一点都没有犹豫，摄像人员到位，话筒就递到了我的

跟前，主题为"见证'生命禁区'的浙江奇迹"，就这样边走边聊，边问边答，真实地向观众展示了百亩连栋智能温室的建设和运行成效。后来听杨老师他们说，这次采访直播很成功，节目播出当天就收获了700多万的点击量。

采访要问到群众的心坎上

直播完成后，杨老师说还要拍摄一段我们工作场景的短片，主要再现大棚建设过程中我们遇到的难题和解决方案。当时，我想在海拔4600米左右的那曲建设这么一座规模大现代化程度高的温室，无论建设还是运维，每一步都是难题，离不开浙江和那曲两地的通力协作，所以自己更想表达对他们的感激，希望他们多说说。但是杨老师却批评了我，没有一点委婉，她说采访要聚焦到实际问题的解决上和当地群众的实际感受上，问题解决的不易和群众发自内心的感受才是对援藏工作和干部最真实的评判。后来，我们采访了来自浙江的技术人员、暑假体验的藏族大学生、前来采摘采购的藏族群众，甚至还走进了牧民家聊天，没有预案，没有约束，他们畅所欲言，谈真实感受，当时自己也被感动了，觉得这一切付出很值得。非常感谢杨老师他们给我上的这一课。

2020 年在西藏那曲海拔 4580 米的浙江援建蔬菜大棚直播

西藏蹲点采访现场

那曲之眼

浙江省非遗传承人　|　郑芬兰

　　西藏那曲，一个迷人的地方，有辽阔的羌塘草原，还有神秘的藏北无人区。我们跨越了 4000 公里到达了海拔 4500 米以上的地方。这里条件恶劣，高寒缺氧，平均气温在零下 3 度。在援藏的过程中，我们遇见了一群热爱并且坚定的人，他们是世人的眼睛，让世人看到了那曲，他们是浙江卫视的媒体人。

　　高原反应、恶劣天气、沉重设备成为他们拍摄工作的种种难题，很多工作人员需要全程吸氧才能缓解高原反应带来的身体不适，他们一边吸氧一边扛着沉重的设备翻山越岭。设备的重量是我们所不能想象的。除此之外，他们还要拍摄、采访，与当地牧民沟通，完成一系列的工作。拍摄难度很大，首先是要保证自己的身体状况，然后才是进行工作。他们为了完成拍摄，取得好的画面，甚至探出车身去寻找某些角度；为了不错过好的画面，他们要随时处在工作状态中，全神贯注，这对精神力是极大的考验。但是他们的坚定与热爱，让我们看到了媒体人的力量，看到了媒体人对于巩固乡村脱贫攻坚成果的关注与努力。好的画面、深刻的报道、有力量的文字让他们的付出有了体现与回报。

　　广大人民通过媒体了解他们看不到的地方，媒体通过文字和镜头让人民看到了那曲的风土人情，让人民了解到政府和企业对乡村扶贫的努力和成果。在快节奏生活的今天，大家普遍向往慢节奏生活的乡村，大众通过媒体了解到这些地方，就会有很多当地青年和其他感兴趣的人被吸引去关注当地的风土人情、文化传播和行业发展。为乡村脱贫攻坚注入新鲜血液，不仅仅是通过外部去"输血"，而是依靠当地村民与当地人才"造血"。

　　习近平总书记在中央民族工作会议上曾提出"各民族要像石榴籽一样紧

紧抱在一起"。我们通过手艺，通过成立工坊来培训乡村妇女，把当地的文化和手艺通过产品体现；媒体人则通过他们有力量的报道（触动人心的文字和震撼的画面）来宣传当地的文化和我们所做的事情，呼吁更多有能力的人来参与乡村扶贫与各民族文化的传播与助力，真正落实习近平总书记说过的话，促进民族团结进步，加强各民族文化的交往交流交融，铸牢中华民族共同体意识。

　　浙江正在推进共同富裕的示范区建设，同时也在致力于打造"重要窗口"。政府、媒体、企业和个人多方发力，共同实践，展示浙江力量。在西藏那曲一行中，我感受到媒体人的力量是坚强的、巨大的，手艺人有坚持、有情怀，媒体人有热爱、有力量。媒体人作为眼睛帮助世人看到了那曲，看到了村落的美，看到了手艺人的坚守，看到了乡村振兴与扶贫的成果，他们是见证者。期待媒体人通过更多的经历、更多的路程、更多的汗水来记录美、记录进步。

对话在藏浙商：我要把孩子也留在这里

对话西藏山南儿童福利院：因为爱

▶

在浙江第九批援藏干部的对接中，来自浙江的郑芬兰团队与那曲市100名织女妈妈对接，改良织机，提高氆氇的编织效率，促进牧女增收

第二章 ○ **蹲出方法**

　　失败者爱找理由，成功者常找方法。蹲点报道以更深入、更贴近的姿态触及新闻现场。它像探测器，在触碰、摩擦中，一点点勾勒形状、边界；像尺子，在长短、曲直中，度量是非、冷暖。"蹲"下去，我们才得以融入更广阔的天地，看到更真实鲜活的风景。我们从前辈的经验里找坐标，从陌生的探索里找勇气，从如影随形的失败里找教训，从翻山越岭的成功里悟方法。在"获得感"面前，"一马平川"一定不如"山路崎岖"。

方法一

重大会议报道全过程人民民主的创新表达

2018年3月8日，一位女代表反向拍下了这张媒体合影

全过程人民民主就在你我身边

　　两会报道是主题报道的重头戏。两会时间是观察中国全过程人民民主的重要窗口，是民主政治话题报道的关键切入点。怎样把"两会过程"全面、精准、生动地展现出来，需要我们创新理念，从会议跳出会议，把两会报道从单一"会场"转为"会场内外"联动，通过群众视角，反映人民愿望，对接基层需求，展示民主参与过程，展示参政议政历程，引导正确舆论导向。

蹲点报道以其鲜明的基层性、参与的过程性、内容的贴近性、话题的深入性集成优势，成为我们报道基层现象、汇集群众建议，讲述基层故事、解决基层问题，展示代表形象、体现执政能力，从而提升两会宣传能级、变革节目形式、创新报道内容、深化报道内涵的重要抓手。

2015 年至 2022 年，浙江卫视相继推出了《首席跑两会》《两会民生日记》《履职面对面》《履职这一刻》《两会云对话　提问小康年》《两会云对话　共富我来问》等不同体裁和形态的两会报道。我们先后采用了首席视角、记者日记、对话、云对话等创新形式。作为实施人，我经历了从最初追求形式鲜活、展示片段，到逐渐回归全方位、全链条展示过程、突出内容的建设性、揭示民主真谛，逐步探寻两会报道的本质核心与创新原动力——中国全过程人民民主的创新表达。

全过程人民民主是中国式民主的本质。传统的两会报道，在时间和空间上都有较大的局限性。而"蹲点报道＋两会报道"的模式并不是简单叠加，而是用"蹲点"思维，调查基层发展需求，了解人民群众对美好生活的具体向往，激活新闻协作网络，广泛集纳民意，对接两会议题。从而打破会场内、外空间，构建联系代表与人民、会场与现场、议政和执政、民主参与与决策等相贯通的全链条民主可视化空间，让会场内外同频共振，对中国特色社会主义民主有全新而深入的了解。

强化第一视角的代入感（2015 年—2017 年）

做群众"可感""能感""愿感"的两会报道，第一阶段我们重点作了两个突破，第一"跑"起来，提高记者的能动性；第二写"日记"，转变记录的视角。在 2015 到 2016 年连续两年的《首席跑两会》中，我着力探索把"蹲点"思维融入两会报道。那时候，我对报道提出了两个目标和要求：彰显浙江特色，体现全国视角。让"首席记者"的权威性融化在话题的贴近性中。"第一视角＋民生热点"关注医疗资源双下沉、食品安全全面监管、精准扶贫如何精准、现代农业突破瓶颈以及养老、二孩等一系列全国热点民生话题。将会场外的民意调查、典型案例与会场内代表、委员的提案建议互动。角色化第一视角，打破常规会议报道在空间、人群、意识上的固化框架，为报道"去边界"，构建多元对话空间。报道形式的创新受到广泛关注，获得各方好评。荧屏内外代表、委员积极参政议政、精准反映民生关切的参政能力、民主精神，浙江在经济社会各个方面改革探索的典型代表、示范价值也得到了展示。"上通政策""下接地气儿"，为两会报道注入了清新之风，充分彰显了中国全过程人民民主的生动性与真实性。

用老百姓的话，讲老百姓的事。看报道，有共鸣，才有参与感。2017年我们进一步转文风，推出《两会民生日记》，尝试用更贴近的视角、更亲切的语言，打开代表委员开两会、人民群众看两会的新空间：代表委员的角色在内容对接中充分与群众观点融合在一起。5年过去，一些场景中的共鸣至今犹在眼前：在《让文化走进百姓心里》中，全国人大代表崔巍讲起了在洛阳演出《遇见大运河》当晚突降暴雪，观众顶着大雪，打着滑走进剧场，"文艺工作者只有沉下心才能进入人民的心"引起代表和受众广泛共鸣；在《新能源助力蓝天保战》中，企业家李书福面对公众对新能源的陌生，着急地呼吁："我就是希望国家能推动新能源的多样化使用，让甲醇汽车可以在全国上牌，在全国流通、行驶。"中国能源结构重塑的紧迫性触手可及；在《让精准扶贫更"精准"》中，全国人大代表胡季强、蓝伶俐一起赶到了全国人大云南代表团驻地，针对各自在东西协作扶贫实践、脱贫发展中遇到的问题，浙江的两位全国人大代表与他们一起交流跨省协作扶贫方案中产业链扶贫组合拳。全国各族人民齐心共奋斗、合力谋攻坚，努力探索共同富裕发展之路的主题一下子丰富、生动起来。

因为平实、朴实、切实，《两会民生日记》沉浸式地讲述了代表委员提案建议背后的故事，展示人民代表"来自人民，服务人民"的朴素真谛，彰显全国两会发扬人民民主精神推动中国特色社会主义事业的巨大作用。

在对话中展示民主过程中的代表形象（2017 年—2019 年）

党代会是我国全过程人民民主的生动实践。党代表的工作是怎样的？党代表怎样为党代会献计献策？我们走过了要场景、跑场景的历程，"对话"以其简洁的方式，在强化观点建议同时，展示代表积极参与民主、提高执政能力、彰显为人民服务宗旨的经历，讲述中国民主故事，让党代表不忘初心、不忘使命的形象立起来。在《对话党代表》版块中我们探索用"人物报道 + 对话"的节目形式，力求"见人、见事、见细节、见思考"，划定"关键词"：全面小康、党建、作风建设、创新发展，选好"切入点"，在空间与时间都相当局限的条件下，以"抠细节""讲故事"的方法，挖掘出一批基层党代表对党的十九大报告的新思考、新领会、新感悟。

"对话"需要解决如何延伸采访空间从而深化主题的问题。以细节为突破口带动故事叙事：范群代表手机里拍下的砥砺奋进的五年成就展上的一张照片、张爱民代表带来的翠苑一区刚刚投标成功的三个项目规划图、劳光荣代表最近关心的 3A 公厕在建项目——他们的情怀与思考，正是在这些细节处得以生动地铺展。"主题"也正是在这些"细节"中得到人性化的解读。

"云对话"拓展中国式民主参与空间（2020 年—2022 年）

建设性是中国式民主的特色。团结一致向前看，齐心协力谋发展，为中国式民主发挥作用提供了中国特色的底蕴。疫情防控倒逼了两会报道的形态创新，"云"对话应运而生。媒体融合促进了两会报道的体裁创新，"云"访谈天地广阔。3 年来浙江卫视《两会云对话》坚持以内容为核心，拓展民主参与空间，以增强报道的建设性为目标，贯通基层民生话题与两会民主议题，创新节目形态体裁，拓展宣传报道空间，用"云"技术成功构建了"记者 + 基层现象 + 群众 + 代表委员"的全新四维对话空间，用"双视窗 + 故事化叙事"的有效方法，充分激发全省新闻协作网、蓝媒联盟的在地优势，每篇都有超过 10 个市、县融媒体中心参与。全面梳理省级层面具有全国代表性的典型话题，摸索出了一套实用、管用的"云"对话节目形态。打破空间局限，从"现场"到"会场"，再从"会场"抵达受众；打开思维空间，让民生话题成为民主议题，让民主议题推动政策制订，促进社会发展进步；打开报道创新空间，从展示民主参与过程的程序"形式"到揭示人民民主执政的真谛"内涵"。冲出夔门天地阔，理念一变气象新。我们激活在日常蹲点报道中的积累与观察，放眼全省、全国梳理问题脉络，寻找鲜活精准的主题切入点：全面建成小康，衢州常山的"乡土直播员"团队；乡村振兴，天台送往广西的四万七千斤生姜苗包产、包教、包销的鲜活现场；脱贫攻坚，浙江农饮水达标提标工程的攻坚现场。这些来自我们持续关注的基层民生选题，成为两会的热点民主话题，我们发挥主动性，将"陌生"变得"熟悉"，将"千头万绪"变得"井井有条"，将"逻辑"变"顺序"，更符合受众的认知需求。

在表达方式上，坚持"讲"故事。对话主题明确、集中，对话层次分明、客观。在提问人上我们作分拆处理：场外提问（老百姓提问代表、委员）、提问现场（记者提问场外）、提问对话人（记者提问代表、委员）。决策共谋，会场内外的三种身份同屏共振，你问我答，高效快捷地直达内容，同时让整个节目节奏鲜明、活泼起来。行动共议，充分激发代表委员对话题的热情参与和观点的深入思考。"深刻的话题，要浅浅地说。"有的放矢，言之有物。"关注人"的立意被不断强化，朴实贴近。工作共做，在梳理"云"对话思路时，在强化会里、会外的"场景"对话、"身份"对话同时，扩大以话题为引领的参与范围，增强报道深度与影响力。省水利厅积极参与到农村补短板话题中，梳理全省 3333 个农饮水"达标提标"工程攻坚点，划重点，找现场；省财政厅瞄准"管好钱袋子"，积极的财政政策更加积极"有为"。配合节目制作融媒体传播产品，全厅转发宣传；全省地方台总动员，按照三大主题，推荐代表、委员，物色鲜活现场，进村海采听老乡需求。说的是大家的事，支的是管用的招。效果共评，节目播出后，很多干部、群众都在节目中找"跟我相关"的贴近性，互动性大大增强。节目在很多地市引发共鸣，得到刷屏式转发，并以此开启各地及时学习两会精神的大讨论。"云"对话的实践，加速了两会报道建设性功能的提升，受到全国新闻宣传主管部门和广电专家好评。

　　从"会议视角"转变成"群众视角"，从静态语言转变成进式的语言。聚焦民生话题，报道民主议题，展示决策共谋、行动共议、工作共做、效果共评的民主参与过程，使越来越多来自基层的声音直达会场，展示了中国共产党"以人民为中心"，汇聚各方力量全面建设社会主义现代化国家的进程。这是不断深化两会报道创新的本质，也正是全过程人民民主提升人民群众获得感的生动体现。

2022 年 11 月 21 日

全国两会、党代会报道采访、制作、播出场景

全国两会报道采访、制作、播出场景

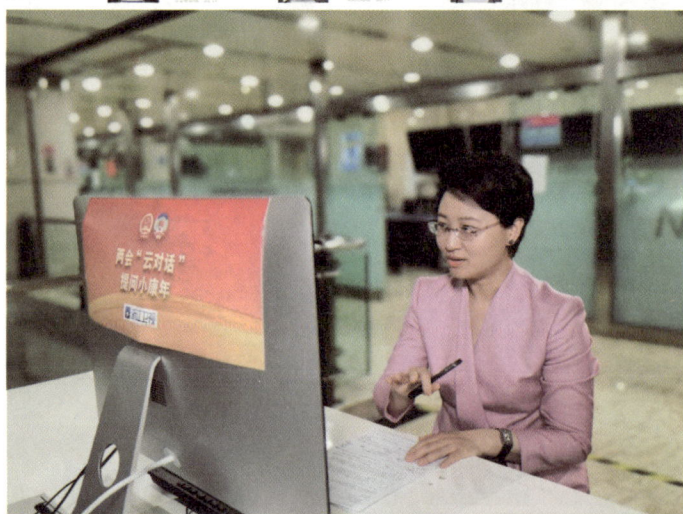

两会云对话录制播出场景

全国两会报道跨省对接，让东部的市场对接西部的资源，我们收获满满

"浙"样珍"贵"的对话

贵州广播电视台节目指导中心副主任、主持人 ｜ 李盼盼

2019 年全国两会报道，那是一次特别的报道。

当时，我作为贵州广播电视综合广播主持人，在驻地负责两会特别节目的访谈，在筹备过程中接到了浙江卫视首席记者川源的信息："盼盼，来北京了吗？我们要不要一起做点什么？"

对于贵州来说，浙江不仅是我们的对口帮扶省，同时，更是值得贵州在产业振兴、人才振兴等方面学习和借鉴的发达省份。于是，我们一拍即合。

一天内，川源负责邀请和组织来自浙江的全国人大代表和政协委员，我负责对接来自贵州的全国人大代表和政协委员。我们紧紧围绕着"乡村振兴的对话"来沟通。

说实话，因为是在北京临时策划，对节目录制的访谈设计、技术要求、场地要求等，大家可以加班准备，可心里没底的是，这些来自浙江和贵州的全国人大代表、政协委员们，从未谋面，也没有充分的沟通，能聊起来吗？聊什么？这一次全国两会的北京相聚机会难得，除了分享交流，我们还能不能一起做更多的事情？两天后，我们的这一系列问题都在大家的初次见面 5 分钟内找到了答案。

那天是川源和团队邀请来自浙江的全国人大代表和政协委员们来到贵州驻地北京西苑饭店。我和来自贵州的代表委员们早早就在饭店门口等待。当时，十三届全国人大代表、遵义神曲乐器制造有限责任公司负责人郑传玖还专门带了本子和笔，问我："一会儿有什么问题都可以交流吗？"我说："畅所欲言。"话音未落，一辆黑色商务车停在我们面前。代表委员们一下车，个个热情走上来就握手，还没等我们一一介绍，大家已经开始互相认识了。从饭店门口到电梯，需要经过一个大厅，在穿越大厅的过程中，就你一言、我一语，迫不及待说明来意，进了电梯便争分夺秒讲问题，甚至直接支招，想办法……

来自浙江和贵州的全国人大代表、政协委员们初次见面就没有客气、不讲客套。等我们坐下来时，各位纷纷热议：报告中提到，优化区域发展格局，加大对革命老区、民族地区、边疆地区、贫困地区改革发展支持力度。聚焦深度贫困地区和特殊贫困群体，加大攻坚力度，提高脱贫质量。贵州、浙江两省全国人大代表就贵州绿色农产品出山之道、乡村振兴的东西部协作等话题碰撞、交流。

一只小兔子给乡亲带来的丰润收获、黔货油茶如何出山引发的思考、正安吉他奏出的产业发展音符呼唤更多人才、宁波镇海帮扶贵州普安的真情故事未完待续……

这次对话，生动且深刻地说明，把"提高脱贫质量放在首位"是代表们的目标，也是行动指南。这是一场由媒体牵线的"东西对话"，全国视野，本土定位，一次采集多平台分发，矩阵联动平台聚合的报道创新。《乡村振兴的东西对话》全国两会特别节目在贵州广播电视台播出后，还有来自贵州的网友打电话寻找浙江企业的联系电话，也有人想与来自浙江的全国人大代表请教。

节目播出后，中宣部还在全国两会的点评中表扬了我们的联合策划和跨省合作，我们不仅通过代表履职情况看贵州发展，还通过积极搭建东西对话平台让三大攻坚战在一个个鲜活而有特色的农产品、工艺品、一段段具体而生动的民族团结、乡村振兴故事中体现。

那晚，我在采访手记里写下："牢记嘱托　感恩奋进"是动力，也是行动力！谢谢浙江卫视川源，代表们留电话、扫微信，达成了一个个看得见的约定。"各族人民要像石榴籽一样紧紧抱在一起"，聊到夜深风儿吹，看到万紫千红总是春。

2021 年 11 月 5 日

方法二

让互联网叙事脱虚向实

REPORT **一起做**

连通基层 对话网络（2016—2021）

互联网大会报道首先要解决好"虚"与"实"的问题。让群众看到发展空间和利益的获得，发掘网络信息的特色，共建以需求驱动的话语体系。但坦白说，每年的互联网大会报道我都很紧张：会期短，一开幕两天半就结束了，来不及打磨；采访领域陌生，缺乏对互联网领域日常的积累；瞄准大咖还要平等对话。同时在焦虑中，我也在琢磨优势是什么？蹲点。在日常的蹲点中我们有对社会现场和基层情况扎实的积累。我想，理论和领域看起来再高大上，最终都是为老百姓服务的。想通了这点，就要去大胆地干。每年到乌镇开拍前，我都要做大量的案头工作，细化到每个可能会接受采访的大咖，他们最近一年的想法观点，他们经历的挫折与挑战，他们的发展诉求，他们参与互联网业务开发的社会性价值，甚至他们的近照——我要保证，当他突然迎面走来，我能迅速认出他，能找到最快进入话题的切口。另外，我们的格局应该立足浙江而绝不局限于浙江，面向全国甚至是全球来思考互联网发展的问题与挑战。群众的观点就是报道的方向。老百姓在哪里，我们的新闻就在哪里。

即使这样，每年，我依然会在开拍的前夜焦虑，并会不由自主地去西栅的街上买一块定胜糕。为自己鼓劲加油！

感谢《嘉兴时报》同行记录了那一刻的人山人海（2019 年）

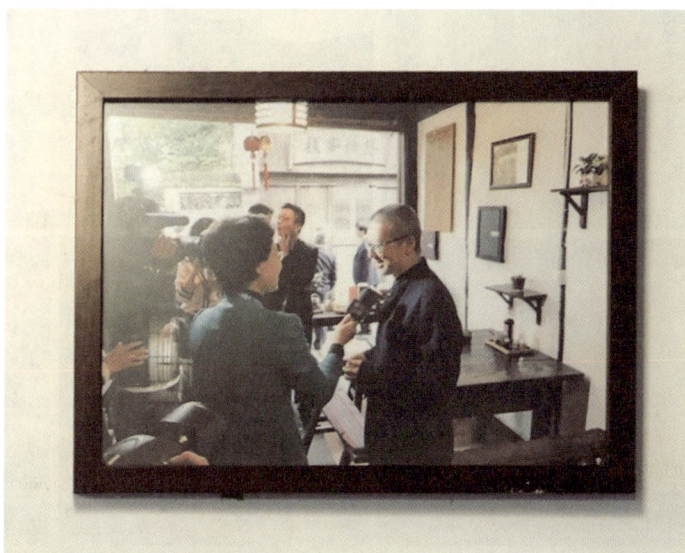

那年在做《乌镇日记》里一碗羊肉面的故事，我随机在羊肉面馆采访了古永锵。当说到这几年互联网带给乌镇的改变时，他说："美景、美食、美人、美德。"他的话打动了我，也打动了在场的人们，羊肉面馆老板拍下了这张合影，挂在了店里。现在，每年再去乌镇，我都会到那里转转，吃一碗面，思考什么是互联网的美德

2018—2021 年乌镇世界互联网大会工作场景

2018 年乌镇世界互联网大会报道《追大咖》

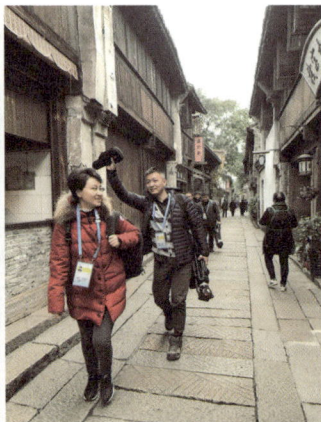

互联网大会报道是个脑力活，更是个体力活，我们的团队在乌镇"负重"奔跑

REPORT　**一起做**

激活内容资源 锤炼融合团队

作为世界互联网大会报道中大小屏融合传播的版块，《乌镇对话》在 3 天的会程中分别在《浙江新闻联播》《新闻深一度》播发 6 篇大屏报道，在网络平台预告 4 期，直播 4 场，发布《乌镇访大咖》金句小视频 12 条，充分梳理本届互联网大会的热门话题，约请亲历实施数字化改革业界重量级嘉宾，及时整理和提炼观点内容，突出权威引领、观点汇聚，努力探索互联网大会融合传播实用方法。

一、总结 + 前瞻　多角度引领舆论风向

我们将连续 8 年的报道经验，与本届互联网大会的主题发展特点相结合，放眼世界互联网发展全局，紧扣大会主题关键词条"数字文明新时代"。客观研判当前互联网发展面临的主要矛盾，明确主流媒体舆论宣传方向，以访大咖的形式，坚持问题导向、话题驱动，在访谈当中紧扣浙江数字化改革遇到的攻坚难点、新型研发机构发展中的瓶颈、网络数据安全问题，主动出击选定热门嘉宾，选择了之江实验室主任朱世强、奇安信董事长齐向东、北京大学信息技术高等研究院副主任罗伟节、安恒信息董事长范渊，多角度深入探讨了当前中国互联网发展面临的主要问题。

二、大屏 + 小屏　多平台汇聚观点力量

在新媒体方面，我们在多个平台进行直播，达到了百万人次的观看，吸引了大量网友留言，一些网友留言直接进入直播间提问嘉宾，现场答疑解惑，在网友和艰深科技间架起沟通桥梁，通过直播"科普"最尖端科学技术，显示主流媒体担当。

在大屏端，我们充分利用这一小时的专访内容，紧扣本届大会主题，紧跟热点时事，做出了6篇每篇3分钟以上的报道。深入浅出地向观众解答了"如何迈向数字文明新时代""如何构建网络空间命运共同体"和"最新的数字技术将如何改变生活"几个问题，以专业角度和敏锐视角带领观众深度解读大会。

在准备专访间隙，我们"自我加压"，利用一切空余时间，制作了海报、短视频预告等宣传物料，在客户端、朋友圈、抖音等多渠道分发，形成传播矩阵，提前吸引目光。在采访结束后，我们精心剪辑出采访嘉宾的亮眼金句，同样以蓝媒视频形式分发传播，适合新媒体平台短平快的传播要求，也让对"吸睛度"要求较高的网友能快速触及传播重点，产生浏览兴趣。每一次的分发都力争建立在内容的解读和观点的锤炼之上，克服了以往的简单搬运和多平台重复发送，做到了针对不同平台特点的有效发送，言之有物。

三、前方 + 后方　多方面锤炼融媒团队

为了能够实现主力军占领主战场的高效实践，《乌镇对话》组建了一支由前方6人内容团队加后方12人组成的融媒体编辑运营团队，横跨大小屏，采访部、编辑部、运营部、创研部四部门协同作战，从海报预告到融媒体直播推送，从大屏两档节目的不同内容制作到及时观点拆条推送，摸着石头过河，形成了一套大型活动融媒传播的实用方法，在过程中打通了部门与部门之间协作的壁垒。

每一次的世界互联网大会报道都是一次融媒传播的实战练兵。面对内容传播速度与效果的双重提升的考验，团队将坚持及时复盘，倒查能力差距，以最快速度补齐短板，探索进一步发挥主流媒体内容传播的优势底色，做足做好重大会议报道，打造过硬传媒力量。

2021 年 10 月 1 日

穿越黎明 奔赴大海

之江实验室主任、浙江大学党委副书记 ｜ 朱世强

　　认识川源，起于 2020 年的乌镇世界互联网大会报道，更在于她在此后几年中持续对之江实验室的关注和报道。反正，每次遇见，必定是做报道。谈到印象，还要从她对我"不配合"采访的耿耿于怀谈起。至今，她提起第一次对话的经历，总是打趣地抱怨："无论我说什么，你的回答第一句一定是'其实不是这样的——'"她说，我这句话，几乎成了她之后几年对话科技人物的"阴影"。所以，之后每每这句话到了嘴边，我总是想办法咽了回去。

　　而能成为朋友，更多是因为慢慢读到她身上与众不同的特质：她善于把握大势，又能接到地气；她内心有自己的坚守，也会作策略性的妥协；她业绩突出，又时时渴望超越自己，还有她那与性别似乎不匹配的干练和坚毅——她和她的团队持续关注采访之江，我们也越来越读懂对方，源于一种信念的坚持。这一定是具有强大力量的、在信念支撑下的事业，也许始于应声了了，或初行于黑暗之中，但终将会迎来破晓之光明。所以当川源向我约稿，我就迷失于到底要写之江还是写川源。

　　有感于川源这支团队在疼痛与苦闷中收获的快乐，也有感于自己从 3 人开始创业的之江奋斗历程，这一刻便架起了一座桥。于是，我就想起了自己早年在舟山工作时写下的《大海之黎明》，想以此献给川源团队和所有为理想而奋斗的人们。

2022 年 10 月 20 日

大海之黎明

丙申仲夏，父母来舟小住。兄弟同行，携老扶幼，其乐融融。是夜也，风清月朗，把酒言欢。长者忆吾等儿时状，乐事丑态，无所不及，惋白发妆儿郎。少者学爷娘喋喋样，时歌时舞，欢戏成趣，未觉时光流淌。及月偏西，嬉兴不减。余告曰：次晨观日。乃收了场面，各自歇息。

越四更，醒，余群呼三遍，无有应者。巡视各屋，呓语鼾声一片。料无从者，遂孤身出门。旋闻喊舅声，回见舒婷披头散发，跋步而随。瞋其曰：黑黢，汝惧否？对曰：步尔之后，何惧之有？再戏曰：老舅坠海，尔敢救乎？对曰：呼鱼食之。

月西沉，探路前行，草木拂身。至山腰，力竭气虚，乃倚石临海而歇。仰望繁星浩瀚，俯听海涛阵阵。舒婷问曰：廉颇老矣，返乎？余顿胸而起：遇困弥坚！

及顶，已是黎明时分。黛色远山，若隐若现，秀岛耸立，如渡海之仙。涛声不闻，海天浑然，万物无声。舒婷问曰：天地凝耶？余对曰：揽山海于虚怀，融百般于无形，化万籁于寂静，蓄破晓之光明，此乃黎明之神也。

少焉，有枝叶撕磨之声，如风入竹林。又闻啾啾低鸣，若窃窃私语。舒婷惊曰：何也？余悄答：岂非母唤儿起乎？

鸣鸣渐宏，晨曦初现，一鸟立于枝头，鲲鹏莫辨，如鸥似鹰。披露振翅，盘桓于丛林之上，时如闪电掠顶，时如落叶飘摇。绕林数周，晨鹰声烈，无有应者。遂如离箭，飞向大海，消失于黎明之中。复归，再度盘桓，声声切切，亦无应者，再向大海。如此数度，东方红霞渐升，始有和声起。再数度，有鸥伴飞。待捕食而归，歌舞于枝头，方百鸟俱醒，应声如潮。嗖嗖然穿林而出，鹰鸥蔽空，如无数精灵，飞向大海。

是时也，朝霞漫天，大海红遍，日出东方，万千鸥鹏翱翔于海天之间。

舒婷惊呼：壮哉，美哉，不虚此生！

丙申秋月于舟山

方法三

让跨国蹲点成为他山之石

REPORT　一起做

讲好国际视野下平等互动的中国故事

2016 年 G20 峰会时,《寻找跨国模范生》,我们第一次尝试用蹲点的方式对话欧洲,探寻发展;2017 年,在浙江迈向高质量发展、产业加速转型升级之时,我们主动思考,再次对标奔向工业 4.0 的德国,促成了钱塘江与莱茵河的对话。在工作中倒时差,在奔跑中抢采访,在变换的国家和场景中保持思考——如何以他山之石攻玉?我们以"讲故事"的方式,展示了浙江对绿色发展、环保倒逼转型、区域联动发展等国际性发展问题的实践与思考。

连续两年的跨国蹲点,倒逼我们不断思考:什么样的故事才能称之为中国故事?怎样讲好中国故事?我们尝试从"三个维度"观察与实践:维度一,从今天的中国来看,中国故事是中国人的故事,中国共产党的故事,社会主义中国的故事;维度二,从历史的中国看,中国故事是跨越上下五千年的灿烂中华历史,是在 960 多万平方公里的国土上的多样化现实中国,是中国共产党领导的社会主义中国,是丰富多彩生活的今日中国;维度三,从视角的中国看,小切口、大时代的中国,小人物、大气象的中国,陌生而清新的中国,平等可交流的中国。

党的二十大报告提出:坚守中华文化立场,讲好中国故事,传播好中国声音,展现可信、可爱、可敬的中国形象。我们讲好中国故事的目标,正是在更大范围凝聚中国力量，传播中国文化，弘扬中国主张，展现中国风采。新时代的蹲点报道，绝不仅是局限于"我"的乡村振兴、产业调查等，而是将中国探索、中国主张、中国道路放置在全球发展中去审视价值。坚持中国立场不能单向宣讲，而要用国际眼光客观审视传播价值，解决外国人最初面对中国故事时可能存在的不想、不愿与不能。变无交叉为有交叉，变不平衡、不平等为民主平等，直面不同发展阶段、相同发展问题中的共同诉求，寻找世界愿意接受、乐于接受的方法。虽然语言不同，肤色不同，但人性是一样的。政治也是一样，无论什么国家，什么制度，只有坚持人民叙事才有执政的发言权。

跨国蹲点中，一个现象至今让人备感振奋：虽然我们的英语不流利，但并没有影响我们与世界的"对话"。讲实话，谈人性，说生活，求共鸣，是中外新闻传播的共通之处。从某种意义上来说，讲好中国故事的能力，决定的不只是传播本身，更事关我们眼里的世界和世界眼里的我们，这就是建设中国式现代化勇立潮头、接轨国际的雄心与气魄，这就是一个成熟国家的道路自信、理论自信、制度自信、文化自信。

到欧洲走基层，我们就是要在别人的地盘上，给他们看看什么是中国记者。把我们眼中的世界讲给他们听，把他们不知道、不熟悉的中国讲给他们听，树立可信、可敬、可爱的中国形象。

德国多特蒙德威斯特法伦球场

📷 **记者手记**

到欧洲蹲点去

我在多特蒙德当球迷

　　德国鲁尔区，遍布着各种大大小小的足球场，了解中得知这里的足球文化其实是根植于工业文明发展带来的俱乐部文化。随着 1998 年大型冶金厂关闭，也宣告了鲁尔区的钢铁工业城市多特蒙德 150 多年钢铁工业历史的结束。而整个鲁尔区的转型中何尝没有阵痛，大量失业的煤钢工人该如何安置与引导就业？多特蒙德的活力无疑让人眼前一亮、为之振奋。"大黄蜂""威斯特法伦"球场、休赛季仍然会来球队礼品店排队与奖杯合影的人潮——因此鲁尔区转型的出镜点非它莫属。也正是在这样无法拒绝的激情体验中，我们看到了鲁尔区未失初心的坚持和从未磨灭的生机。

　　多特蒙德的今天，早已覆盖了鲁尔区昔日的工业印记，但也恰恰是在这样的反差中，曾经那段煤烟漫天的日子变得充满启示。穿行在鲁尔工业区，我们一直在思考，从鲁尔区的新生中，我们可以看到这里的人们并没有因为烟囱和厂房的

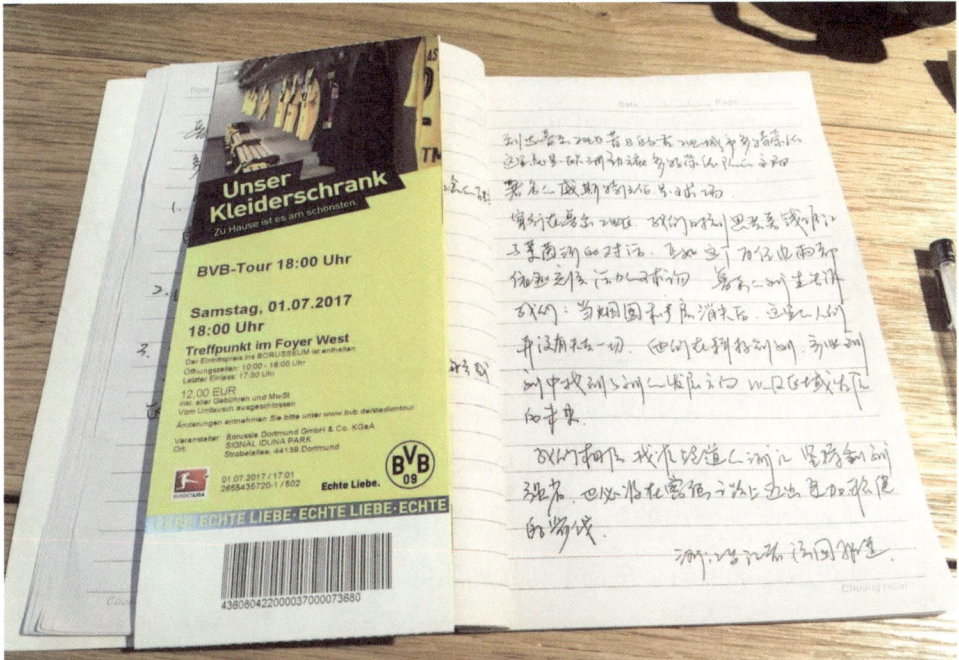

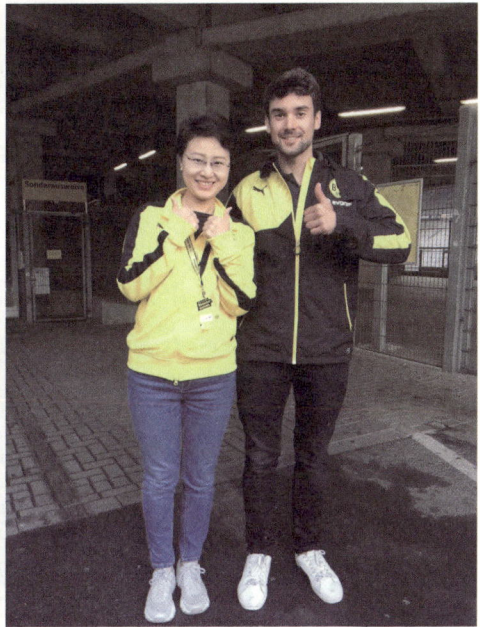

　　因为到多特蒙德威斯特法伦球场参观禁止录像，我和摄像王西想出了一个办法：假扮"情侣"。在进入球场前坐在面包店里，买下了最后一块蛋糕，边吃边把大段的出镜词又默写了一遍，确保减少出镜时间——然而即使这样，在我们东躲西藏出镜的时候，这位讲解员先生依然多次上来阻止——我想出了一个理由：Let's make good memories. 他答应了！

消失而失去一切，反而是在不断的科技创新和产业
创新中找到了自己新的发展方向以及区域发展的未
来。相信找准跑道的浙江，也可以通过坚持创新发
展，在富强之路上迈出更加坚实的步伐。

一路的蓝天白云

在德国最好的休息就是坐在穿梭于 A 采访点
与 B 采访点间的车上。抬头可见的蓝天白云，再
加上高纬度的宜人气温，真可以用天高云淡来形
容。记得上次刚到德国的第四天，我就在感慨：
我们一直在追赶德国的精良技术和发展速度，却
从没想过这里让我们羡慕的还有蓝天白云。欣慰
的是，这次我们就是要探究这蓝天白云背后的原
因。我们已经在路上。

开跑车带路的多特兰伯特老爷爷

认识多特兰伯特老爷爷绝对是我们在门兴格
拉德巴赫的意外收获。作为青田商会秘书长傅汉
豪的老朋友，他对中国充满着感情，为了让我们
更加直观地感受到门兴格拉德巴赫这个昔日纺织
业重镇的转型之变，他坚持要带我们去看看他家
门前的尼尔斯河。看到他提起 50 年间河水变清时
高兴得像个孩子，看到岸边河水生态物种的恢复
牌，我们理解了德国人根植在心底里的对大自然
的热爱，理解了他们为什么会为河里又多了一种
小鱼而欢呼。

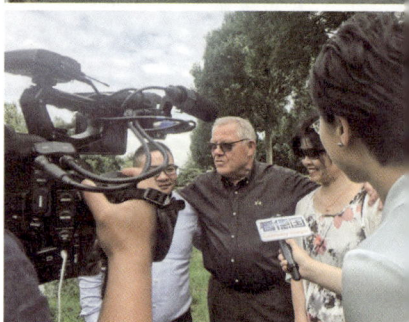

黄针之路

在鲁尔区寻访的过程中，我发现很多的工业旅游景点都有一根黄色的巨型针形柱，它的名字叫黄针。自从指南针从东方传入西方，"针"就具有了指引方向的功能，同时具有串联的功能。正是依靠这样的一个叫 RI 的计划，鲁尔区串联起了区域内的 19 个工业旅游景点，同时也串联起了相关的各个城市的旅游群。这在区域性城市规划中成为一个好点子。

沿着黄针之路，我们到达了同样曾是重工业城市的奥伯豪森。曾经的工厂废弃地上建造了一个大型的购物中心，配套有咖啡馆、酒吧、美食文化街、儿童乐园，加上优越便捷的交通设施，这里变成奥伯豪森新的城市中心。现在，高 117 米的德国最大煤气储藏舱，已经被开发成火焰博物馆，向人们展示鲁尔区两百年火与钢的发展史。绿色经济的理念，带来产业结构的深刻变革。和门兴格拉德巴赫一样，穿行在鲁尔工业区，已经看不到林立的烟囱、井架和高炉，取而代之的是转型中崛起的新兴产业、服务业，颇具独创性的经济和文化相融合的城市群落，包含 120 家剧院、100 个音乐厅、200 家博物馆和超过 1000 个工业遗址，构建了独具一格的鲁尔转型模式。

渴望绿色、坚持绿色、坚守绿色，需要行动，

更需要科学可持续的规划，让钱塘江与莱茵河，成为流淌着生态的河流，流淌着科技的河流，流淌着城乡共富共美的河流。

鱼道的"外国闺女"

德国人的人名实在很难认读，为了在去鱼道沟通前先背下对方的人名，我想了个办法：给她起个音译的外号"外国闺女"。话说这位"外国闺女"是德国莱茵河博物馆的鱼类博士，采访中听说我们浙江也有"鱼道"时，开心地大笑。起先我们一时无法理解德国人充沛的环保感情，但当我们看到鱼道中小闸门、小台阶等的一系列贴心设计，理解与敬佩油然而生。

摄影组与"外国闺女"

摄制组在莱茵河保护国际委员会大楼门前合影

沿着这样的鱼道，莱茵河的鱼可以每一年顺利洄游到自己出生的地方，繁衍生息

靠谱的防洪堤

科隆防洪，岂止是说防洪，更准确地说是沿岸整体的规划，尊重自然的发展理念。采访中我最关心的就是这样牢牢打在科隆莱茵河岸边的 4 万个防洪桩，冲击力如何测算？投资如何？如何运营？答案是：依靠科学、尊重规律总会让我们避免灾难，并且得到更多。正如那句话：我们需要大自然，但大自然不一定需要我们。

德国科隆莱茵河的移动防洪堤

几乎没有气味的许尔特化工园

如果不说这是一个集合了 20 多家化工企业的大型化工园区，光凭鼻子，你肯定判断不了。在这里，我们并没有去看污水处理，也没有去看化工厂，而是走进了一个化工园中的培训基地。接待我们的总工程师霍尔巴赫（Herr Bartsch）给我们看了一系列他们的循环科技实验，最让人震惊的是，还有一个用各种废旧材料再加工做成的样板房。循环，再循环，德国人正在努力减少资源消耗，做到变废为宝。

到达许尔特化工园时因为旅行社车子出了故障，临时换车，大家把大大小小 17 件行李搬到化工园门口的草地上。虽然显得有些狼狈，但对我们来说刚好利用这个空档商量采访提纲和出镜词，只等开工

科隆莱茵河岸边的老威廉和他的"电影梦"

这个和我们团队中魏潇英文名一样的威廉先生，绝对是一个属于科隆的传奇。他的这家猪脚屋的墙上挂着很多 1993 年科隆大洪水的历史性照片。历史不可重演，理念正在不断提升。科学治水、规划莱茵河，让威廉和他的猪脚屋再没有"洪水之患"，这是社会治理的进步，也是人类认识自然的进步。合影完毕，威廉提出是否可以把我们的旗子送给他留念，还好我们带了两面。他说，他正在筹划拍一部莱茵河和珠江的爱情电影，我说：强烈建议选择钱塘江，我们在那儿等你！

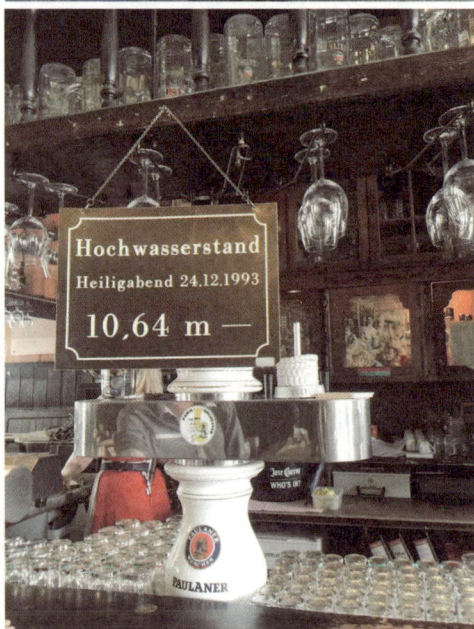

为了纪念 1993 年莱茵河洪水中付出的惨痛代价，威廉先生在"猪脚屋"的门口和墙上做了当时水位的标识，以此警醒世人敬畏莱茵河，敬畏大自然

AVG 靠什么"给力"

　　心心念念的垃圾减量、垃圾处理良策，终于在 AVG 看到了德国答案：政府调集铁路运力，打破国家与国家间的界限，跨区域处理固废，为的就是有足够的技术保证；庞大的焚烧气体处理环节，严控有害气体排放，让居民区与固废焚烧厂仅一街之隔成为现实；填埋处理的渗透液处理，让保护土壤与地下水不再是一个空想。偌大的焚烧厂仅有不到 30 名职工，设备实现全封闭、全自动。这一切，让我们看到了技术的力量，也看到了对"垃圾处理"这个世界性难题的希望与信心。

用"哈特曼"的方式来打动哈特曼

　　完成收购后，台州缝纫机企业新杰克每年都会组织三批技术员工到德国奔马公司拜师学艺。跟随刚刚来德国学习的两位工程师，我们来到了德国乌尔姆。这座多瑙河畔的小城，以高端制造业在业内名声响亮。而德国奔马更是名列世界三大自动裁床制造企业。要向德国师傅学习，就得先学他们的"工匠精神"。我们注意到，哈特曼师傅的操作台两旁，像是一个小型零部件"档案馆"：螺丝架，钻头，登记表，各色不同的标记。这一本本厚厚的资料，最早可以追溯到 1994 年 12 月 1 日。我们的这个细节发现，一下说到了德国奔马有限公司裁床装配组长哈特曼的心里，他停下手边的工作，拿出其中几本告诉我们：这些都是零件身份证，能清楚知道这个设备的使用情况，为后续做数据做研发提供支持。哈特曼已经在奔马工作了近 30 年，让人赞叹的是，只要报出客户的名字或者合同号，他就可以说出这个机器多长多宽，当时是什么配置，甚至是谁做的。在他眼里，做好每一部裁床，就是最大的快乐。

并购 7 年间，哈特曼先后 6 次去过台州，担任技术讲师。正是这样的学习交流，让新杰克已拥有研发人才 500 多人。一堂课下来，两位中国徒弟受益匪浅：我们最大的收获，就在于坚持做好一件事情的精神。

结尾的出镜场景也因此锁定在了一面螺丝墙，上万种螺丝整齐地被分类摆放。从型号到用途，这里的每个工人对这些普通的螺丝都能做到如数家珍。从学技术到学精神，在台州新杰克牵手德国奔马的故事里，我们看到这样的合作正在助推"浙江制造"成为全球制造产业中一颗优质的螺丝钉。

那些不为人知的焦虑与努力

2016 年 6 月 21 日，我们五人德国小分队跨越了 9000 多公里刚落地德国，就直奔德国慕尼黑国际展览中心。在这场全球顶级的机器人展上，来自全球的 300 多家机器人企业，带来了自己最新研发的机器人产品。服务机器人、工业 4.0 互动式体验、自动化机器视觉系统，各种语言、各种肤色的顶级企业团队在展会上同台竞技。在川流不息的参观人群中，我们发现，有不少来自中国的面孔，他们都是从国内赶来寻求牵手全球尖端技术的商机。和千里迢迢赶来观展的"取经热"相比，一圈逛下来，却很少能看到中国参展企业的身影。有几位参观客商直言不讳：回去做出来就不是那么回事，最大的触动就是一些解决方案的思路。

在众多的展位前，我们终于看到了一家来自浙江宁波的企业，能和世界顶尖企业同台竞技，工程师黄斌感到底气和压力并存：自动化行业其实没有永远的王者，时时都在更新，需要不停地努力去创造。

一周后，我们再次赶赴一场关于"太阳"的全球旗舰展会——国际太阳能技术展览会。产能过剩矛盾凸显、利润空间受到挤压，再加上"双反"贸易壁垒，那几年，光伏行业在国际市场频频受困，遭遇着前所未有的震荡。在市场竞争的红海中，浙江光伏企业正在积极寻求"走出去"的突围之路。

浙江正泰太阳能科技有限公司总裁陆川已经是第五次来参加这个展会。一见面，在得知我们打算边走边聊的时候，他放松了不少。一路看展，他告诉我展会上的一个变化耐人寻味：去年同样的展会，参展商总数为 1002 家，而今年却不到 800 家。去年大家疯狂扩张，今年有点供过于求。陆川的发现，冷静客观。

展会是国际观察的窗口，喜忧参半，形色交错。走近一步，问深一度，让我们看到了不一样的内容，不一样的经济发展背后的众生心态与诉求。发展是构建人类命运共同体的核心推动力。那几年，谈起跨国并购的时候总是会将其比作"蛇吞象"，印证了中国对发展的渴望，超越自我的决心。无论世界多大，梦想多远，创新都是发展的决胜关键。在那些焦虑与努力里，正是拿不走的中国企业的生命力。

REPORT　一起说

我和川源在德国走基层

浙江广播电视集团融媒体新闻中心记者 | 张云洁

2017 年夏日的某个傍晚，一个来自中国浙江的新闻摄制组走在德国西部工业重镇亚琛"宁波街"上，准备采访一位 85 岁的德国老人。犹记那一天微风轻拂，路边的小雏菊开得正盛，好似欢迎我们的到来。按照约定的采访时间，老人步履快速而轻盈，来到我们的身边，开始讲述着他与宁波这个城市的不解之缘。

这位老人名叫郝伯特·普罗姆波，从 1989 年开始，他当选为亚琛—宁波友好城市促进会主席，积极推动亚琛与宁波经贸、教育、卫生、文化方面的合作。近 30 年来，老先生每年都要来宁波一次，收藏宁波人的名片超过了 1000 张。而我的同事杨川源，仔细倾听着，不时用汉语加手势和老人做着交流。这是第二年，我们一行 6 人，走出国门，来到海外进行采访报道。川源带着她一如既往的走基层采访风格，走进了德国大街小巷、高校工厂，以感性中带着理性的思维深入走访德国北部的鲁尔工业区，寻找那里与浙江之间发生碰撞的人物故事。一年后，老人无疾而终，而这一段宝贵的采访却永远留在了我们的记忆之中。

川源的采访风格独树一帜，有着一种女性独有的敏锐感，但又同时兼具男性的豪迈之风。在采访中，她可以捕捉到对方言语中的细微之处以及情绪，以至于能够在短时间内与采访对象产生共鸣。当然这也和采访前我们做了大量的准备工作是分不开的。川源应当是属于那种迎难而上的性格，所以她在德国采访过程中并没有因为语言不通而退缩。相反，我们都觉得，在海外走基层，让我们的团队凝聚力、行动力以及采访的深度、视角都得到了进一步的提升。

在距离亚琛 74 公里的科隆，几百年来，城市标志性建筑科隆人教堂在市中央静静耸立，大教堂的东面，莱茵河正泛着微微的波光穿城而过。曾几何时，这里也饱受洪灾之虐。而这一次，我们采访的另一个主题，是科隆先进的防洪经验。可以说，我们是慕名而来，走进了莱茵河边这家名叫猪脚屋的德国餐厅。互联网告诉我们，这家店遭遇了 1993 年、1995 年两次大洪水，大水曾经漫过了一楼大厅的三分之二处，直到现在，还能清楚地看到墙上留有的水渍。而挂在墙上的那些泛黄了的老照片，也在述说着那段历史。著名的科隆移动防洪墙，就是在两次洪水后逐渐建好开始使用的。

然而，采访并没有想象中那般顺遂。当时，我们并没有事前联系采访，找到猪脚屋后，店内的营业员直接拒绝了拍摄。德国人注重隐私，对于采访有着一种警惕和保守。此时的我们，有些进退两难，既要尊重对方，但也希望能够啃下这块"硬骨头"。于是，大家收起了机器。在不断交流中，事情出现了转机。店老板的儿子知道我们是从中国远道而来，当即非常热情地接待了我们。原来他的母亲是亚洲人，父亲一直非常喜欢中国文化，想到中国去，甚至还想写一本关于东方文化的书。半小时后，我们见到了猪脚屋创始人威廉，他"奇迹"般地接受了我们的采访。威廉声情并茂地向川源讲述了科隆洪水和猪脚屋之间的故事，还邀请我们品尝了原汁原味的烤猪脚和德国香肠。临走前，川源拿出了我们专门为此次新闻行动准备的旗帜，想和威廉一起合影留念。没想到，威廉非常喜欢，并希望能够将这面旗帜留作纪念。几年后，威廉还专门给我们发来邮件，说他的书正在写作中，会将我们之间的故事也记录其中。就这样，采访者转变身份，成为故事中的一员，这种感觉真的非常奇妙。

20 多天的国外采访，对整个团队来说不是件容易的事情。川源和我们在前期联系采访、踩点沟通上花费了大量时间精力，把每一天的行程细化到小时，做到不打无准备之仗。国外走基层会遇到许多意想不到的困难和不确定的因素。当时，我们还接到了任务，要驱车 8 小时，赶到德国汉堡报道在当地召开的 G20 峰会，作为动态消息第一时间在《浙江新闻联播》里首发。于是，团队连夜讨论修改行程，直奔汉堡。让我印象最深刻的是，当我们踏进酒店大堂，此时电视里正在报道当地大规模抗议峰会的举行。但是，川源并没有因此而退缩，大家迅速分工，立马投入拍摄。

　　如今回望在德国的采访，我们拍摄了 10 余篇 3 分钟以上的报道，两位摄像老师最后拍摄的素材量在 100 个小时以上。我们时常来不及用午饭，一直拍摄到晚上七八点。如此高强度的拍摄，依然没有消减她对采访的热情。可以说，一直在路上，永远向前走，是我对她最为佩服的地方。

拍摄任务排得满满当当，全部完成时常常餐馆已经打烊。记得那天广场上恰好有人在拉大提琴，琴声悠扬。我们索性在旁边小超市买了点吃的，席地而坐，面包加啤酒，欣赏一场免费的"露天音乐会"

那一年去看莱茵河

浙江省绿色科技文化促进会副会长、绿色浙江创始人 ｜ 忻皓

作为嘉宾跟着浙江卫视跨国蹲点团队一起在德国走拍莱茵河，真的是一段奇妙的经历。特别是在科布伦茨一天辗转，让我感受到川源和她所在团队作为电视人执着的新闻理想和同理心，就像科布伦茨这座城市一样美丽而低调，让人平静而记忆深刻。

川源是一个对工作认真甚至有些苛刻的人。德意志之角是德国"父亲河"莱茵河与"母亲河"摩泽尔河的交汇，很像钱塘江的梅城。夕阳西下之时，为了把最美和最准确的信息表达给观众，她重复出镜录制近20次，对每句话和每个画面的要求细致入微。

她是一个愿意刨根问底的人。在鱼类博物馆采访馆长时，不厌其烦地问询确保鱼类洄游和监测的技术细节。以前看到一些地面频道的记者有时不求甚解打卡式报道，像川源这样的卫视记者表现出来的可绝不允许给观众介绍自己都一知半解的东西。

她是一个有着敏锐洞察力的人。在莱茵河保护国际委员会，正准备结束采访的她突然发现一间办公室的墙上挂着一幅十几种鱼类的海报，就走进办公室问询。于是，从一张图片起头采访办公室工作人员，获得了三文鱼作为水体健康重要标志物的信息，这段鲜活的对话也得以记录。

川源的气质适合极了严谨的德国人，她扎实的访谈，让走访过的人们对我们留下了深刻的印象。后来，我连续几年在组织浙江大学企业家学院专家和家族企业代表以及中小学生来德国研学期间，还特意安排了这次走访过的莱茵河保护国际委员会、鱼类博物馆以及科隆莱茵河畔被洪水淹没过的猪脚屋等点，而每次见到这些德国朋友的时候，他们总会和我们回忆起因浙江卫

视采访相识的经历。

　　这次参与走访解读的经历，也让我更深刻地体会了如何讲好环保绿色发展的国际故事；如何全情投入与故事对象深入交流，如何精心准备前期资料，在访谈前就能够做足功课；如何找准小切口，怎么把故事讲深、讲透、讲活，这对我以后在各种宣讲活动，特别是在联合国气候峰会、世界青年发展论坛、全球护水者联盟年会等国际会议中讲述中国故事都有很大帮助。

采访间隙

潮起钱塘 源来德国

浙大城市学院环境设计系教授 | 韦 飚

2017年春节刚过，我（当时在杭州市城市规划设计研究院工作）接到了来自浙江卫视新闻中心的联系电话，说是需要来了解有关城市更新发展方面的一些情况。出于城市规划工作者的职业素养，我表示很愿意合作，不过也觉得可能又是一次例行的采访活动吧。

大约一个来月之后，客人们正式来访，而出乎我意料的是，这次见面会开着开着，竟然成了一次关于城市发展科学内涵研讨的座谈会，这可完全不同于以往那种围绕单一主题的采访，当然，这也成为我与新闻中心深入交流的开端。

从交流中得知，浙江卫视新闻中心正在筹划一次大型新闻采访活动——"看德国：钱塘江与莱茵河的对话"，为了能够使节目达到较高的制作质量，他们此行来访是希望能够较为系统地了解城市演进的科学规律、浙江城市发展过程中的共性问题以及中德两国在城市更新方面的异同和可以相互借鉴的经验等。

虚心筹备 学在前面

为了节目制作专程前来搜集资料，在我遇到的媒体中还是首次。从他们真诚的态度中，我深深地感受到他们作为记者的职业追求和崇高的社会责任感。正好我在相关的城市规划领域中的确已有一定的研究和积累，于是我开列了一份关于城市发展原理、我国主要城市变迁历史、德国和莱茵河流域重要城市情况的书单，也整理出近年来通过各种渠道搜集到的资料提供给他们，如关于鲁尔工业区工业遗产保护、莱茵河生态保护的视频，有关科隆—杜塞尔多夫莱茵—鲁尔都市区的城市统计数据等。令我惊讶的是，没过几天他们就打电话来咨询一些关于德国城市发展的问题，其内容的深度出乎我的意料。

一问才知，原来回去的当天，他们就去把我推荐的书找全了，并进行了深度阅读。其效率之高、研习之深，让我对他们以及浙江卫视新闻中心的同事们油然产生了深深的敬意。

精心准备 谋在要处

"看德国：钱塘江与莱茵河的对话"大型新闻采访活动不仅仅是为了向国内观众介绍德国的先进发展经验，更重要的是能够结合浙江城市功能转型的实际状况，找到适合自身条件的发展路径。杨川源等同志还希望能够更加深入地走访城市规划建设的主管部门，以便更加真切地了解当前浙江城市在新时期发展过程中面临的机遇、挑战以及采取的相应举措。

彼时，中国的城市化水平已经接近60%，浙江省的城市化率则更高，这也意味着当今社会的大多数成员是生活在城市里的。每个人都是城市发展的参与者和受益者，对于城市都有着自己的理解、感受和诉求，群众对于城市的感知越来越深刻。如果能够从城市发展的角度强化浙江与德国城市演进的比较，就可以很好地吸引观众，产生较好的新闻效果。

毋庸置疑的是，当代城市在快速工业化的推动下已步入复杂、巨构和高度系统化的阶段，城市的规划、建设、运营和管理已形成综合性极强的专业领域。作为我国东部地区的浙江省，在经历了以增量为主的快速扩张阶段后，正在逐渐转入到以存量为主的更新提质新时期，浙江城市的发展也亟待借鉴包括德国在内的发达国家的成功经验。在这一方面，更需要听取专业人士的意见。不久，通过各方的努力，时任杭州市规划局局长的张勤女士和拱墅规划分局皇甫佳群先生专门安排了半天时间，从《杭州市城市总体规划（2001—2020）》(2016修订版)入手，详细分析了杭州市城市发展的独特路径和今后发展的主要趋势，也列举了今后可能出现的瓶颈，对于节目组将开展的采访提出了很高的期待。我通过中国建筑工业出版社的毋婷娴编辑与中国城市规划设计研究院的李潇博士（《区域的远见——图解鲁尔区的空间发展》一书的主要译

浙江卫视记者与杭州市规划局座谈

者）取得了联系，从而能够与德国多特蒙德工业大学城市规划系主任克里斯塔·莱歇尔教授预约好了采访交流的行程。

通过这些细致的前期准备工作，节目组快速积累了城市规划方面的专业素养：一方面，较为充分地了解了国内和我省城市发展的现实状况、优势和存在的问题；另一方面，对于即将前往采访的德国莱茵—鲁尔地区的基本情况有了较为全面和清晰的掌握，为大型新闻采访活动打下了坚实的基础。

用心访谈 采在实处

2017 年 7 月 4 日，节目组来到了莱茵河中游的重要城市科布伦茨。为了提高效率，经过大家商议后决定兵分两路，一组对"保护莱茵河国际委员会"秘书处开展了全面而又深入的采访，了解这个国际组织在莱茵河保护方面所做的种种努力，以及所取得的颇为显著的成果；另一组奔赴莱茵河鱼类博物馆，拍摄当地机构在促进莱茵河原有鱼类洄游方面所作出的种种努力和实效。这两场采访均十分注重莱茵河多年以来经历的生态环境受损以及后来的生态恢复方面的内容。

那一天在科布伦茨的采访行程已经非常紧凑，拍摄成果也非常丰硕，傍晚结束采访后本可以安心休息了，但是，川源提议前往莱茵河与摩泽尔河交汇处，再增加一组拍摄。

　　莱茵河是西欧第一大河，串联了数十座知名城市，沿线有许多条河流汇入，在河流交汇之处坐落着许多重要的城镇，如美因河与莱茵河口的美因茨，鲁尔河与莱茵河连接处的杜伊斯堡等。多年以来，莱茵河被称为德国的"父亲河"，而被视为德国"母亲河"的摩泽尔河就在科布伦茨与莱茵河相汇。两河交汇之处，形成了一处著名的城市景观点——德意志之角。那里不仅建有高大威武的威廉一世青铜雕像，也与河对岸的埃伦布赖特施泰因（Ehrenbreitstein）要塞遥遥相望，在生态环境优良的两河交汇处，构成了人文内涵较为丰富的城市空间，承载了德国人民对国家和民族发展的美好愿景。在行前的筹备过程中，城市规划部门的同志们多次提到要抓住钱塘江沿线城市发展的机遇，正确处理好江河交汇处的城市功能规划和风貌形象塑造的关系。而杨川源正是提取了这方面的意见，在忙碌了一天之后，赶到德意志之角来出镜拍摄。

　　傍晚时分，莱茵河和摩泽尔河碧波荡漾，河岸边绿草茵茵，德意志之角沐浴在金色的夕阳之中，尽显绿色生态与厚重人文的交相辉映。川源来不及休息，就抖擞起精神开始拍摄。我清楚地记得，为了能够将这里独特的生态和人文要素完整地表达出来，她多次重新拍摄，以便取得最好的记录效果。在现场，摄影记者王西不厌其烦地配合川源反复拍摄，龚奇则用设备将落日余晖中的城市美景完整地记录下来。

　　这一段的拍摄令我一直难以忘怀的原因在于，川源在进行采访工作的过程中，不是简单地以完成任务为目的，而是将采访工作与浙江、与我国的经济社会发展、城市规划建设有机地结合起来，争取使新闻行动的社会效益达到最大化。

　　近年来，随着浙江省和杭州市加大拥江发展的政策力度，先后着手开展了新安江、富春江和兰江交汇处的"三江口"地区，富春江、钱塘江和浦阳江交汇处的"三江汇"地区，以及京杭大运河与钱塘江交汇处的"江河汇"地区的规划设计工作，其核心思想就是要营造出兼顾生态与人文要素的标志性城市风貌区域。每当看到这些区域的规划设计方案在社会各界引发热烈讨

在德意志之角进行拍摄   韦飚 摄

论之时，我总是会露出会心一笑，回想起浙江卫视大型新闻行动在莱茵河畔德意志之角的那次辛勤的拍摄工作和其所带来的深远影响。

悉心打磨 丰富呈现

鲁尔地区，位于德国的中西部，曾以发达的煤炭挖掘、钢铁制造等基础性工业而闻名于世，亦以其面向后工业社会成功转型的诸多案例而为人们所熟知。多特蒙德拥有近 60 万人口，是鲁尔工业区内人口最多的城市，在德国名列第七。该城市曾经以钢铁冶炼、煤炭加工和啤酒酿制为主导产业，20 世纪的六七十年代，在去工业化过程来临后，多特蒙德逐渐通过产业转型和功能提升来实现社会经济的新一轮发展。目前的重点产业包括高科技、机器人、生物医学技术、微系统技术、工程技术、旅游、金融、教育、服务等，是德国最具活力的新兴经济城市之一。

在城市的东南部，曾经有一处占地约两平方公里的凤凰工业区，是具有 150 年历史的赫尔曼钢铁厂的所在地。2001 年时，母公司蒂森克虏伯公司将该厂区予以关闭。其后，历经十余年的开发建设，该工业区成功转型成为一座新城，由东、西两部分组成。东区占地 97 公顷，采用市场化的房地产开发模式，以挖掘的凤凰湖为中心，形成了公共设施配套齐全、环境条件优越的生活居住区。西区占地 111 公顷，建设以信息技术、生物技术和微型机电技术为主导的凤凰科技园。值得注意的是，两个区域在更新过程中，并没有完全将原来的厂区拆除，而是将工业遗产保护和城市功能再造有机地结合起来。多特蒙德工业大学规划系主任克里斯塔·莱歇尔教授就曾完整地参与了这一区域有机更新的全过程规划设计工作。

由于节目组在出发前就对多特蒙德这座城市和凤凰湖区域的情况进行了较为全面的了解，因此在莱歇尔教授办公室的采访中，除了我与她探讨了一些学术范畴的内容之外，首席记者杨川源就直奔主题，向她请教有关城市有机更新的一系列问题，如发展定位、设施配套和环境营造等。其实这些问题也正是浙江以及国内经济发达地区今后城市转型发展所面临的共同问题，教授的解答对于国内城市发展具有非常重要的意义。

莱歇尔教授还热情地引导节目组前往凤凰湖新区实地，在现场向大家详细介绍了这个工业区的前世和今生，当她指点着那座历史悠久的工厂办公楼、造型别致的炼铁厂特有的铁水罐雕塑讲解时，确切而又生动地诠释了城市有机更新过程中对工业遗产保护的具体做法。同行的记者魏潇等还对当地居民进行了现场采访，了解到他们对工业区转型带来生活质量变化的种种看法。实际上，相比于鲁尔工业区其他以工业遗产保护为主的工业区改造，凤凰旧工业区以新工业园建设和住宅区开发为目的的改造，更贴近中国的实际情况，因而具有更强的借鉴意义。

近年来，我多次以多特蒙德赫尔曼钢铁厂变身为凤凰湖新城的案例讲述德国工业城市的有机更新过程，由于有那次非常深入的学术交流和广泛的群众采访，基础资料非常翔实，现场感受也十分直接，因此每次演讲都取得了较好的效果。每当我展示着这些来自现场的照片，总是情不自禁地想起与节目组同志们在一起的那些日子，想起他们高尚的敬业精神和职业操守。

2021 年 5 月 20 日

巴村来了中国记者

德国普瑞（Preh）总裁及首席执行官 ｜ 蔡正欣

　　一转眼春去秋来，匆匆六载。现在回想起来，2016年的那场和浙江卫视采访团队在我们均胜普瑞德国总部的"邂逅"，还是记忆犹新。

　　一切还要从2009年说起。在30多年改革开放的时代大背景下，国内的汽车行业得到了蓬勃发展，作为汽车行业零部件供应商的均胜集团，经过多年的辛勤耕耘，逐渐在自己专注的产品领域内跻身国内市场的前三强。

　　彼时，全球汽车行业正在向深度电子化转变。集团内部也开始提出要向电子化产品线升级转型的战略。恰逢我们国家政策鼓励企业积极走出去，开拓广阔的国际市场。于是一个大胆的想法产生了：出海收购一家成熟的汽车电子零部件供应商，"洋为中用"，来完成我们技术和产品的升级，提升自身的管理水平，同时也可借由其成熟的海外客户关系迅速占据国际市场。

　　其后的两三年里，经过了一系列的标的筛选、洽谈、并购尽调、融资签约等复杂而精细的国际并购流程，我们终于在2011年和2012年分两步完成了在当时是中德汽车行业并购的最大一单——对德国普瑞公司的收购，实现了百分之百控股。我有幸作为并购团队的一员参与了全过程，并在并购结束后被集团派驻德国普瑞总部参与其后的整合和管理工作。

如果按一般统计数据来看，国际并购有着高达 60% 的失败率。所幸的是普瑞被我们收购之后，在中德双方管理层和员工的不懈努力和相互融合下，一直保持着良好的发展。到 2016 年的时候营收较并购前翻了一番，全球各地新增了大量工作岗位，更重要的是在我们集团所在地宁波建立起了研发生产的全套系统，"洋为中用"终成现实。于是，便有了这次的采访。

我第一次知道浙江卫视计划来采访，还是那年初，我们集团公关经理来普瑞出差时提起的。当时因为国内出海并购的案例较少，并购后业务能持续增长的也不多见，所以也接待过一些国内媒体在海外派出机构的采访。一般都是给一份采访提纲准备，或者电话采访，或者来我司所在地找间会议室简单面谈一下，问题内容大同小异。所以当时我也没特别在意。

没过多久，我出差回国，我们公关经理来找我说，浙江卫视负责采访的记者要和我开个会，讨论一下行程和细节，请务必参加。第一反应觉得有点奇怪和不情愿，奇怪的是这个采访怎么不按套路出牌啊，不就是你们想公费出国转一圈，有必要这么兴师动众吗?! 不情愿是因为回国连旅途在内一共就一周，时间表很紧，宝贵的时间不太想花费在和业务无关的事情上。

记得踏进会议室时，比安排的时间略微晚了一点。浙江卫视的团队已经在和我们公关经理热烈地讨论着什么。我的出现打断了讨论。简短地自我介绍后，对面一位短发女士说道："我叫杨川源，是这次采访的负责人。我知道你们的时间很宝贵，所以就长话短说。我希望把这次采访以一种讲故事的方式呈现出来，而不是一个干巴巴的访谈，这样才能引起观众的兴趣。但你们的公关经理觉得这样很费时间，不过我们觉得为了好的效果，这样做是值得的，也希望得到你的配合。"一口字正腔圆的播音员腔，直截了当地直奔主题，令人印象深刻，其专业的态度让我内心的不情愿消除了大半。我也从此记住了这位杨记者的干练。

随后我们讨论了大量的细节，让我逐步理解了什么是"讲故事"的采访方式。简单说就是要深入我们在德国的工作现场、会议现场、研发现场和生产现场，采访中德双方不同岗位的人物，通过镜头和话筒来真实地捕捉信息，以实现新闻的真实性和吸引力。一种看似很费时费力的方式，而在我们长期浸润在制造业里的人来看，却是一种认真的工匠精神，很有共鸣感。会议结束，我开始对采访的实施有了很大的期待，也好奇最终的成片会是怎样的效果。

春意盎然的 6 月，我们在德国普瑞的总部巴特诺伊施塔特市迎来了浙江卫视的记者团。带队的就是那个说话干脆利落的杨川源记者。他们一行刚刚从慕尼黑机器人及自动化设备展赶过来。

说起巴特诺伊施塔特市，还有个小插曲，该市名字直译过来是温泉新城。一共一万五千多人口，但在德国算是个市级行政区，地处自然保护区。然而相较国内一个市动辄上百万甚至上千万的人口，实在在内心很难认同这是一个市，所以我们集团内部都昵称其为"巴村"。这也是为什么文章标题叫《巴村来了中国记者》。

真正采访开始，才让人大开眼界。这是一个完全现场实时跟进的采访，没有提前打印好的采访脚本供被采访者事先准备，没有摆拍的机位。麦克风是随身戴在我身上，镜头则实时跟随。有一部分的采访是在大家行进中完成的。我们一边聊着中德企业管理文化上的差别、整合中遇到的难题、企业发展面临的挑战等话题，一边穿梭在公司的各个工作场所。在我的办公室，当我们谈到德国精于计划的工作方式，镜头对准了我的工作日历，因为很多工作会议的排定是按年度来计划的；在电子贴片车间，浙江卫视的记者们换上了防静电服和鞋子，进入车间现场提问拍摄。在录制过程中，还经常提出新的想法以便摄制出更吸引人的片段；在产品组装车间，他们也是停留很久，在经得同意后，多角度拍摄了大量的镜头，提出了很多问题。

按以前被采访的经验，一个 20 分钟的采访最后剪出来可能也就 3 到 5 分钟的成片。看着他们一丝不苟地在每个采访地点都不厌其烦地收集大量的素材，明知最后可能真正播出也就是其中的十分之一的时候，对他们专业的工作态度的敬佩之心油然而生。而我陪同的采访只是他们当天工作量的一半。

由于事先准备得周全，采访进行得一直都很顺利，但却在一个环节出现了波折。之前在宁波开准备会的时候，我就提及安排采访的这周正好是我们每两个月的国际周。之所以称为国际周，是因为这周里我们所有海外分公司的负责人都会到总部来参加各种业务会议，所以特别繁忙。尤其是采访的这一天，有一个最重要的新项目进度审核会议，管理层会同各分公司负责人对新项目研发过程中的各类问题和解决方案进行分析讨论并作出决定。当时杨记者就提出是否能现场拍摄一些镜头，因为这是一个非常好体现普瑞国际化以及并购后整合的场景。而按照我对德国同事的了解，由于会议内容涉及客户未上市车型上装备的零部件，属于商业机密，很可能他们会以担心泄密而引起客户不满甚至追索为由，不赞成采访这样的会议（德国公司一般是由管理委员会管理，委员会中的成员均负有同等法律责任，所以除非是CEO才有最后决定权，不然每个执行董事都有同样的否决权）。所以我提出可以试试看，但不能拍摄样件、投影上的演示稿等敏感的信息。

果不其然，当我参加新项目进度审核会的时候，告知大家一会儿浙江卫视的记者要进场采访，但不会拍摄涉密信息。听罢，我们的德国CTO表示反对，其他同事也很犹豫，理由就是担心新产品可能会出现在镜头里而泄密。我只能出来告诉记者们，采访可能不行。杨记者希望我能再试着去说服大家，因为这个场景非常有意义。然而会议时间很紧凑，我很难再去中断会议来进行新一轮的说服解释工作，只能和她说声抱歉就返回会场继续参加会议。看着他们有点不甘地离去，心里多少有点为没有帮到他们完成既定的摄制构想而过意不去。

谁知不一会儿，会议室的门突然被推开了。我们的前CEO、当时的现任监事会主席带着杨记者一行步入会场，他简短地说明了一下情况后，就让他们开始拍摄起来。摄制的过程非常专业，既没有太影响到会议的进行，也没有任何镜头带到敏感信息。最终杨记者一行如愿以偿，捕捉到了所想要呈现的画面。

　　当天会议之后，我在归还麦克风的时候，调侃道："行啊，杨老师，看我搞不定，就去把我们的上级领导请出来完成你的摄制任务了。"确实，他们身上所表现出来永不放弃的韧劲体现了一个合格的新闻工作者在尽力获取所需素材时的职业素养。

　　1 个月后，我收到了剪辑完毕的成片。整个报道有一种流动的韵律，生动紧凑，充满了新闻感。分享给我们德国同事看过之后，他们也很喜欢。记得片中有一段用无人机拍摄的巴村和普瑞的鸟瞰镜头，画面里生机勃勃，阳光灿烂。特别是那场会议的一组镜头是整片当中的点睛之笔。

　　回想一切，所有的努力都是值得的。

2022 年 10 月 24 日 · 夜

《〈G20 畅想·寻找跨国"模范生"〉浙江制造"牵手"德国工业 4.0》系列

《〈看德国——钱塘江与莱茵河的对话〉鲁尔转型，告诉我们什么》系列

《看德国——钱塘江与莱茵河的对话：莱茵河之变》系列

方法四

让老地方充满新活力

REPORT 一起做

跨越十六年 领悟大转折

（大屏端）

（小屏端）

▶

　　跨越 16 年的异地蹲点，让遥远的时空对接，让精彩的故事延续。电视报道的特殊性，让尘封的历史醒来，让历史的瞬间鲜活；镜头激活的画面，让远方走来，特殊的地点、特别的氛围给人全新的认识。纵深的历史，遥远的距离，陌生又熟悉的画面，让电视连续报道活起来。鲜活的故事，以地点为串联，让浙江和贵州的手更紧密地相联；生动的场景，以情景为并联，让今天和过去的心更贴近地跳动。再走长征路，行进式采访，蹲点式报道，让电视新闻的记录特色、场景还原等优势充分地展示出来。两代新闻人的接力，让热烈的心、激荡的情涌起初心，让领悟的意、拼搏的劲担当使命。让我们知道，电视新闻报道可以做得更多、更好！

2021年5月蹲点期间，在遵义大剧院里，一百多人正在排练情景剧《伟大的转折》，演员平均年龄只有20岁左右

2021年蹲点摄制组重访遵义刀靶水村，在老街上几位村民认出了2005年重走长征路的我，热情地告诉我，他们经常看浙江卫视，喜爱浙江卫视

时隔 16 年我们再次相逢在长征路上！

REPORT　　一起说

相遇在新长征路上

贵州省遵义市广播电视台原电视研究会会长 ｜ 武书明

　　初识川源，她还是个小丫头。作为《新长征路上的浙江人》摄制组里的出镜记者，每天翻山越岭采访，间隙还要背大段大段的出镜词。那时对她的印象就是：出镜麻利、豪爽、晕车、瘦。转眼已经 16 年了，让我想不到的是，"长征"始终是我与她所在的浙江卫视新闻团队相遇、相伴、相助的主题，而或许这也早已成为我们共同追寻的精神力量。

　　那是 2006 年的 6 月，我接到了遵义市委宣传部的通知，要全力配合浙江卫视《新长征路上浙江人》大型新闻行动在遵义境内的采访活动，并梳理出一些遵义亮点与其对接。在同浙江卫视摄制组沟通后，我把原来收集准备的"红色故地——四在农家换新颜""红色渡口——乌江水电撑起西电东送半边天"等成就亮点，换成了接地气的"娄山关水源小学常年缺水""刀靶村民的红色情怀""淋滩村大力发展红军柚""鲁班场的守墓人"等线索，并得到了此次大型新闻行动报道组的肯定。说实话，这与我们事先的想法有着较大的落差。但无论如何，这样做主题报道，别人有别人的语境，况且是一次难得的学习交流机会，也更让我们对这次拍摄充满了好奇与期待。

在一起同甘共苦，在一起感同身受，我对浙江卫视以"长征精神"创新主题报道，实现传播效应最大化的手法有了新的认知。他们着力报道长征路上"浙江人"的新风貌，以时代精神照亮了"红色记忆"。有了这条主线的定位，通过一条红色寻访之路，让受众既能看到鲜为人知的长征故事，也看到在昔日长征路上默默奉献的"浙江人"，以及这片红色土地所迸发的希望和面临的困惑。在摄像机的镜头里，既出现了浙江人扎根遵义38年的国企老总何胜云，也出现了娄山关大山里的学龄儿童苏恩倩。摄制组二进水源小学，为学生们点燃了未来的希望。至今我还清楚地记得，当时摄制组从水源小学采访回来后在思考一个问题：水源小学的缺水是解决了，37名农村儿童再不为每天喝一桶水犯愁，但总觉得他们还缺什么，"缺对外面世界的了解""对！缺台电脑"。浙江和贵州组成的这支长征临时小分队想法不谋而合，于是，他们连夜与当地浙江商会联系，得到商会的支持，第二天就将一台崭新的电脑送到了学校。在现场，还手把手教孩子们使用电脑打字。当苏恩倩第一次在电脑上打出自己的名字时，从她希冀的目光里，我们看到了她对学习的渴望。没想到，2021长征路上协作的情景再次呈现，作为贵州当地的寻访嘉宾召集人，经过多方打听，先后通过汇川区委宣传部、板桥镇进行地毯式查询，最终在区教育局往年高考的名单里查到了苏恩倩。如今的她，已经是就读于重庆工商大学的一名大三学生。我在想，也许就是在二进水源小学的那天，浙江卫视的这些记者们在孩子心里点燃了希望，在苏恩倩身上，不正印证着为了理想不怕困难敢于胜利的长征精神吗？

　　这样跨越浙黔两省，以"在一起"的方式联合在一起的日子还在延续。大型融媒体新闻行动《梦开始的地方》摄制组接踵而至。这次"小丫头"川源已是业界知名的"蹲点记者"。电话里，她激动地跟我说：这次蹲点要再去老地方走走，要关注一些正在发生的新内容、新角度，另外很重要的任务就是看望她的老战友——我。话虽轻松，但其实我知道他们选题的角度和能级始终在提升，况且川源始终强调这次要认真做好"蹲点"，话题要有前瞻性：如何加紧保护利用统筹规划？又该如何通过多种方式激活红色基因，让红色精神更深入人心？于是，我打破以往的选点思路，瞄准"重要地标+重访"的同时，更聚焦很少被关注的一部分长征遗迹。老鸦山战役是遵义战役的重要组成部分，如今在老鸦山的山脊上，依然可以见到绵延着的当年战壕。为了让这段在很多遵义人记忆中已经模糊的历史重新被记忆起来，川源带着团队爬上了这个陡峭的山峰。结合这个场景，采访了长征国家文化公园遵义战役纪念园保护项目牵头人何烨，从中了解到遵义市抢救性保护的红色项目目前已经新增到41个，老鸦山就是其中之一。

　　对遵义播州区刀靶社区的红色记忆，杨川源可以说是如数家珍，也让我这个本土记者有些汗颜。不少当地群众还清晰地记着她，她的团队三次来遵义采访，三次都到过刀靶蹲点采访。我们走在刀靶的老街上，川源遇见了现年93岁的陈启庸老人，知道他还没有忘记红军教会他的抗敌歌，就干脆搬来板凳坐到老人面前，完整地录下了这首尘封在记忆中80多年的红军歌，在不知不觉中挖掘和记录下了一段军民鱼水情的动情画面。当年群众制作红军鞋、鞋垫、挎包的场景在人们的讲述中不断浮现，并连接当下发展，正在成为当地群众增收致富的文创产品。

　　这次与浙江卫视融媒体中心的记者在一起，我发现他们躬身于重访现场，不仅讲历史，更注重问发展，更是把老故事讲出了新价值。比如通过采访打工回乡办起"红色之家"农家乐的吴志强，引出了刀靶社区正以建设红色美丽村庄为契机，在 24 平方公里的红创区里，立足红色文化一条街和农业产业化的同步推进，发展着一红一绿的新经济模式。同时，也反映了一代代遵义人，守护红色根脉，凝聚起更多力量，让这片"梦开始的地方"更具说服力和传播力。

在长征路上与浙江卫视的同行多次相遇，是缘分，更是两地媒体人在一起交流与协作的机会。在这过程中，我深感新闻人只有不断提升把握主题报道的政治素养与业务能力，才能不断成长。以川源团队为代表的蹲点式的采访，用一句话概括就是站位高、视角新、触角深、透视远。我们以"在一起"的方式，多次满怀深情重走长征路，汲取的是红色传承取之不尽的精神力量，体现的是不忘初心的时代呼唤。红色，是注入到媒体人血脉之中的基因，让我们知道自己的归属、自己的未来、自己的使命。

新征程，我们无论身处何处，都有建功新时代的责任，要为共和国的明天洒下一路芬芳。

浙江卫视蹲点团队与贵州台主持人合影留念

REPORT **一起说**

"3+2" 五人组的红色之旅

台州传媒集团全媒体记者 ｜ 方晨晔

"走得再远，也要记得为什么出发。"这次黔北采访之行，我们就是怀着这样的心境从浙江来到贵州，回到"梦开始的地方"。

这个夏天，因为这个红色主题，让我们穿越历史，置身回望一个个场景，经历了一次无比生动的党史学习教育，获得一份珍贵的人生感悟。这一行，我们感动于 16 年坚守讲述光辉故事的遵义会址纪念馆温州籍馆长；感动于满座遵义城弥漫的浓郁红色气息以及终生不渝的刀靶水情义；感动于"伟大转折"带给中国共产党人在时代答卷中"转折之志"的憧憬与期待。于我个人而言，更加感谢团队的每位老师，让我在参与中学习、在学习中收获。我们"3+2"组团在川源老师的领队下，分工有序、精诚协作，以最快的速度精准发力，以最真挚的情感投入主题拍摄。4 天的采访拍摄，我们天天工作长达12 小时以上，最终呈现在《浙江新闻联播》大屏上 3 篇、"中国蓝"App 小屏上 7 篇、新媒体直播 1 篇。您要问我什么感受？我会说：累并快乐着！值！

一、新模式驱生新动力

《梦开始的地方》是主流媒体为庆祝中国共产党成立 100 周年精心策划的主题报道。多路记者分赴革命圣地、改革高地，沿着百年红色印记，追寻共产党人的精神谱系，为浙江忠实践行"八八战略"、奋力打造"重要窗口"，高质量发展建设共同富裕示范区，注入精神力量。

我们有幸被分配到了"遵义篇"，这是中国革命伟大转折之地。在拿到选题、得知任务的第一时间，浙江卫视老师就和我们地方台记者保持高度密切的联系。当然，我和同事陈旺一方面非常庆幸，另一方面，我们也自我加压，深知此行任务艰巨，容不得半点马虎和懈怠。在台州出发赴杭州的前一天，我们就备足功课；次日，到省台和卫视老师共同商讨拍摄计划，制订拍摄方案。我们通过查看纪录片深入了解这段史实，翻阅全国各央级、省级媒体相关报道去启发我们的报道思路和灵感。我们"3+2"（省台3人、地方台2人）团体有序分工、密切配合、相互补台，在优势互补中迸发出新活力。一方面，我们5人组里有采访牵头人、联络员、记录者、拍摄者、协调者，做到了大屏、小屏齐头并进；另一方面，我们时刻进行着业务的探讨，从传统电视视角、新媒体视角、拍摄记录视角等多重维度去实事求是地更新我们制订的拍摄方案。

这一路，每一个人都很努力，每一个人都没有怨言，每一个人都打起十二分的精神。从早到晚，大家没有休息，爬老鸦山、寻红军墓、访村民、忆初心，衣服湿了干、干了湿，在高强度的作业环境下，团队依然做到有条不紊。每天晚上再晚，我们都做到当天素材采集到库进行及时梳理，进行回头看。若发现有亮点，我们实时在"3+2"五人群里进行"自嗨"；若有遗漏点，我们则次日及时进行补拍，做到每个环节不出纰漏。也正是这个"70、80、90"的团体组合，让我们感觉到行有方向、干有活力，做到了精准发力。

二、红色情催生战斗力

关于遵义，去之前我只在教科书上了解过，那就是遵义会议及时确立了毛泽东的领导地位，挽救了党，挽救了红军，挽救了中国革命，成为"党的历史上一个生死攸关的转折点"。对于这样一个具有划时代意义的红色地标，关于它的印记我只停留在过去。直到去了当地，才全然刷新了我对遵义城的浮想。

走在遵义，满城都弥漫着红色的气息，仿佛让人沉浸在伟大革命的洗礼中。每当走在路上，时不时就会听见激情嘹亮的红歌。每当熟悉的旋律响起，总能让人心潮澎湃。在遵义会议会址里，我们领略了来自全国各地的同胞穿着红军服、唱响革命歌、抒发爱国情；在老鸦山在内的一系列长征遗址上，我们见证了延绵 20 余米的战壕旧址和石头上留存的 18 个真弹孔；在遵义歌舞剧院，我们体会了平均年龄只有 20 岁的年轻演员对演绎伟大情景剧目《伟大的转折》的坚毅与热爱；在刀靶水，我们深切感受了红军和当地百姓的鱼水深情。当 93 岁的村民陈启庸老爷爷激情澎湃地唱响《抗敌歌》时，他眼角浸润的泪水，不仅感染了在场所有人，更是把时空拉回了 86 年前的那段峥嵘岁月。此次采访之行，我们被遵义无处不在的红色气息感染，对遵义会议精神和中国共产党人的初心，有了更深入的理解和感悟。尤其在中国共产党建党百年之际，深切感受百年前山河破碎、国敝民穷，百年后山河无恙、国富民强，为有牺牲多壮志，敢教日月换新天。100 年里，我们国家在波澜壮阔的历史进程中不断壮大。正是这份情感的强辐射，让我们采访团一行时刻保持昂扬的斗志和饱满的精神，在报道过程中不希望错过任何一个细节来反映遵义人民与红军的深厚情愫。这一路，我们时刻被感动，因此时刻充满激情；珍爱历史，因而更需弥足努力。

三、遵义城赋予黏合力

"有朋自远方来，不亦乐乎。"这次跨省重大历史主题的场景式表达报道，就充分验证了这句老话。因为 16 年前，做浙江卫视大型新闻行动《新长征路上的浙江人》的报道来过遵义，我们的队长川源老师不仅结识了当地的几位好友，更是让刀靶水的村民印象深刻，铭记在心。在采访过程中，遵义会议纪念馆馆长陈松、原遵义市电视台副台长武书明等诸多好朋友都给予了我们很大的帮助和支持，刀靶水村民对我们一行的到来也是充满热情，让人备感亲切，让人发自内心地感觉到遵义是座有情有义的城市。

回到浙江做片的环节中，我们碰到细节方面的问题有待确认的都会打扰他们一一做翔实的核对。他们不仅没有觉得被打扰，反而热情地发出邀约，期待我们再次回访遵义。这一路采访下来，我们不像公事上的好伙伴，更像是好友、闺蜜，彼此间可以聊生活、聊理想。那么遵义城的人民为什么会给予我们那么大的帮助，那么热情地接待我们？甚至在我们离别的那一刻都表现出依依不舍的情谊。我想，一方面可能是遵义城与生俱来的待客之道，这毕竟是红军战斗过的地方，这生生不息的革命精神留给这座城市人们纯粹和质朴。但另一方面，恰恰就是因为我们作为党和人民信赖的新闻工作者的身份与职责。16年前川源老师做的报道，给当地人留下了深刻的印象，也让他们对记者本人产生了崇高的敬意和真挚的感情。为此，我深深地明白了一名称职记者的分量与意义，唯有俯下身子，才能抓得到活鱼，写出优秀的新闻作品，真正做到人民记者为人民。《梦开始的地方》遵义系列篇3篇大屏、7篇小屏、1篇直播一经官方发布，我们都及时发给遵义当地进行分享互动。不仅仅是当他们看到报道之后的反馈信息让我们觉得自己有价值，更是因为我们的报道记录留存的历史而备感珍惜。相信历史也会记住我们！

《伟大的转折》排练现场

REPORT　一起说

重访的意义

中国科学院大学杭州高等研究院党群部高级雇员、浙江卫视原记者 ｜ 薛雅文

2021 年 5 月 20 日，我们经过 8 小时的高铁，来到了贵州遵义。下车时已经半夜 11 时许，但一路的疲惫几乎瞬间被这里热气腾腾的生活气息打消。当地新闻界的前辈武老师早早等在这里，和杨川源老师一个拥抱让我们很感动。16 年前，他们曾跨省协作一起在这里采访，一见面短短三言两语都是当年满满的回忆。

作为历史名城，遵义的很多地标都曾在课本中反复出现，但现实中好多地标对我们年轻的几个来说都是崭新的，刀靶水村更是如此。其实，早在 16 年前，浙江卫视的报道保护了历史中遵义保卫战的前线阵地——刀靶水红军遗址。现在这里已经叫刀靶社区，这一趟我们专门来到这里，刚到村头，当地一名村民突然叫住了我们，对杨川源老师激动地说："当年你们来的时候，我就是在这里打鼓的那个，""后来我们还在电视上看到你"，我们非常惊讶又非常感动，原来 16 年前的那次采访，不仅留在了同行的记忆里，更留在了村民的脑海中。

他激动地带我们走进村里，村里已经发生了很多变化，有的红军见证人已经不在了，有的红军遗址老房子正在修缮，有的街巷有点冷清，有的房子前挂满了红灯笼。川源老师和老乡们从现在聊到过去、从过去聊到现在，从人聊到事，从事聊到发展，人、事、物的对比扑面而来。我突然间明白，原来比探访更有价值的是重访。重访里，时间的故事既动人也更有价值。

重访对于一名新闻记者来说，既是自我漫长又坚定的坚持，也是一代人与一代人之间共同建立对重大事件、重大社会课题持久、连续的关注。这一趟，我们和川源老师一行一共 5 个人，大大小小跨越了 3 代。我们真的很感

谢川源老师在重访时带上了我们这些年轻记者。除了增长见识和经验外，我们其中的年轻伙伴，以后一定会有人来重访这里，到时候如果有新的发现，会继续讲出这里新的发展或者新的问题，那这样的传承就是有意义的。

这次的采访也让我想到了 2019 年川源老师带队做的《功勋》系列报道。那是我做记者以来第一次和川源老师出差，拍摄共和国核电的第一代建造者于洪福。印象很深刻的是，在片子的最后空间，川源老师把镜头对准了现在秦山核电里最年轻的工作人员，他们展现出来的工作状态、他们的奋斗理想和态度，其实是相似的，坚守、创新、奋斗一直没断，这正是传承的意义。

虽然这些采访已经过去了一年多，但脑海中还是回到了遵义。在现在的刀靶社区，去年刚刚新种上了花椒树，现在应该正是漫山新芽萌发的时候，希望我们也一样，都在时间的故事中，不断累积，也不断长出新芽。

2022 年 5 月 28 日

遵义城的老鸦山上，至今很多巨石上还能看到清晰的弹孔

REPORT　**一起说**

奔赴一场"打鸡血"的"闪电战"

台州传媒集团全媒体记者 ｜ 陈旺

这次报道历时 5 天，实际拍摄 3 天，共编发大屏主题报道 3 篇、小屏新媒体报道 7 篇（实际是更多篇压缩合并篇数），这样的产量着实让我忍不住惊呼。

出发前我们经历连续两天航班取消，这两天给我们前期准备留够了时间。等我们在杭州会合时，杨老师已经做好了一份大纲，里面详细介绍了报道主题、采访点位和各地部门和负责人的联系方式。我们坐一圈讨论分析这几个点位可以挖的内容和报道的方向。作为一名摄像，我在前期就有了很清晰的思路，有很高的参与度。出发前的两天，我们一直一起办公，分头通过搜寻历史文献资料、翻阅以往的主题报道、查找影视资料、网络上云游览遵义会议会址等方式，尽可能地搜寻这次报道相关的内容、语录、存留的老物件信息等，整理出了一篇详细的采访提纲。在出发前，我们就深度把握了点位信息、场景、内容，可谓成竹在胸。

在连续两天的航班取消后，川源老师毅然决定坐 10 小时的动车赶赴贵州遵义。在之前看到杨老师的主题报道，我总会纳闷，那些生动的场面，那些对象说出的话总是那么完美，她是怎么做到的？导的？"采访不能再来一遍。"在这次拍摄过程中杨老师给了我答案。我发现川源老师和王西老师一直都是和采访对象边走边聊，以一种寻访的方式采访。过程中，杨老师根据把握的信息细节不断调整采访的角度、问话的方式，不停地在现场发掘更多细节内容，我发现这些内容很鲜活很真实。王西老师在跟拍过程中会一直保持托举不关机状态，随时根据采访对象的讲话摇镜推特写，在一些间隙还会迅速抓拍一些背影、脚步、手部等细节特写。两人在长期的走访拍摄中配合出很高的默契度，一个眼神一个引导动作就能明白镜头走位。薛雅文老师在拍摄过程中会提前掌握现场点位的信息和负责人。在其他两位老师采访的过程中，她会去现场周边探寻更多与采访内容相关的人物和故事。在这次采访中她就在闲谈中找到了当年见过红军并和红军们一起生活过的老爷爷，极大地丰富了那个场景的内容。在采访现场以多触角的方式发掘出更多的故事内容，极大提高了我们此次采访的效率和品质。

在协助王西老师拍摄的实践过程中我学到很多作为一名优秀摄像的好习惯，例如拍摄过程不关机。不关机的好处就是当现场发生一些鲜活的故事时我们能快速反应且能全程抓拍记录下来。要胆大心细。专业摄像为什么能拍出好看的画面，那都是因为摄像会选择一些新颖的角度，一些常人平时不会看到的画面，例如在拍摄过程中要大胆地尝试无人机在树林间穿插，相机在树干上环绕平移。爱护机器，相机设备不离身。在这次拍摄过程中，我们有很多的场景和画面是在去吃饭的路上和吃完饭后路上发现的：在绿道散步的人和狗，河边叼着烟垂钓的老人，亭子里摆满的牌桌，午后一起唱歌跳舞的大爷大妈，把红色老区的幸福生活展现得淋漓尽致。及时整理素材。不管我们拍摄多晚结束，王老师都会带着我整理今天拍的素材，多处备份，备份完查看今天的素材内容，寻找一些问题，把握好一些镜头内容，在下面拍摄时不多拍，也能够在拍摄期间及时补拍。

这次协助拍摄的工作令我受益匪浅。我会好好将获取的宝贵经验运用到自己平时的工作中去，以期拍出更好的新闻报道。

【梦开始的地方】刀靶水的情义

【梦开始的地方】回望

【梦开始的地方】老物件里的红色记忆

【梦开始的地方】红歌不断 天天开心

方法五

让倡议书回应现实需求

REPORT 一起做

同题蹲点比什么？ 比更深一度，更持续一点，更人性一些，更温暖一度。让外来务工人员在浙江扎下根，让新浙江人从留人到留心，让每个来浙江的人都实现人生的小心愿，让浙江成为圆梦的地方。

新春走基层里的"题中题"

"留浙过年"是这个春节浙江基层标志性的社会现象。面对这样的"同题"作文,"新春走基层"不仅承载的是过年的喜庆、岗位的坚守、思乡的感怀,更应该有对社会群体与区域发展的观察与思考。如何及时升级"新春走基层"的影响力与引领力?是一道不折不扣的"题中题",这也在倒逼"新春走基层"增强其建设性与思辨性。《云龙镇的两封倡议书》正是迎着这样的解题方向,尝试挖掘"留浙过年"现象的社会价值。

找准切入口 探究核心

对蹲点报道来讲,"春节前"交织着各种冲突与和解。人们更容易在这个时间思考现实与未来,作出选择。一个多月前,宁波鄞州区云龙镇在全省率先提出了"留浙过年"倡议,随后镇上 1258 家企业积极响应,拿出保底 666 元奖金上不封顶,把 6 万外来人口留下了 85%。但对这样一个年年招工难,用工缺口长期在 30% 上下的制造业小镇来说,暂时留下的员工,让"春节"成了一道"加宽版"的"去与留"分水岭,这个坎儿怎么过?

初到小镇的那天,第一封倡议书发起人云龙镇商会会长郑海康一直眉头紧锁。一个多月来,最初成功留人的兴奋已经渐渐褪去,取而代之的是对镇上企业节后能否长期留住人的担忧。走访中,云龙镇发展中的用工短板越发清晰。光用"管理"并不能有效拉近务工人员与小镇间的距离,"留人"更要"留心"。在老郑的烦恼与担忧中,我们逐渐打开思路,跟踪拍摄镇政府和商会拟定第二封"升级版"倡议书的过程,重点走访了这次花血本留人的中小型企业、出租房集中的村社,记录在这个前所未有的挑战面前,云龙镇的干部与企业,工作方法和发展思路正在发生怎样的转变。"留人"的同时追问式跟踪"留心",寻着需要"切入",层层深入触碰发展焦点。

挖掘故事根　深化主题

带着发展的眼光看现象，带着问题的视角走基层。"根源意识"是深化主题表达的有效方法。没有"根"的故事，难免让现象流于形式，让情绪肆意滋长。无论是跟拍走访，还是对话务工人员、企业主，都要求我们增加对事件横向和纵向的梳理与整合，抓住主题核心走向，探究破解问题的方法。

《云龙镇的两封倡议书》要探讨的正是集聚型制造业小镇，如何解决长期留人留心，如何通过优化服务与规划，找到"产、城、人"共同发展的方法。第二封倡议书下发后，镇、村社干部打破以往简单送东西的走访形式，第一次让外来务工人员为小镇规划发展建言献策，这样的转变正是"交心"的开始。为此我们也在后期字幕中摒弃"外来务工人员"这样的头衔，突出每一位参与发展的劳动者都是小镇的主人。要谋求可持续发展，就要以"人"为根，以需求牵引改革，增强人在社会中的归属感。

聚焦建设性　解决痛点

正确分析云龙镇企业、务工人员，在面对"留浙过年"过程中的心态与需求，是精准锁定"痛点"的第一步。对企业而言，人力与人才的流失是发展痛点；对务工人员来讲，缺乏归属感、认同感，生活硬件的提升，是现实的难。云龙镇空间规划结构混杂，产业配套缺失，再加上产业工人空心化，长期制约着整体产业的提升。云龙之痛代表了相当一批的制造业集聚的小镇之痛。历史遗留下来的陈旧发展格局，强烈呼唤着改革的深化。

在采访中我们遇到了 12 岁的张程祥，一路上他始终没有笑过。春节不能回老家，他一直在跟妈妈赌气。他说一年才能回去一次，老家有很多好朋友和亲戚，在这里就没什么朋友——孩子的话很真实。这次在云龙镇有近 5000 名这样的随迁子女，由于父母忙于打工，他们的住所大多凌乱不堪。有一个属于自己的像样的"家"，是所有务工人员奋斗拼搏的目标。（时任）云龙镇党委书记洪峰在走访中的一段话让我印象深刻：我们平时工作是有缺陷的，只有我们转变了，他们才乐意敞开心扉把自己的困难告诉我们，只有让他们感到自己在跟这个城市共同发展，才会发自内心地愿意留下来。直面发展之痛，才能想方设法，从改变自己开始，以最大的努力和最优的方案，接近解决问题的目标。

　　这次云龙镇的蹲点，带来很多启发：只有沉下身子，扎下去，才能听到基层最真实的声音，不断发现改革发展中的"题中题"。也只有在发展的关键节点上主动思考，凝聚更多力量，才能发现"平凡"中的"大义"。这也正是我们在"新春走基层"中应该传递的理念和答案。

　　　　　　　　　　　　2020 年 3 月 21 日

REPORT　一起说

用脚步丈量小镇梦想 用镜头解剖基层痛点

宁波市鄞州区云龙镇人民政府宣传干事 ｜ 鲍丹萍

牛年春节是特殊的一年，"防疫不放松，留浙也温暖"成了主基调。作为基层宣传干事，我已经习惯了"单兵作战"，多线并进。很多时候没有蹲点深挖一个主题的精力与耐力，思路被常规工作冲淡拉散了，总想着用密而广的报道撑起小镇"台面"，不承想灯光照耀的舞台下，每一位听众、每一个角落才更值得被关注。这次浙江卫视蹲点报道"春节走基层"团队来到我们云龙镇，作为基层干部的我全程跟随，在基层宣传工作中关于理念、手段的许多困惑得到了解答。

基层新闻报道的价值是什么

从事宣传工作也有些年头的我，踏入基层后一直在思考：到底什么样才是好的基层新闻报道？决定新闻报道的核心价值究竟是什么？除开新闻的第一要义真实性外，一定还有其他因素牵扯着新闻的价值。跟着蹲点团队，在与留甬过年的群众交流的过程中，不断有新的问题浮现，又顺着这些问题接触了更多的人。其中有许多问题是共性的，比如打工人群的住房问题，全镇的土地规划，企业的留人留心配套措施。也有个性的问题，孩子想家的小情绪，企业员工动摇的归家心。拿着问题，蹲点团队牵起了各部门领导、各企业负责人和群众的手，在春节这个热闹暖心的节点，许多问题也在不断的沟通协调中顺畅解决。

经过这次蹲点，我明白了，基层新闻报道应当是以解决问题为导向的，小问题不放过，能在报道后立行立改；大问题也不放松，通过报道的介入，为人民群众增强声量，不断警醒决策者与执行者。基层新闻报道也是一般与个别相结合、真实性与倾向性相结合、领导与群众相结合的艺术。镜头既要统揽一般的问题，也要聚焦个别的问题。视角的切换，增强的不仅是新闻的可信度，也是人民的信心。保证最大真实性的同时，也要坚定不移地、充分而巧妙地表达官媒的立场，这是区分我国媒体与西方媒体的重要标准之一。基层新闻报道是群众发声的渠道，也是领导给群众的书笺，能够将这两者紧密结合，就能够创造更融洽的干群关系、更浓厚的干事创业氛围，进一步提升新闻报道的价值。

基层新闻报道的抓手是什么

当下人们的注意力不断被争夺，信息碎片化的趋势导致新闻报道容易过度重视"接近性"，根据受众的特点量体裁衣，"制作"一些新闻。以这样的抓手形成的新闻报道虽然容易出"网红款""爆款"，但是经不起时间的考验，也难以将"重大性"的内容融入其中。浙江卫视蹲点团队本次聚焦"留浙过年"，从主题上来说是一个重大决策。依照往常的思路，我可能会去寻找"典型""示范"，把一些"橱窗式"的展示空间放进镜头、一些典型的人物故事拉进镜头，但是这样的故事很难调动最广大受众的共情，就像舞台与观众一般割裂。

基层新闻报道应当抛开抓典型的惯性思维，少在"造景"上花心思，多为人民利益花功夫。即便新闻短时间没有吸引足够的眼球，也不妨碍它的本质是从人民出发的，以人民为中心的。"造景"思维是急于求成的，对于基层新闻报道而言有百害而无一利，宣传的成果"金玉其外、败絮其中"，催生新形式主义。当下的基层正面报道要允许出现瑕疵，这才是进步的根本动力，反映问题是为了解决问题。小镇的发展从来不是一帆风顺的，只有拿尖锐的镜头语言切开伤口、露出病灶，才能更好地对症下药。

新时代的基层宣传工作者应该是什么样的

脚步不停，过山水，入村户。基层的宣传干部应当更熟悉环境，首要就是踏遍每一寸土地。很多时候没有面对面的交流、心对心的共鸣，是很难拿到真正代表群众心声的素材的，永远只从其他人的眼中、嘴里了解的"事实"往往会陷入"罗生门"般的困境，只有深入基层、深入群众，才可能推出有思想、有温度、有品质的宣传作品。

眼光独到，站位高，切口小。基层牵涉面广，管辖情况复杂，有时确实难以厘清新闻报道主线，容易被"热点"、舆论牵着走。这时候就需要提高站位，增强把握大局大势的能力，把围绕中心、服务大局作为基本职责。既能够仰望星空，也不忘脚踏实地，应当是基层宣传工作者的目标，也是要求，更是优势。基层工作者始终与群众在一起，更容易看到生活中的小切口，结合当下的大局大势，就容易产生四两拨千斤的报道效果。

脑筋活络，敢发问，善引导。当下的新闻报道不再是空对空的说辞，需要的更是政治家的站位、哲学家的思辨、科学家的缜密。每一次新闻报道都需要学习大量领域内的知识，敢于发问的前提是要了解背景；善于引导的前提是要明确主旨；能够揭露出报道事件的痛点，说明已经对该事件的来龙去脉有了足够的认识；善于引导解决问题的方向，更是发挥了思想旗帜的引导引领作用。

笔头不休，多面手，业务通。以上三点都将在文字中体现，不管是直接的文字报道，还是图像的镜头、动态的视频，都离不开笔头的谋划成章。由于新闻报道的时效性特点，对宣传工作者的笔头提出了更高的要求，3 天能磨出的要 1 天赶出，1 周能完稿的 3 天就要成稿，没有丰富的储备、优秀的素质、丰沛的情怀是难以做到的。新时代的数字化改革更是将宣传工作推向改革前沿。运用信息革命成果，推动媒体融合向纵深发展，无不需要宣传工作者学习各个领域知识成为业务通，擅长各项工作成为多面手。

这次蹲点，给我带来的不只是一次经历，更是解答
疑惑后的开阔视野，更让我能放开手脚，发现普通人的
不普通，描绘小镇里的大梦想。

2021 年 11 月 27 日

云龙镇的两封倡议书

▶

云龙镇上的很多民营企业都有自己的党支部，它们在"留浙过年"中发挥
了很大的作用

第三章

蹲出创新

　　创新是时代的内驱力，对融合传播时代的蹲点报道而言，背后支撑的理念、形式、体制、机制等都需要全方位的创新。从速度角度来看，蹲点报道创新是领先一步，并能不断在实践中积累步步领先的方法；从方向角度来看，蹲点报道创新是看准正确的方向，坚定地走下去；从改革角度，蹲点报道创新是体制机制变革的产物，也将成为不断优化基层新闻生产方式、方法、理念改革的新鲜空气与肥沃土壤。本章中，我们坚持"上下贯通"的格局方法，从县域入手，从"一把手"角色定位切入，看如何在转变话语体系中，贴近基层，动员群众，推动发展，凝心聚力；从推动共同富裕大主题入手，看如何从创新形式表层，步步走向内容驱动的基层观点、思路耦合；从基层媒体角度入手，看如何立足县域实际，立足基层现象，勤思考、多动手、强情怀，从而推动基于提升内容宣传本质的融合传播创新。让带流量、正能量的优秀县市新闻产品成为全媒体舆论场的"硬通货"。

创新一

激活基层发展代言人、发言人

REPORT 一起做

转变话语体系　变发言为动员

"郡县治、天下安。"县（市、区）委书记在国家治理体系中承担着至关重要的职能。县域治理最大的特点就是既"上接天线"又"下接地气"。习近平总书记指出，县委书记担负着领班子、带队伍、抓发展、保稳定的重任，要坚定理想信念，坚守精神家园。重新认识并重视县（市、区）委书记这个群体，在新闻宣传中的作用，是牵住蹲点"牛鼻子"，建立观察基层治理的"前沿哨所"和"信息枢纽"的关键一招。亟待让县（市、区）委书记"一站式"成为基层发展的代言人、基层党委的发言人。在话语体系、表述方式的转变中，更生动、精准地解读区域发展的方向与重点，凝聚更多干部群众成为区域发展的推动者。

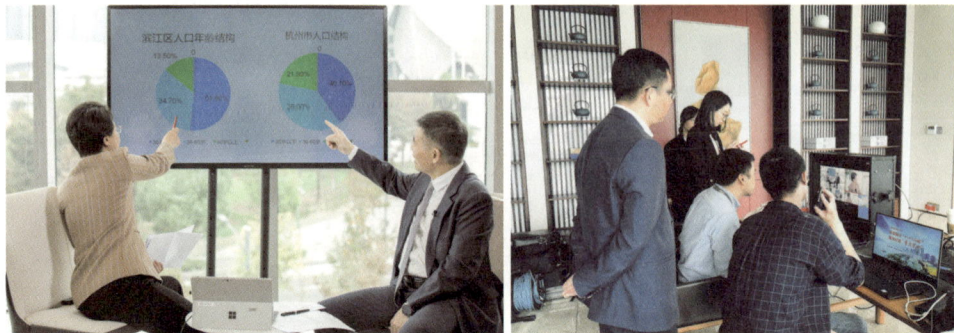

到基层钉钉子

如何能更精准、更有效地做好县（市、区）域新闻宣传？由区域"一把手"县（市、区）委书记的发展思路入手，是回应发展关切的关键一步。作为浙江广电集团融媒体新闻中心成立后的首次大型大小屏互动新闻行动，大小屏"双打"互补，"双向"扎入基层，这样的集结与行动形式，对技术应用、内容建设、团队执行中的每个环节都是全新的挑战，必须把一颗颗落实任务的"钉子"稳稳地钉到基层的每个环节上。

技术为先

经过前期踩点，长达一小时的网络访谈直播，技术上的"雷区"其实不少：网络传输稳定性如何保障？遇到干扰安全备份在哪里？大屏摄像机如何转接小屏？这次新闻行动的首场滨江区委书记专访直播前，编导团队与技术团队用 3 天时间 5 次碰头会的频率，最终把专访点布设在钱塘江沿岸"大莲花"旁的一处建筑内，通过"一线江景＋亚运标识"营造出足以与滨江区配位的直播场景。这样的直播点，也在开播后让不少观众大呼过瘾。为了确保网络传输的绝对安全，团队布设了两台无线 4G 传输包，还专门拉了两条来自不同运营商的专用千兆宽带。万万不要轻视小屏，必须以严谨的大屏态度，来对待小屏上的每一个镜头，这也是整个团队的工作态度所在。

"钉钉子"就是要较真每一个细节。在直播前，编导团队进行了长达两天的技术预演，从播出时间、观看人数、点击次数、评论回复、呈现方式等方面进行了压力测试和综合评估。直播中突破传统网络直播机位少的局限，采用四讯道同时直播，充分体现出移动互联网轻松突破空间限制的威力。最为难能可贵的是，在一个小时的访谈中，直播画面切换达 200 多次，全部准确无误。实践证明，在移动互联网时代，只要在网络覆盖的区域，就可以把分散于各个不同区域，同时间段、同类型的新闻素材通过视频直播加以整合，最大限度地打破时间和空间的局限性，全方位立体化传播来自一线的真实、生动的新闻。

内容为王

打破传统思维，团队的头两场直播，面对的都是省内两个"红得发紫"的区县。杭州市滨江区——省内知名的科技创新高地，湖州市安吉县——"两山"理念诞生地、"美丽乡村"发源地，这两位区县委书记也都是媒体的"宠儿"，更是"久经沙场"、经验十足的被采访的对象。

如何做到意料之外？除了扎实做功课，我想也是"换个角度"看书记。

在前期沟通中，两位"书记"多次与编导团队交代，大家一致认为，要摒弃传统"说好话"式的采访，要多说"新词、新话"，面对改革中的难点问题做访谈，以问题导向深挖改革中的"过程价值"，才能真正体现两个区域的优势。

在滨江区，我们关注到了前几月当地来之不易的 7% GDP 增长，这个在疫情中逆势而上的数字，让我们兴奋。专访中便以"来之不易的 7%"为开头，让书记打开了话匣子；在安吉县，我们关注到明星村发展了一个阶段后的难点，以及占到全国 20% 的竹产业当下所面临的评级问题以及产业结构调整的短板。直面问题发问，让现场酣畅淋漓。

既然是打造"重要窗口"，就必须带出发展的超前思维，带着坚持以人民为中心的理念来发问，从而获得良好的现场效果。

团队为钢

为了达到最佳传播效果，这场新闻行动。预设了大屏主题报道 + 小屏书记专访的组合式传播。这样的挑战不曾有过，对团队来说也是一场大考。

多数来自《浙江新闻联播》的记者们，融合在"专访团队 + 报道团队 + 技术团队"中。记者孙汉辰一边忙活蹲点，一边当起了直播现场总协调；摄像王西、许勤，搜罗绿植、道具，因地制宜，既是现场的布景师，又是灯光师；王鑫、刘彦辰硬是把主题宣传的 Vlog 做出了激动人心的"节奏感"，网友对话做到了 3 秒更新等。这样的"第一次"，更像是"打仗"。大伙儿手里的"武器"就是摸爬滚打大屏的经验，而"新型"战斗力就是边学、边干"三个臭皮匠赛过诸葛亮"的融合精神。每场任务完成的那一刻，大家都有种发自内心的满足感，因为咱又干了一票"新玩法"。

　　在实战中检验团队，在实战中获得成长。大屏记者参与小屏制作，小屏编辑试水大屏报道，传统媒体与新媒体团队的融合带来了更多的灵感与火花。我们有理由相信，一支具备头部作战能力的融媒体报道战队正在逐步建立。

　　"主力军"占领"主战场"，到基层"钉钉子"，我们来啦！

　　　　　　　　　　　　　　　　　　　　2020 年 10 月 30 日

创新二

改造主题报道　直达基层

REPORT　一起做

搭建基层宣传平台

为进一步提升融媒体新闻行动中基层的参与度，有效提升蹲点建设性价值，我们着力开发了《共同富裕圆桌会》。把"圆桌"摆到基层场景里，摆到基层群众的身边，充分结合蹲点中的所见、所思、所感，邀请不同层面、层级的干部、群众，倾听基层声音，汇聚各方力量。"典型问题＋典型观点＋典型方法"联动央视频、新浪视频等国内在线平台，一张"小圆桌"就是一次基层大讨论，参与发展的新检验，营造共同富裕人人参与、人人献策、人人受益的社会舆论氛围，加快形成共同富裕破竹之势。

在过程中一个改变值得欣喜。开始时，大家总会在意"有没有桌子""桌子圆不圆"，渐渐地，随着内容的不断深入，圆桌会已经不需要实体意义上的"圆桌"，只要在蹲点的路上，只要有观点，只要有"我们"，随时随地，碰撞观点，汇聚声音。我想，这才是真正意义上的"圆桌会"。

每次圆桌会，都是一次基层宣传练兵，地方台纷纷拿出了压箱底的直播设备，压上了最靠谱的人马

"小圆桌"汇聚共同富裕大能量

在推进共同富裕的基层融媒宣传实践中，省级新型主流媒体要做到"有思有为"，要行动过硬，更要内容过硬。硬在贴近、硬在精准、硬在实用。"硬内容"来自群众，"硬价值"回馈群众。要让老百姓听得进去、看得进去，就要互动起来。融媒传播语境下的共富报道，正是深化锤炼"四力"、彰显主流传播价值的新课题、新挑战。加速倒逼新型主流媒体主动打破自身固有的内容生产、传播模式，在"信息端、生产端、传播端"激活传播各环节，实施从"单向输出"向"互动双循环"的全流程改革，建立良性循环的内容深度融合传播生态体系。

《共同富裕圆桌会》作为大型融媒体新闻行动《共同富裕新征程》小屏专题页面的主打专栏，正是一次共富报道"群众路线"的有效实践。

一、小圆桌 大凝聚

"圆桌会"是基层意见、观点、方法汇聚的平台，同时也是典型问题、典型价值提炼和示范的展示平台。把有形的"圆桌"摆到基层发展的火热场景里，把无形的"圆桌"摆到干部群众的心坎上。《共同富裕圆桌会》牢牢抓住

"群众参与、内容提炼、观点汇聚"融媒传播的核心功能，瞄准"倾听基层声音，汇聚各方力量"创新增强融入人群，各站充分结合记者蹲点中的所见、所思、所感，选取不同层面、层级的干部、群众，"典型问题 + 典型观点 + 典型方法"，在真声音中，集中主题，沉浸式碰撞观点。

其中文成站圆桌会集合了县发改、农业农村、侨家乐协会及经营户、百丈漈镇等 8 个不同类型层级的干部群众；上虞站圆桌会汇聚了农业农村、发改、村干部、民宿经营者等 7 个层面共话"闲置农房激活"2.0 版打造中的得失与方法；临海圆桌会汇聚了资规局、古城街道、文旅集团、返乡青年、非遗工匠等 9 个层面，探讨并碰撞如何不断拓展思路，"保护 + 利用"并行等。基层干部、群众在圆桌会这样的开放平台上畅所欲言、各抒己见，及时梳理和总结了有效的基层方法。

"圆桌会"一站就是一次基层大讨论，一站就是一次主流媒体深入基层、参与发展的新尝试。记者把在"小圆桌"上与基层碰撞出来的问题和思考，反哺到下一阶段的蹲点报道中，精准、高效做强"小圆桌"延伸功能，强化社会效益。

二、沉下去　升上来

目前推出的 16 期《共同富裕圆桌会》在内容和形式上不断升级优化，"去形式化"，到群众身边扎根，到摸索方法里用心，探索融媒节目更贴近、更实用、更深入的实践路径。

为了让"圆桌会"更有用，首先要不断拆掉"围墙"。谁来参与，如何参与，是"去形式化"革新的突破口：第一阶段圆桌会延续大屏蹲点报道话题，更深一度邀请县域相关重要部门"一把手"；第二阶段，为了增加基层群众的话题参与度，更精准反映基层问题，在德清站开始大幅增加基层人员比例；第三阶段，临海站尝试彻底拆掉圆桌会"围墙"，全开放现场空间，游客随时可以加入谈论；第四阶段，在长兴老虎洞村，首次入村在大树下全开放与村民全互动；第五阶段，景宁站进一步开放空间，放弃设置场景，随时随地在采访过程中把圆桌会开到田间地头。

为了将新闻宣传进一步向基层延伸。蹲点工作室依托项目，在县域研发共富圆桌会新形式，选取长兴把圆桌会直接开到 16 个乡镇，骨干记者奔赴田间地头、村居社区，围绕产业、数字、乡风、智治、人才、共建等方面，邀请省内专家、县相关部门、镇干部、村书记、村两委、优秀党员、村民代表等围绕村内共同富裕的亮点特色、成果成效进行现场座谈与互动。

"圆桌会"在不断拆围墙中，话题"沉下去"，价值"升上来"。毫无门槛的圆桌会，可以让老乡们随时随地加入讨论，现场越发生动，话题越发真实，问题越发精准，需求越发明确，进一步强化了融媒传播的基层到达率和搅动力。

三、队伍强 根基实

话题越贴近精准，越有大流量。《共同富裕圆桌会》在内容开发上，按照"一县、一区、一现象、一方法"，突出该地区在浙江省创建共同富裕先行区新征程中面对发展问题的典型性和改革突围方法的实用性，开放观点汇聚，多角度、多层面展现基层的发展实际与发展需求，突显改革价值。更重要的是，从实用出发，从基层需求出发，直面发展问题，回归传播本质，构建舆论传播中的大基层、大搅动、大凝聚，逐渐实现基层融媒宣传的"双循环"。

在新闻行动实施的过程中，为了让融媒项目回归推动基层治理的根本目标，以内容驱动激发和增强传播者的自主参与意识，实现"县县有队伍，镇镇有通讯员，村村有联络人，户户有参与者"，走一条融媒传播的"群众路线"。目前 16 站共同富裕联络群全部就地转化为"蹲点工作室"基层联络群，人员构成包括市县融媒体骨干记者摄像，地方宣传部、组织部、发改、文旅、农业农村、共富办等相关部门的主要负责人。正是这样用实打实的内容对接出来的基层群体，拉动和大大提升了融媒传播客户端的接受度。

临海、德清、安吉、余杭、玉环、长兴六站下载量均破万，特别是临海

（共同富裕新征程
从"浙"里出发）
共同富裕圆桌会

基于多年蹲点积累起来的基层信任度与认同度，下载量更是达到了 17320，其他各站的下载量也都在 2000 不等，16 站累计增加客户端下载量近 13 万。有效营造了共同富裕人人参与、人人献策、人人受益的社会舆论氛围，加快形成共同富裕舆论引领的破竹之势。进一步增强了新闻一线以内容驱动，做有温度的融媒传播，增强基层到达率的信心。

《共同富裕圆桌会》的融媒传播实践，摸索出：一传播、二认同、三循环，以"人"为核心，以内容为驱动的大小屏双循环宣传体系势在必行。在一次次下探中，基层实践经验被生动提炼，精准总结，并形成可复制可推广的制度性成果，为打造共同富裕县域样板形成宣传舆论氛围。同时，在实践中，记者不断优化融媒传播表现力，提升蹲点思考力，重新认识了新型主流媒体蹲点报道的功能，进一步明确了建立瞄准基层、发展基层、推动基层，"省、市、县、村"四级联动的宣传队伍，做有温度的基层宣传到达率的重要性与紧迫性。以更强声音、更优形态、更实举措、更暖温度，加快推进媒体深度融合向纵深发展，助力共同富裕浙江实践。

创新三

理念一变天地宽

REPORT 一起做

"非"典型里的典型意义

很多时候，不是基层没故事，而是我们缺乏发现那些平常里"非凡"的视角和能力。如何用别人的眼光来发现自己、审视自己、讲述自己、提炼自己，这是功力，更是课题。衢州余东村当时面对的困难正是散落在日常中的点滴，缺乏传统意义上的典型模样。也恰恰是此次蹲点的意义所在：基层典型应该从哪里来？给谁看？看什么？就这样，在不断提问中，报道被步步引向了正确的轨道。我对基层发展"典型"的认识和传播价值也有了全新的、更深入的判断。

理念一变天地宽。在蹲点中，我尝试主动走出对典型判断追求典型的特殊性而忽略普适性的误区。这些不是"优等生"，没有走上发展快速路的基层主体，对发展有着更迫切的需求，需要社会给予更多的鼓励和支持，也需要通过宣传凝聚起更多的发展智慧与发展思路，而这些恰恰是我们缺位的。在这组蹲点中我们着力增强非典型里的典型提炼表达，挖掘非典型身上的普适性。不让普通成为被忽略的理由，让可复制、可借鉴成为传播目标。

放下锄头，拿起笔头。我们和农民画家余统德共唱一首乡村振兴的《竹林交响曲》

REPORT | 一起说

从雾里看花到豁然开朗

衢州市开化传媒集团记者 ｜ 黄超忆

这条新闻从最前期的对接搜集素材到最后成片，断断续续持续了一个月之久，其间我全程参与，深刻感受到要做好一条稿子所需要耗费的精力程度。最后呈现出来的 8 分钟左右的片子，凝聚着多方协同的成果，足以为参与的所有成员感动，为自己感动。由于每个阶段学习感悟并不相同，是一个不断变化的过程，因此，将总结分为策划、采访、编辑、成片、短视频制作 5 个阶段，浅谈本次蹲点报道拍摄学习感受。

一、策划阶段

接到蹲点选题，第一个反应是"站在省里的层面，蹲点如果只做两个村的对比，会不会太窄了"，因为即使是在衢州台，仅仅做一个乡镇的两个村也不是常有的事情。如何突破，做好"解剖麻雀"，这成为在杨川源老师没有到来之前一直萦绕在我的脑海里的一个问题，因为我深刻地明白这次采访有别于其他时候，衢州台必须摒弃掉所有"等靠要"思想，主动破题，同步构思，协同完成。对于这"看不破、想不出"的焦虑，作为新闻通联及参与拍摄的主要记者之一，能做的只能是对接好前期的一切，罗列出涉及人员。在这个过程中，我将所有收集来的资料在做"二传手"传给杨川源老师之前，其实自己都是学习过的。但是在当时，我的信息提取功能似乎是失效的，所有文字信息汇总后并没有在大脑里形成完整的指导性体系，这一块确实还不够到位，透过现象看本质的能力太差，而这项能力却是作为记者所必备的基本功，值得反思。

茅塞顿开来自拍摄前两天杨川源老师组织召开的多方视频会。视频会的召开为此次报道制定了总基调：文化振兴乡村。这显然比之前我们专注的未来乡村概念要大得多，更加契合时下热点。在视频会议结束，完成首次分工交接以后，我的脑海里终于有了一个似懂非懂的概念，但显然信心不足。

二、采访阶段

时间紧，落地即拍摄，中间无缝衔接，真正主要拍摄时间只有2天半。在2天半的拍摄时间里，几乎都是在带机实时拍摄状态，大脑时刻围绕着片子在运转，所有的交流也都围绕着怎么拍好片子而产生。因为有了杨川源老师的带头示范引领，所有的参与部门和乡镇沟通都不再是问题，当事事有回应、件件有落实时，这就为采访拍摄开展带来了极大便利。在我的感受里，我们的整个拍摄行程并没有显得非常的刻意，却有着它一定的逻辑框架。就好像画一条鱼，鱼骨是一直立在那儿的，如何将鱼身绘就得更加饱满，遵循的是有什么素材先拍来，再者就是如何策划的问题。拍摄期间，杨川源在现场有一个矛盾点抓得让我特别印象深刻：在碗窑新建的展览厅内，尽管设置了非常多的隔间，但是上面摆放的物件却十分有限。这一个矛盾点可以表现为一个细节，小而深刻。在拍摄现场，我就对自己提出了疑问，如果是我来拍摄这个主题，我可以找到这样的矛盾点吗？其实有非常多的矛盾点和联系点，而也正是因为有了这些矛盾点、联系点，片子的可看性就更强了，这是我在采访阶段感受最深刻的一个点。

　　第二个感受是，不能着急。这个不着急是相对的，并不是绝对的，这个相对主要是体现在与采访对象的采访交流过程中，确实是慢工出细活，记者必须和采访对象建立起亲近感才能够采访到意料之外的惊喜。举一个例子：在交流中可以感受到，对于当时协助拍摄的乡镇干部来说，杨川源的形象是比较严肃，生人勿近的感觉，而对于采访对象来说，彼此是朋友。而说实话，这种朋友交流式的采访在地方台操作起来实则不多，最常出现的情况是，聊着聊着，记者会和采访对象来一句"麻烦你帮我讲一下这句话……"。不可否认，这种事情我也干过，当短暂的采访内容不能达到预期的框架结构需要，记者的第一反应是打断采访对象自己构建的语言思路，对表达内容进行概念强加，这个是要不得的。交流是一门艺术，如何以记者的身份与不同的人群交流，获得超出意料的采访效果，我认为是要像杨川源老师那样，会观察、慢下来，这两大要点必不可少。

三、编辑阶段

　　个人认为这个阶段才是最熬人，最需要头脑风暴，也是最考验记者的。

　　那么多的拍摄素材，如何取舍直接影响着最后的成片效果。在取舍中破题，在取舍中形成一篇优秀稿子该有的框架，是需要反复在自我推翻的基础上，一次又一次重新构建的过程。非常遗憾，在这个构建过程中，我做得更多的是执行和传达部分。

四、成片阶段

因为全程参与，所以在学习成片时，对于画面中出现的每一个细节、每一个同期，都认为是在情理之中，但却又有着非常多的意料之外。最终片子呈现出来的效果，和最初开始商量的结构化基本不一致，其实这就体现了编导的思维敏锐、随机应变和良好的把控能力，这恰恰也是我们最需要学习的。这也使我深刻地领会到，写稿子没有绝对的框架。我们地方台的记者做新闻时间不长，框架意识倒是根深蒂固了，值得反思。同事们说，听到片子里第一声鸡鸣，他们就"投降"了。

五、短视频制作

比较惭愧地说，干记者五年，这是我第一次积极主动了解参与短视频制作。在学习和了解的过程中，听见了非常多的不同声音，有的人告诉我要制作短视频，就必须得按照短视频手法去拍摄，好吧，不明白什么是短视频拍摄手法；有的人告诉我，节奏感动感必须得强，好吧，那我是不是应该先找音乐再做视频呢；有的人又告诉我，必须要平衡层次和整体的关系，好吧，那我这个视频首先得有哪几个层次呢，可不可以和大屏一样的层次分布？大家说得似乎都有道理，可真正实际操作起来简直太难了。

美丽乡村处处是宝贝，人人是风景

蹲点里我到底缺什么？

衢州电视台记者 ｜ 蒋阿玮

在将近一个礼拜的蹲点过程中，再一次感受到了编导思维对于整个片子的重要性。对于我们市台记者来说，平常大部分的精力都用在完成各种规定动作当中，拍摄的新闻很多也是快餐性的。如何在规定动作当中、现有的条件下，跳出以往快餐性报道的常规思路，也一直是困扰自己的问题。通过这次蹲点学习报道，觉得有以下几点可以借鉴到以后的新闻采访过程当中。

首先是辩证思维。在以往的采访过程中，我们虽然会去找矛盾点，但是往往都是表面有什么，我们就拍什么，不会深层次地去思考两个事物之间为什么会存在这个矛盾，学不会放大和发散出去，导致我们的新闻往往陷入套模板的死循环。这次余东村和碗窑村之间的故事，就是抓牢余东、碗窑当下发展的瓶颈，如何抱团发展突破，实现文化振兴乡村，围绕这一个矛盾点，讲深讲透，整个片子就很鲜活饱满，看得住。对于我们来说，以后的采访过程中，就是要多问为什么，为什么会发生，为什么要这样做，这样做的背后，遇到哪些困难，又是如何克服，就像剥洋葱一样，一层一层去撕开外衣，透过现象去看本质，时间长了，肯定会有所收获。

其次就是抓细节和采访人物情绪的能力。这点上收获很大。在我们平常的采访过程当中，基本上都是站桩式采访，人物呆板不说，还容易造成被采访人物情绪紧张，往往结结巴巴，难以实现有效采访。

在这次蹲点学习中，基本上都是直接将话筒凑上去，当人物还沉浸在这件事情的氛围中时，直接发问。虽然画面可能会抖，但是同期声却很精彩，人物的状态很饱满，不管是农民画家余统德还是罗斌，都能讲出非常接地气的同期声。还有就是抓细节的能力，打鸣的公鸡还有空荡荡的展览馆，都是非常鲜活的细节。其实我们在以往采访的过程中也会碰到这些，但是太缺乏思考了，往往不会想到如何就地取材运用到片子当中，所以用现场讲好故事，应该就是透过这些细节的呈现，让片子活起来。

再者就是新媒体思维。媒体发展到当下，小屏的传播度和活跃度已经越来越强，媒体融合也逐渐成为趋势，我们如果还是只停留在做传统新闻上，注定会落伍。这次的小屏创作就深有感触，做得很痛苦，没有创意，出来的都是新闻的感觉，有些无从下手。其实这也应该引起自己的警醒，以后在做新闻的时候，可以多想一下，如果这个拿来做新媒体，应该怎么做，多看多学习，不能只停留在原地打转。

每次的蹲点我都很喜欢看，很精彩，也想过这个片子到底是怎么拍出来的。第一次完整地跟完一个蹲点，感受到了蹲点背后的付出和艰难。争取在以后的采访中学以致用，从改变采访方式开始，可以一点点地进步，让自己的片子变得越来越好看。

2021 年 9 月 10 日

艺术点亮乡村，赢得发展，赢得自信，赢得美好未来

素材里有宝贝

衢州市柯城传媒集团记者 ｜ 叶剑亮

　　这次余东村蹲点通过大小屏、长短视频的融合报道，讲好了余东村农民历经 50 年，坚持绘好农民画，用文化赋能来振兴乡村，以产业转型实现精神和物质层面共同富裕的故事。

　　这三天跟着杨老师采访下来，收获满满。总结下来主要有三块，一是事前踩点到位，二是故事的矛盾焦点突出，三是新闻要带有前瞻性，要走在事实前面，用发展的眼光来看待事实，这样的好处是可以引发观众的思考和碰撞，当然这点也是最体现记者功力的地方。杨老师的能力让我大开眼界，受益匪浅。在整个采访过程中，我的感受就是，她做的片子能精准发现故事的问题和矛盾，然后用变化的观点来剖析问题与矛盾，最后形成一个动态的发展的结论，我觉得这也是马克思主义新闻观的要义之一，也是我今后努力的方向。

　　采访过程中，杨老师一开始就把融媒体的理念传递给我们，希望我们在做好大屏新闻报道的同时，也能做好短视频产品的开发。所以做好短视频也是当时的任务之一，不过随着采访的深入，还是没能执行到位，以致于后期还得去补充采访。这里面的原因我觉得有几个：第一，采访之前我思考不全面，并没有真正理解意图；第二，在采访过程当中，现场同期声没有及时进行补充。毕竟短视频产品，字面理解就要短小精练，所以无论是同期声还是画面都必须要精彩、精练。记得当时有个细节，在余统德老师家里采访，余老师说了句类似"我家里都是我画画，老婆下地干活"的现场声，这个细节其实就是很好的短视频素材。当时反应不过来，没有及时开机录下来，想想真是有种"错过就不再来"的遗憾，虽然后来也可以补充，不过我们的方向变了，这个细节也就没有再加进去，但其实当时就可以单发这一条短视频出来的。

　　大屏播出后，我们的短视频仍迟迟没有推出，这时候杨老师提供了很明确的思路，利用现有的同期和画面，用最少的人力去取得更好的效果。超忆、阿玮、友财我们几个小伙伴坐下来再次商量细节，一番头脑风暴后，加上杨老师的及时点拨，我们决定借用电影《夏洛特的烦恼》里的场景，围绕毕加索，采访不同的农民画家，由此切入，表达什么是农民画，农民画让村民获得了什么，村民还想通过农民画期望什么，由此比较完整地阐述了一幅画带给一个村的变化，可以说基本达到了一个短视频应有的同期声精练、画面精彩，然后又十分契合当下的共同富裕的主题要求。杨老师全程跟踪，在十分繁重的采访中途，还耐心细致地给我们的片子提出各种非常有建设性的点子。受益于杨老师的启发，在后期制作上，我又把几十幅农民画进行处理，把3秒片头做成了类似漫威电影动画的效果，这样一个带着较为强烈的电影感的短视频就基本出炉了。

　　我个人的小感悟：短视频作为一种复合介质，包含了视觉、听觉、动画、图标和文字注释等多种信息表现元素。因此我们在策划一个好的选题时，第一，要尽量做多手准备，事前要尽量考虑全面，为后面的拍摄制作传播留出足够的空间；第二，要做好长短视频的融合，同时考虑到传播方向，要各有侧重点；第三，要利用好已拍摄的素材，我们的这个片子，很多的素材都是重复加工利用的，好几个同期声也曾在大屏里播出过，再利用一次也完全可以，毕竟很多时候去补拍也没有第一次的现场感觉来得好；第四，短视频的后期制作要精细，宜短不宜长，短视频的故事不需要完整，如需完整可以做续集；第五，要给作品取一个好听的标题。

　　就这样，我们一共推出了1分钟和3分钟两个版本的片子。辛苦的付出带来了较大的回报，《乡野毕加索》获得了10多个奖项，其中包括2021年8月获得"学习强国"2021年第3期全国县级融媒体中心优秀作品双月赛二等奖；2022 年 3 月获得由浙江卫视、浙江省电视艺术家协会等单位联合主办的"2021 年度美好中国微视频优秀作品评选"年度优秀作品等奖项。

忠实践行"八八战略"奋力打造"重要窗口"来自蹲点一线的报道 农民画遇上古瓷片

短视频：乡野毕加索

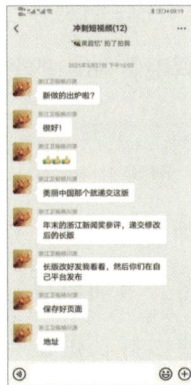

▶

第
四
章

○

蹲出启示

　　蹲点报道的重要功能之一，就是记录现象、展示过程，共同升华启示。加强广大干部群众对建设中国式现代化目标和共同富裕示范区任务的理解，加深对浙江区域环境优势、地域文化特色、历史精神价值的了解，是在基层鼓舞斗志、凝心聚力、推进发展的关键一步。感受和推动中国式现代化，需要我们不断深入基层发掘典型现象，积累典型素材，传递精神价值，提供方法借鉴。

　　去观察和捕捉中国式现代化生动实践的第一现场，让热气腾腾的基层场景升华出理论启示，彰显浙江智慧，激荡中国豪情。

改视角

"软"角度走近"硬"角色

看浙江,首先要读懂浙江改革的发展史。

改革是社会发展的强大动力。老话题、老故事里的"老"都是因为你用了"老"眼光。立足发展看历史,着眼未来思历史,才是有启示有价值的开始。解读改革要读懂文件,更要深入基层,去认识和走近基层的改革者;然而改革者,在当时看来往往是"叛逆"的。回望他们在苦闷、纠结、疼痛与斗争中的跋涉历程,让我们更深刻地理解人性的力量、生活的意义和奋斗的价值。笔墨当随时代,新闻是正在发生的历史。作为记者,每一次探寻改革,都是为了更好地推动现在。改革的报道既要有锐度,更要有温度,有血、有肉、有筋骨,见人、见事,更见精神,这需要不断深化我们的马克思主义新闻观。从这个角度来看,探索改革报道是思想论更是方法论,需要我们不断以发展的眼光深入挖掘历史,放大有价值的细节,尽最大努力接近和抵达历史的现场与真相,启迪未来。

REPORT   一起做

2018年,改革开放40年"激荡四十年"主题系列活动,让我有机会深入温州,集中地与改革开放初期第一批走在市场经济"风口浪尖"上的人们面对面:柳市"八大王"以及当年为他们奔走的基层干部;拿到全国第一张工商营业执照的章华妹;永嘉桥头镇摆摊起家成为纽扣大王的王碎奶;顶住压力迈出农村土地市场化第一步的龙港镇老书记陈定模;下决心在武林广场一把火烧掉劣质皮鞋从此走向品牌涅槃的王振滔……眼前的他们虽然大都已经白发苍苍,却在谈起"改革"时热血沸腾、豪情万丈。其实，那时、那地的他们既不风光也不轻松，更不潇洒，那些洒落在记忆里的惊心动魄，一触即发。让他们坚定的理由只有一条：要活下来，要活得更好！话语直白，却道出了实事求是的人民立场。让人民群众过上幸福生活，正是改革命题的第一目标。

💬 **对话改革者一**

《柳市故事》告诉我们：这条路没有错

大型越剧《柳市故事》

接到"激荡四十年"温州站的蹲点任务，我有些迷茫，不是因为手上没料，而是新鲜的很少。面对众多已被报道过无数次的温州改革故事、改革人物，我们如何在"改革开放40年"这个重要的历史节点激发改革共鸣？改变正是从一个演出现场开始。

大型越剧《柳市故事》是当地献礼"改革开放40年"特别编演的。40年前温州柳市镇闯出了一批在各个领域技术拔尖的经商户，这也是温州"八大王"的故事第一次被搬上舞台。原本以为这只是一场主题宣传式的演出，可首演当晚的情景却着实让我震撼：从四面八方冒雨而来的当地群众，很快让乐清大剧院座无虚席。没有座位的老乡干脆坐到了过道上。两个多小时的演出中，很少有人走动，现场台上台下似乎共融在一起……整场演出沉浸在屏息凝神的历史穿越中，不时爆发出由衷的掌声，现场弥漫着笑与泪。演出结束后，观众围在台前十几分钟，演员连续谢幕三次才依依不舍地退场。那一刻我忽然开始真切地感受到"改革"对乐清人意味着什么。看改革，正是看自己；看故事，更是追回忆。在那个年代里，温州"八大王"的故事里，掩饰不了的脱贫愿望、压抑不住的致富冲动，追求改变的热切需求、心灵深处的梦想呼唤，这就是人民心底吹响的改革号角。

在人群中，我见到了几位不愿离场的大伯，他们正是剧中"八大王"的原型。温州"八大王"沉浮记中，除了"翻砂大王""目录大王"，还包括"五金大王""矿灯大王""螺丝大王"等经营专业户，他们大多是土生土长的乐清农民，提起当年的创业干劲，几位老人十分激动。张成信说："当时很穷，干这个以后，马上一个月就能赚到1000块，那肯定要干嘛！""目录大王"叶建华告诉我："大家都要富起来，这逼着我们一定要干。"刚刚尝到了改革的甜头，80年代初，打击投机倒把的温州"八大王"事件，让当地干部群众顾虑重重。在乐清档案局，我们找到了处置"八大王"的文件。对当时刚刚上任不久的乐清县副县长赵崇锡来说，心情很复杂。"实际上中央已经对这个计划经济放开了，乐清要发展经济，要解决农村的经济发展问题，这也是唯一的道路，走改革开放的道路，不能缩手缩脚。"本着实事求是的精神，当时的乐清县委认准"八大王"的做法符合改革精神，据理力争。1983年春节刚过，温州市组织联合调查组，对案情进行复查，最终得出结论：除轻微的偷税漏税外，"八大王"的先行先试符合中央精神。给"八大王"平反，大大提振了民营经济的发展信心。随后，乐清县委多次召开会议统一思想，支持民营企业发展，并以一年一个的速度陆续出台了具体的扶持政策。

"合同大王"李方平又重燃信心，40年间三次创业，辗转杭州、温州等地，一步步将企业做大。"以前我们是偷偷摸摸地做事，现在政府大力扶持。"这些改革者在岁月面前，在更迭的历史潮流面前，总能表现出异于他人的耐心与非同寻常的坚韧。40年间，乐清早已在改革中蜕变，涌现了正泰、德力西等一批国际闻名的电器制造企业。柳市更是从一个默默无闻的小镇，发展成为国内最大的电器产销基地和"亚洲最具实力的低压电器生产中心"。

对改革开放史的报道，在开启改革历史大门的同时，更像是一个个"大套间"，要不断通过基层改革者生动贴切的感受，找到不断推开"小房间"的钥匙。把社会生活的变迁、观念意识的变化、管理理念的变动，变成可以跨越时空的大白话、人民群众听得懂的好声音。

（激荡四十年——改革开放看浙江·事件篇）温州："八大王"沉浮记

　　经历过"激荡四十年"改革系列报道蹲点的锤炼，我更加深刻地理解了《柳市故事》演出结束后，当被问到"现在看看当时的路，你觉得对不对？"时，"翻砂大王"脱口而出的那句"不后悔"。这条路是对的。这正是让人民群众对美好生活的向往不断推动深化改革开放的共情。我想，这也是改革历史报道要实现的共鸣。

💬 对话改革者二

站在改革者身后的改革者们

敢为天下先的温州人创造了许多的"中国第一"，其中就包括改革开放后的第一本个体工商业营业执照，并由此带动了中国民营经济的蓬勃发展。

在温州市中心繁华商业街的一家小门店里，我见到了传说中的章华妹，还有那张"历史文物级"的 10101 号个体工商业营业执照。1980 年 12 月 11 日，正是这个"第一"，让当时在路边摆小摊的章华妹挺直了腰杆。

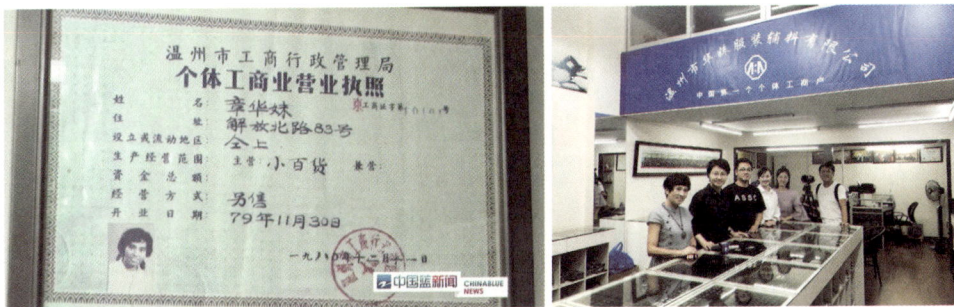

从那以后，她发现有很多身边的亲戚、朋友、邻居去登记开了店、办了厂，"万元户"像雨后春笋般冒出来。好时代，才有大作为。这不禁让我追问起第一批"万元户"的由来。辗转联络中，我们找到了今年 81 岁的陈寿铸，他当年正是温州市工商局个体经济管理科的科长。因为国家还没有相关的证照样本，这些证都是由他和同事们自己设计，用毛笔写的。当时不少地方还在打击"投机倒把"，要先行先试迈出改革的第一步，需要勇气：自己都怀疑自己对不对，为什么呢？我们调查的 2000 多人，80% 是没有职业的。我们就做了个全面调查，调查了温州鹿城区 2588 户人家的情况。调查材料搞了两个月，拿到桌上大家看了，最后没有一个人反对，大家都感动了。市政府同意我们来起草《温州市的个体户发展意见（实施办法）》。

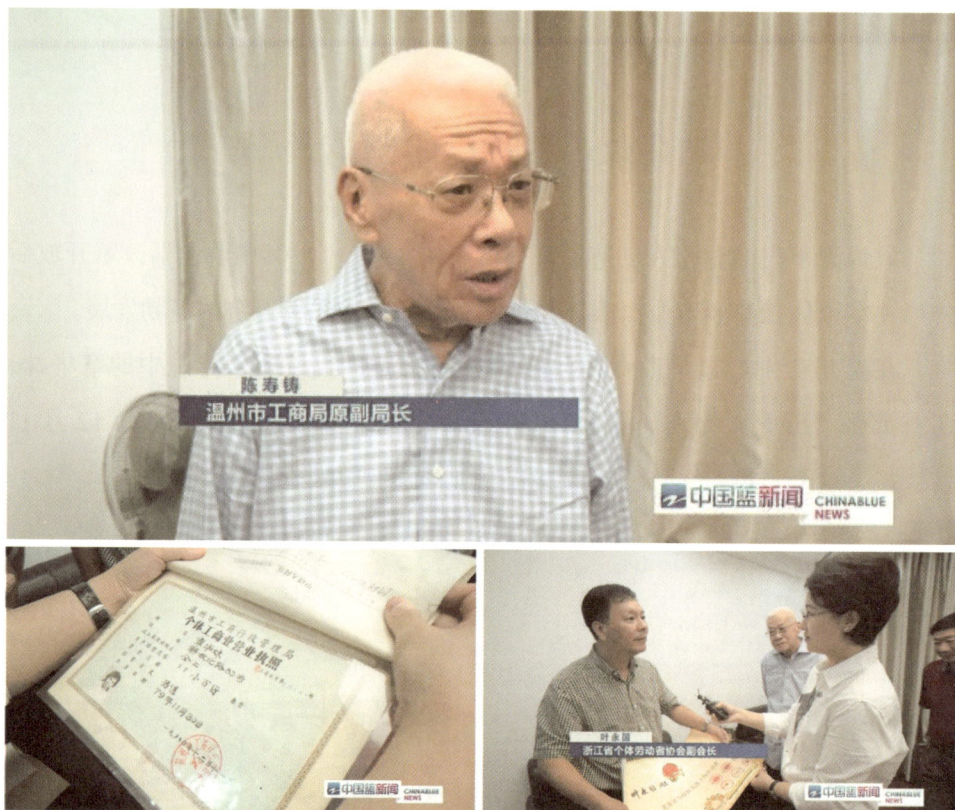

采访中，陈寿铸对当时自己感受的怀疑是那样真实，触碰到的是历史的选择，是改革的声音。为了让更多人找到工作养家糊口，1980 年 7 月 11 日，温州签发了《关于对个体工商户举行全面登记、整顿、发证工作的报告》。章华妹和叶永国、戴益清、陈焕欣等 1844 人成了第一批个体户。

改革的气息无处不在，改革的潮流奔涌而来。采访中，我们对当时 72 岁的王碎奶第一印象就是大嗓门儿。作为土生土长的永嘉县桥头村人，她的身上散发着一股势不可挡的自信。她带我来到了家门口菇溪上的柳竹桥，现在是她每天走路去买菜的必经之路。而在 40 年前，也正是她起步的地方。靠麻袋小摊和天生的那份倔强，王碎奶当上了个体户，并带出了中国第一个农村专业市场——桥头纽扣市场。她也因此成为"温州改革开放十大风云人物"中唯一的女性。

蹲点团队与当年推动改革的人们合影

走在柳竹桥上，她的话至今让我记忆犹新："那时候大家太穷了，家家都有几个孩子要养，我是村妇女主任，我就知道我得带着大家更好地活下去。"在她的带动下，桥头越来越多的人摆出了地摊。很快，她摆摊的那座桥连同周边的街道形成了"纽扣一条街"："两条街上都摆满，后来摆不下，就是把学校门口操场周围又摆起来了。真的做梦也想不到，小小纽扣改变了我的人生。"1983 年，镇政府在原桥头镇小学搭建了一个个简易棚，纽扣市场正式开业。

温州永嘉县柳竹桥

　　眼看着这些个体户大多文化程度不高，当时的温州工商局又主动组织大伙儿到各地学习取经，助推个体经济抱团发展。也正是在这次考察之后，温州的个体工商户有了自己的协会。伴随着第一代个体工商户的成长，温州迅速集聚起了乐清柳市低压电器市场、虹桥综合农贸市场等十大商品产销基地和专业市场。改革的脚步从未停息，改革者身后的改革者们，往往不被大家熟悉，正是他们直面问题，扛住矛盾，打开空间，才真正改变了制度，变革了方法，回应了诉求。也正是这份担当，让民营经济的"星星之火"，在温州迅速燎原。改革开放40年间，温州的GDP以平均每年17.7%的速度增长，其中民营经济贡献率超过八成。

　　我们蹲点采访的2018年，温州公布了150个政策文件清理结果，涉及24个部门。再次主动放权，为企业松绑，让产业政策能够实实在在地到达企业。

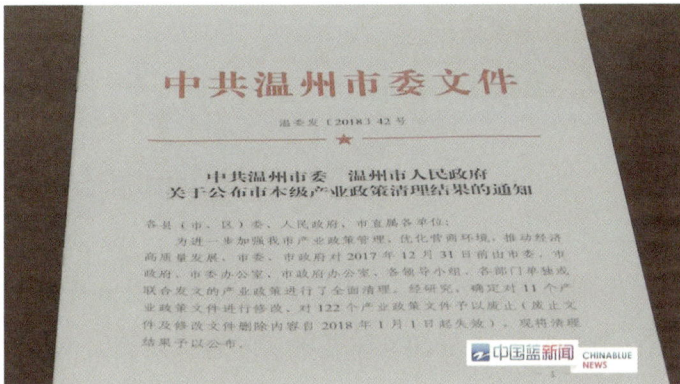

（激荡四十年——改革开放看浙江）温州：第一本个体营业执照 点燃民营经济"星星之火"

"大河有水小河满。"浙江坚持"发展就是硬道理"，坚持鼓励人民群众改革、支持民营经济发展的基本方略，充分发挥了浙江人民的首创精神和创造活力。市场、政府和社会这三个方面承担各自的角色，干自己应该干的事情。改革需要同行者，共同走下去；改革需要观众，有他的聆听陪伴、祝福鼓掌，才叫人生舞台。人民的支持是浙江改革取得胜利的源泉力量。改革需要时间，时间是最好的包容剂；改革需要氛围，包容不同、宽容失败、鼓励前进。浙江人有改革者最需要的耐心、改革成功最需要的韧劲，等待春暖花开，迎来从容走下去的明天。让改革者身后的他们，不断创造宽松氛围，推动改革取得一个又一个新胜利。

💬 **对话改革者三**

坚持在发展中回顾历史

提到温州改革，一定会提到 1987 年 8 月 8 日杭州武林广场上的"一把火"，那次烧毁了 5000 多双温州劣质鞋。而起因正是改革开放初期，温州鞋业迅速发展，5 年时间涌现出 3000 多家企业，无序竞争带来劣质产品泛滥。这把"耻辱之火"烧出了温州以创新引领产业转型的决心和斗志，也开启了"温州制造"的重生之路。

我们的蹲点也要重新回到这个故事里，找到新发现、新气象。

点起这把火的王振滔，正是从那一刻开始执着创新从未止步。让人意外的是，我们的采访竟是从踏上测脚仪开始。数十项三维数据快速分析后，马上传输给工厂进行定制生产，4 天后就能穿上两脚定制的新鞋。 在王振滔看来，打通"线上线下全渠道融合"是企业创新发展非走不可的一步。厂区仓库里，至今保留着 15 年前的第一代测脚仪。"这是 2003 年开始研发的，那时我们整个技术、人才方面跟不上去，这样的机器在 10 年前是做不起来的。"改革老典型，主动揭开自己的伤疤，说出了发展新需求，让我们耳目

一新。其实，对温州的众多民营企业来说，创新已不是锦上添花，而是求生存的必须。

为了给产业的创新环境再添一把火，2018 年 5 月温州市出台了《关于高水平建设人才生态最优市的 40 条意见》，并陆续举办了 100 多场各类人才招引活动，从企业的需求出发，打造立体、全方位的人才生态。"什么真正对老百姓有好处，我们就采取什么样的办法。"这就是我在蹲点中感受到的温州模式的底层逻辑。

小人物的一小步，往往成就的是历史的一大步。无论身处何时何地，人民群众永远都是书写历史的主人公，永远都是观察历史纵深的颗粒度。作为记者，面对改革的报道、改革历史的报道，越往凡人、凡心、凡事里走，越能动人、动心、动情。让历史可感，让人人都能通过报道有发现、有启示。由此看来，那一年的温州蹲点，是一次对改革报道历史纵深可感性表达的有益尝试。

还记得，离开温州的那晚，我重新翻看"目录大王"叶建华拿给我的那本《春风梦》。愿春风吹遍山野，愿梦想生生不息。

（壮阔东方潮 奋进新时代 庆祝改革开放 40 年）温州：一把火点亮创新路

▶

改自己

向着陌生出发

REPORT 一起做

联播头条工程：把头部位置留给人民

在联播头条工程到来之前，我从来没有从全省 91 个县市区新闻需求的角度去思考过关于方向、关于内容、关于态度。在漫长的日常中我们早已习惯去一次次触碰那些熟悉的：熟悉的地方，熟悉的角度，熟悉的人群……从熟悉到陌生，带来更多的是不确定。而"联播头条工程"正是一次次向着陌生出发，向着改变出发。平衡变与不变，协同以变应变，把改革的着力点、报道的切入点与群众的关注点结合起来，同频共振。在这个过程中，我想我们想改变的看似是联播头条的内容类型结构，其实更根本的是改变我们自己。

2018 年文成高速公路建设现场

我要和他们见面

12 月 23 日，当嵊泗《打造东海大景区》上篇顺利在《浙江新闻联播》头条播出时，我站在导播间外，手机微信里那个名为"联播头条嵊泗"的群里沸腾了。这个集合了舟山、嵊泗两地电视台和当地 2 个乡 5 个村、3 个市县级部门干部的 16 人群，跟我们这支"头条攻坚小分队"一起合力挖掘呈现了嵊泗"破壳"的故事。大家由衷地为家乡的发展终于上了联播头条而高兴……看到这些，走在去机房收拾东西的路上，我默默地把这份欣慰收在心底，明天又将启程。

回望从 4 月开始的"联播头条工程"，大半年里，我们这支"联播头条攻坚小分队"，目标始终很明确："我要和他们见面。"跟更远的"他们"见面，跟更需要我们的"他们"见面。我们先后辗转蹲点温州文成、丽水庆元、温州鹿城乐清、舟山嵊泗，在一次次深蹲中完成了文成《大山里的"高速"梦》3 篇、庆元《大搬快治的背后》3 篇、温州《激荡 40 年温州事件篇 一把火点亮创新路》、嵊泗《打造东海大景区》(上、下)，共 9 篇报道。从"翻山越岭"到"乘风破浪"，这些报道渗透着团队每个人的汗水。每一次出发，我们都会走得更远；每一次到达，对自己的要求都会更高：不仅要把报道做好、做深，还要让这些久未被新闻关注的地区，转变与新闻单位的疏远，与记者陌生的现状，让他们感受到新闻的感染力和推动力，实打实地作出反响。

一条路和一群人的感动

第一站：文成。我们惊讶于这样一个温州的县，竟然是全省最后两个未通高速公路的县之一。文成之"远"，让我们第一次对"路"与"区域发展"之间的关系有了更强烈的探究心与好奇心。当千百年来"开门见山、出门爬山"，等了这条高速几十年的老百姓的"大心愿"，遭遇"土地、房子、祖坟"需要为高速让路的现实"大困难"，干部和群众该如何合力攻坚？民生工程里的民心所向又该如何寻找到生动的电视表达？"浸入式感知"是我们接近和找到突破口的开始。

我们对文成 7 个参与高速建设的村做大量海采，与高速施工方、规划方、县乡村三级干部详细了解每一个项目推进的难点、节点，梳理关键人物。顺着这样的方向，一批平凡人的故事一一呈现：每天带队在这个施工现场巡查的老交通局长徐锦栋，已经在交通岗位上工作了 36 年。高速来了，他坚持要通过督查把这条人民期盼已久的高速路"轻轻地放在山水间"；在坟墓迁移抓阄现场，人群中不断认真倾听周围群众真实声音的白衬衫女干部施采薇，要让老百姓提出的意见得到满意答复，但最好谁也不要认识她，为的是能更长期地暗访下去；得知干部来走访安置房里老乡的需求，陈敏大伯高兴地把自家刚做完的青团捧出来，当时他在村里带头搬迁，小孙子刚出生，为了高速建设，他们全家二话不说马上搬了出来。那一天见面，在场的干部把和文成高速建设同龄的 8 个月宝宝抱在怀里。小宝宝不哭不闹，对着叔叔阿姨笑，亲密得就像一家人……在这样的场景里，文成高速的"乡情"跃然眼前、暖意融融。《道路，近了》《心路，联了》《思路，宽了》，《文成：大山里的"高速梦"》系列报道播出后引发了温州地区群众的强烈反响。融媒体推送的过程中，我们加推了 H5《一条路和一群人的故事》，在三篇报道外加融媒体策划专版的留言区，观众写下了海量留言，字字句句情真意切。"家乡"这个词在互动中得到了立体生动的诠释，对家乡的深情与热爱在传播的过程中得到了回应、产生了共鸣。作为记者，振奋的同时也进一步树立了信心：电视报道可以让人们的心贴得更近。

一缕情和一路上的感念

在"深蹲"中锚定情感的方向，"感情对了，报道就对了"。借着文成蹲点带来的宝贵启示，我们又继续挺进浙江更偏远的山区县——庆元，那里正在加紧实施"大搬快治"工程。赶在汛期来临前，让山里地质灾害隐患点的老乡都搬出来。庆元基层干部连续三个月无休，还倒排时间表，设了"蜗牛奖"。可要让祖祖辈辈生活在大山里的老百姓改变观念和生活习惯，难度可想而知。

在《庆元："大搬快治"的背后》中，我们挖掘到了一位基层女干部的两次落泪：在大搬快治行动倒计时大会上，贤良镇即将被颁发"蜗牛奖"，散会接受采访时，镇书记李一娇哽咽着说不出话来，转身离去；第二天记者抓住典型人物继续跟拍李一娇继续攻坚，接山里叶大伯进城看安置房，但一番努力后，叶大伯还是以"房子里没有土灶"为理由拒绝了李一娇的劝说，而这已经是她的第 11 次努力，李一娇看着大伯的背影，躲在墙角再度落泪。擦干眼泪，她坚定地说：即使这样我们还是要坚持做下去，让他们搬出来，相信多年后他们一定会知道我们现在做的一切都是对的。节目播出后，在当地引发了强烈反响，常住人口不到 21 万的小县城，3 篇报道的转发量破 6 万。一名基层女干部两次落泪的故事，让很多观众感动，当天该报道被《浙江日报》、"浙江新闻"客户端等多家兄弟媒体转发，并在第二天被追踪报道。庆元基层干部务实而饱含深情的工作作风，在这样的细节挖掘中深入人心，拉近了干群之间的距离，促进了干群之间的理解。在这条报道中，我也更坚定了要做"有用"报道的决心。

一座岛和一条扯不断的连心线

在嵊泗的报道中，5 个多小时的海上颠簸不仅没有消磨我们的斗志，反而在踏上嵊泗岛的那一刻开始，我们就在尽最大努力，把海岛发展正在面对的问题梳理清楚，把海岛干部群众攻坚的办法展现鲜活。一个细节让我至今难忘：晚上 8 点多，当我们跟岛上干部一起加班走访群众后，他们中的大多数又回到了办公室，因为他们的家都不在岛上，很多干部还是 85 后、90 后，在海岛扎根，全心全意地带动海岛群众一起干，是他们最大的心愿。当看到他们宿舍里摆着的家人照片，我忽然对海岛发展有了强烈的信心。我们肩上的责任就是要把基层干部的点滴努力记录下来，让更多人看到海岛发展的希望。

在这些"头条"的故事中，很多采访对象都是第一次接受电视记者的采访。让我欣慰的是，在每次见面的时候，他们都给予了我最大的支持和最朴实的回答，以"真诚"回应"真诚"，用"真心"回应"真心"。也正是因为如此，记忆中"山高水远"渐渐被拉近再拉近。

播下种子，收获真情，金石为开；亲近土地，拥抱困难，信心倍增。在联播头条工程里，作为记者，是历练也是鞭策，我们"脚步"的方向在哪里？我们的"头部"位置在哪里？我们关注的"人群"在哪里？是人民，是基层，是那些最需要新闻去关注和推动的地方。我们能做的不仅是"出发"与"到达"，还有"给予"和"带动"，让更多人看见我们、熟悉我们、信任我们，凝聚起更多的"新闻力"，直到所有遥远都不再"遥远"。

2018 年 12 月 24 日

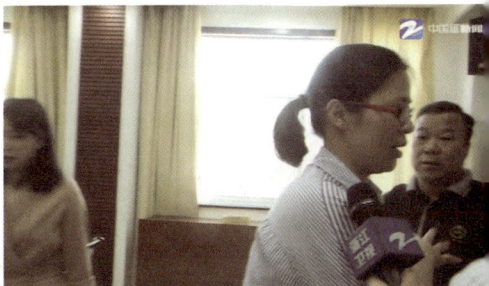

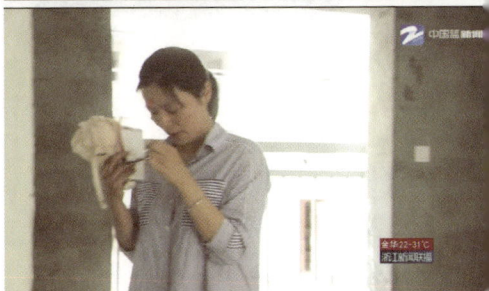

蹲出新闻的色与彩

温州市平阳县精神文明建设指导中心工作人员（原文成台记者）｜林子路

"我们要把这条高速轻轻地放到青山绿水间。"每当车子飞驰在去往文成的文瑞高速上，这句同期声总是能在我耳边响起。尽管离开文成工作生活已有两年之久，但文瑞高速上的每个隧道、每条桥梁，我都能一一叫出名字、说出长度。仿佛杨老师来文成一起蹲点报道就在昨日。

对于县级电视台来说，能上一条《浙江新闻联播》的头条是想都不敢想的事情，当时听说浙江卫视记者杨川源要来文成做头条工程蹲点报道的时候，我有种"被天上馅饼砸中"的感觉。但问题也来了，作为县级媒体，一来我们报道经验不足，二来我们的人员、设备与卫视的团队相差甚远。老师们来了之后我们要怎么办？他们的要求我们会不会达不到？我们能够给卫视老师们提供什么帮助？兴奋之余，我们更多的是不安。

　　杨老师团队来的那天是一个下午，他们坐了四个多小时的动车到达青田站，再辗转坐上汽车，行崎岖山路，兜兜转转花了半天的时间来到了文成。一到文成，他们直奔县府大院，遇到县委书记说的第一句话就是："来文成可太难了！"杨老师的这句话，说的是自己，但同样也是 70 万文成人民的心声。文成四面环山，山连着山，水连着水，去往温州市区只有一条 330 省道，是全省唯一两个没有通高速公路的内陆县之一。可以说，交通是文成发展的最大短板，也是制约该县发展的重要因素。

　　确定了选题，下一步就是怎么做、从什么角度做。做报道没有捷径，只能蹲守，于是我们选择了最"笨"的办法——挖。在大峃镇的樟台社区，我们看到了近 200 户的群众为了给高速让路搬出了住了几十年的房子，一名出生才 8 天的小朋友跟着爸爸妈妈挤进了临时过渡的安置房，成了高速建设最小的支持者；由于高速征地，珊溪镇的不少村子需要拆迁房屋，移走祖坟。怕群众难理解，政策处理难度大，珊溪镇的党员干部冲在前头，带头拆了自己家、移了自家坟墓；文成的地理位置险要，又是温州一级水源保护地，修建高速难度大，不仅要在崇山峻岭间开山破土，还要保护青山间的一汪碧水。高速建设者们克服一道道难题，将高速轻轻地放到了山水间；为了争取修建高速项目资金，文成各级干部通过近十年的努力向省市争取政策；为了推动高速项目实施，县委县政府组成攻坚小组，推动政策处理落地、破解各种难题，将民生工程落到实处……可以说文成的"路"已经不只是一条路的故事，而是"一群人"的故事。"路"因人而来，人为"路"而来、因"路"而变、而兴。在探访的过程当中，我们的报道思路也逐渐清晰，通过"路"到"人"到"心"，有了《大山里的"高速梦"》之《道路，近了》《心路，联了》《思路，宽了》三篇报道。

　　在这场蹲点行动中，杨老师带领的卫视团队在文成蹲点一周。前后走了 4 个乡镇 8 个村子，采访了 80 多位群众干部。海量的素材也给报道提供了更加真实饱满的新闻情绪。在整个过程当中，作为县级媒体，我们协助卫视老师完成了带路、对接、画面拍摄、后勤保障等工作，我们的业务水平得到了很大的提高。我想到我们每次走完一个点，杨老师总喜欢拉着我们拍合照，那一张张笑脸，是时间的定格，也是我们与采访对象、报道事件的故事。新闻不是黑白的，挖着挖着就会有"人"的色彩，正因如此，新闻才会好看！

《来自蹲点一线的报道：庆元——"大搬快治"提速的背后》系列蹲点

《来自蹲点一线的报道：文成——大山里的"高速梦"》系列蹲点

REPORT　一起做

激活骨干记者力量

　　到基层去，是一种工作习惯，更是一种工作方法。到基层去，除了要把好故事带上来，更要把好作风、好方法带下去。随着融合传播改革的深化推进，基层挖掘新闻、生产新闻的方式也正在发生巨变。人才队伍建设始终是助推内容提升的关键。浙江卫视新闻协作系统有着全省91个县市区的主流宣传网络，同时也有着一支类型齐全、能力全面、年龄层次丰富的基层新闻记者队伍。在日常工作中，我们总是习惯性地看到差距，看到不足，其实换个角度，那些空白、落差里，恰恰是我们能量增长的巨大空间。所以，有时候我会特别安排不带摄像，深入难题，与地方台骨干记者们一起赶考。

2018年蹲点海拔1314米的金华北山盘前村

新闻协作我们在一起

金华广播电视总台时政新闻中心新闻部主任｜叶丰鸣

近几年，金华电视外宣成绩基本保持在全省第一方阵，靠的正是与浙江卫视的紧密协作以及攻坚克难的拼搏精神。

提到攻坚克难，我脑海中最先闪现的就是2018年春节前夕与卫视川源老师那场雪夜山村的蹲点采访。当时，金华普降大雪，位于海拔1314米处的金华北山盘前村早已被大雪覆盖得严严实实，交通中断，村里的情况如何，村民的生活起居是否正常，是外界最关心的话题。当时，浙江卫视正在征集新春走基层的选题，我们把题目报给川源老师后，她觉得进村了解情况，通过一组蹲点报道来展现当地党员干部如何齐心协力抗击暴风雪非常必要，于是，她都没来得及准备出差行李就驱车赶来金华，因为必须赶在天黑前进山。

当时，台里安排我和另一位同事陪川源老师进山，由我担任主摄像。这也是我第一次和川源老师真正意义上的合作，川源老师新闻至上的工作拼劲我早有耳闻，所以出发前我们也做好了充足的准备。下午3点，国网金华供电公司婺城区罗店供电所工作人员要进山抢修被雪压坏的电力线路，于是，我们随电力抢修队一同进山了。车行驶至半山腰，由于道路积雪太厚，装了防滑链的四驱越野车也时不时出现打滑情况。一路上多辆铲雪车由于低温和路面结冰抛锚，川源老师带着我们下车，一边拍摄记录 边帮忙推车。我们的车凭借司机精湛的驾驶技术沿着十几公分厚积雪的山路行驶三四公里后还是抛锚了。为了尽快将通往盘前村的电力线路抢通，让村里尽早通上电，抢修队决定下车，通过爬山抄近路上山找到线路故障点。将近70度的陡坡，白茫茫一片，电力抢修工人让我们踩着他们的脚印爬坡。为了展现他们的艰辛，我们两台摄像机从不同角度记录。川源老师一手抓着树干一手举话筒采访。由于积雪太厚看不清楚山上是坑洞还是平地，我们一行人一不小心就踩空滑倒。山上零下七八度的气温冻得大家只能通过加快步行速度来增加热量。为了拍摄到一些冲击力大的画面，好几次我们差点从山坡上滑下去，最终我们还是在一步一滑中完成了电力抢修拍摄。

进村后，川源老师凭职业敏感性马上找到了盘前村的村书记。此时的村书记正带领村里党员干部挨家挨户走访，检查水、电、生活物资等保暖保供是否到位。我一直跟拍记录，因为大致了解川源老师的采访风格，即使再静态的采访现场，在她片子里总能呈现出奇的动感和快节奏。再者，川源老师也不止一次叮嘱我"跟紧我，不关机"，所以，我也一直随川源老师的节奏跟拍得很紧，而另外一台机器就专拍空镜头，不遗漏任何一个叙事细节。在拍摄完夜间巡查值守后，已将近晚上9点，简单扒完晚饭后，又马上进行素材初剪。川源老师连夜写稿，因为第二天一早还要拍摄铲雪等场景，没有提前量就可能赶不上次日的卫视联播。我清楚地记得当时我们几个人被冻得受不了，直打哆嗦。小旅馆非常简陋，由于气温极低，一台破空调根本出不了暖气。更可气的是当时房间里连热水都没有，老板临时给我们烧了两壶热水取暖。我记得当时川源老师怕我冷，把唯一的热水袋给了我，我靠着热水袋"续命"，把素材初剪完。现在想想，那次海拔1314米的寒冬蹲点，虽然艰苦，但也是一生一世难忘的经历。一者以第一视角学习了一个优秀记者如何抓细节，如何做好蹲点报道。再者，以川源老师为代表的优秀新闻工作者对待新闻的那份热情和执着值得我们反复去感受和体会。

此后，我用一杯热茶对川源老师表示敬重，算是跨入师门。仪式虽简单但意义不简单，这也是通过新闻协作卫视向地方台释放的发展红利。学习新闻理论固然重要，个人觉得参与新闻实践更为重要，特别是与业界"大佬"交心的协作。在全国两会以及每年的省两会，我都与川源老师采访团队紧密协作。对于卫视而言多了个帮手，对于我们地方台的同志而言，每次协作都是一次成长的机遇。新闻协作激发新闻活力，更重要的是大家对新闻的那份挚爱之心紧紧贴在一起。

来自蹲点一线的报告：金华盘前村 海拔1300多米高山上抗冰冻

改态度

沉下去看底色

REPORT 一起做

充分还原改革探索历程

党的二十大报告明确提出全面推进乡村振兴。如何看到乡村振兴在中国式现代化中的作用？如何找到乡村振兴蹲点纪实中的典型意义？在村里蹲点，却不能局限于村。通过报道，我们要着力解决上与下、政策与实效间的干部能力问题，城与乡的发展问题；我们要着力解决前与后的转变问题，虚与实的改革落地问题。最终我们要探讨的是，如何让政策变成金饭碗？如何把饭碗真正捧在自己手上？

沉下心　扎下根　为乡村振兴鼓劲加油

《鲁家村的乡村振兴路》系列蹲点报道，以蹲点调查的方式聚焦"两山"理念发源地安吉，一个正在改革探索中崛起的村子——鲁家村。以乡村纪事的平实视角，从人物命运、事件发展的矛盾冲突入手，着眼乡村"形态之变、思想之变、人心之变"。打破"时间""空间"局限，记录展现了中国农村基层群众全面奔小康的美好期待与向往，塑造了一批有血有肉、有思想有担当、有干劲、有智慧的基层党员干部形象，呈现了一幅热气腾腾的浙江乡村发展图景，记录了新时代中国东部一个普通乡村的振兴之路。

在鲁家村，"小火车"成为乡村振兴的标识，也成为蹲点团队克难向前的激励

在蹲点鲁家村两个多月里，我们与老乡同吃同住，跨省跟拍陕西农高会等众多生动场景。先后拍摄了50多个小时的素材，不断调整报道方法，以真实、自然、生动的细节与人物故事，推进报道进程，并尝试把一个乡村的发展奋斗历程放在一个相对开放、相对长的"时间线"上，这也是蹲点典型报道中的一次全新尝试：展现一个乡村的"发展过程"；把握"样本"与"样板"之间的关系；拿捏"典型报道"与"蹲点报道"中的平衡。为了能够做到准确、生动地表达，报道组坚持做到了五个"边"：边学习、边对照、边思考、边总结、边转化。大家在对方案的反复推敲中沉下心，以研究的态度，着力在三个"过程"中突破。

以理论学习引领报道"策划过程"

在开始拍摄前，我们与省农办、省农业厅、农业部的专家反复沟通交流，并对党的十九大"乡村振兴战略"的理论内容进行了深入研读学习，在夯实理论基础的同时，对照鲁家村进行研究、剖析、归纳、总结，理顺了一个村庄在不断突出重围的发展路径中关键的节点，并以此追寻当下现象的切入点，构造"线性"报道结构"由表及里""由浅入深""由因到果"，锁定"鲁家村之变、路径节点、本质坚持、发展模式"的报道步伐。

以"准确、鲜活"为目标抓"表达过程"

大主题的生动表达需要"细节"的推动，人物、场景的典型性是展现细节的重要载体。在鲁家村步步发展的回溯中，以及村里正在经历的新挑战中，人民群众的声音和体会，是构成乡村振兴最关键的一环。在报道中我们以融入的方式走进老乡们的生活，听到了老乡掏心窝子的话，呈现了一批如唐奶奶、陈大伯、吴斌等热情真挚的被采访对象。

以融合传播做大乡村振兴的"宣传过程"

此次《浙江新闻联播》鲁家村报道，同步在浙江农业、浙江农办、新蓝网、中国蓝融媒体、全国村支书群、爱湖州、安吉发布等融媒体宣传途径上发布预告和视频，收到了非常好的社会反响。新蓝网单篇的点击率和转发率超过 4 万，4 篇的总传播量达到了 25 万。在全国村支书互动群里更是引发了"鲁家行，我也行"的热议。全国很多正在振兴中的村跃跃欲试，希望以后也能上电视，也能在更大的平台上与全国的村支书互动交流，百家争鸣，这也为我们的后续报道提供了信心和思路。

如何打破蹲点报道的地域界限？如何以更大的、更开放的思路与格局，拥抱已经到来的乡村振兴发展机遇？鲁家村的报道才刚刚开始，在它的成长中，困难、探索，都将给中国乡村振兴带来有益的启示。这也正是这组报道带给我们最有意义的思考和最大的价值。我们坚信，鲁家村的好戏还在后头，中国乡村振兴的好戏还在后头！

2018 年 1 月 19 日

一起吃苦的幸福

浙江广播电视集团融媒体新闻中心编辑｜叶欢娜

"来不及了，来不及了！"

又是一个凌晨，睡梦中，我噌地坐了起来，嘴里还喊着"来不及了"，把刚刚入睡没多久的川源也惊醒了。她不断安慰我，这是在单位对面的宾馆，只是做了一个噩梦——这已经是我们加班打磨鲁家村蹲点报道的第 20 个夜晚，这些天每晚我们都在不断梳理思路、对素材进行排列组合。从 2017 年 11 月到 2018 年 1 月，蹲点鲁家村的 3 个月，我们拍摄了 50 多小时的素材，采访了村里村外两百多人。为了把这些素材用好用足，我们反复听同期、挑现场，前前后后修改了 30 多条时间线。一次次地修改，也是一次次和我们自己"搏斗"，好多次想过"差不多得了"，但当我们面对如此丰富生动的素材，又不自觉地为之拼尽全力，只为对得起团队的付出。

当 4 篇报道相继播出，一幅热气腾腾的乡村振兴图景呈现在大家面前，引发了全国乡村振兴联盟的村支书们关于"鲁家行，我也行"的讨论，也坚定了我们扎根基层、做好蹲点报道的决心。

一起吃苦的幸福，是我们经历阵痛、正在蝶变、看到希望。

鲁家村之后，也开启了我和川源一起的"吃苦"之路。2018 年，我们启动了"联播头条工程"。开篇文成的报道，我们前后跨越了两周时间拍摄完成，每天都是白天进行采访、晚上看素材听同期。最紧张的一天我们跑了三个工地、两个乡镇，采访 40 余人。面对不同设备、不同格式拍摄的海量素材和令人抓狂的文成方言，是文成台的同事们既充当翻译官，又充当技术员，陪着我们遴选素材、整理同期声，常常熬到半夜。大团队协作，也产生了强大的战斗力，三篇走心之作有人有故事，现场感强，环环相扣。当我们的报道播出后，有观众留言："原来新闻也可以这么好看。"

头条工程的收官，是在舟山嵊泗。由于受到冷空气影响，海面出现 10 级大风，所有快艇停航，我们这支"头条攻坚小分队"吃下晕船药，坐着渡轮，在海上颠簸了 5 个多小时，终于来到这个从未"打卡"过的小岛。在这里，我们与舟山台、嵊泗台的同事们一起，扛着二十几斤的设备徒步上岛，被刺骨的海风吹到机器死机……但我们也成功挖掘了东海五渔村抱团发展的鲜活场景，记录下了一批年轻干部远离家人、扎根海岛的默默付出，让嵊泗这个离岛小城的发展故事在联播头条呈现。

一起吃苦的幸福，是我们翻山越岭、漂洋过海，用心做"有用""好看"报道的追求。在我与川源一起蹲点的 5 年里，在《基层减负"加减法"》中，我们用真诚收获了一批信任我们、愿意跟我们"讲真话"的基层干部；在龙港"撤镇设市"的报道中，我们记录下了这个敢为人先改革和坚持不懈奋斗的小镇故事；在《云龙镇的两封倡议书》中，我们记录下了疫情后的第一个春节，以鄞州云龙镇为代表的工业重镇直面人才流失的痛点和"留人留心"的破题之道；在三年的两会"云对话"中，我们一次次突破创新，探索了一套可借鉴、可复制的"云对话"节目形态，再次用团队的力量，证明了办法总比困难多。

5 年里，一起吃苦的幸福，有阵痛，有欢乐，有收获，有成长。克难攻坚、齐心协力，也是心与心的贴近！

2022 年 11 月 19 日

报道播出后，疲惫而欢乐的"我们"

师傅叫我要认真

安吉县融媒体中心全媒体采编中心外宣协作部副主管 ｜ 高爽爽

认真对待每一个选题，是川源老师一直以来的态度。而我也很有幸，以"徒弟"的身份参与了"鲁家村的振兴路"系列报道的采写。

记得 2018 年 9 月 30 日，川源老师又一次来到鲁家村，准备拍摄鲁家国庆期间"试开园"的情况。一到村里，她第一件事就是整理第二天的拍摄提纲：舞台表演、舞龙巡街的位置，入园第一名游客的采访，不同的农场国庆推出了哪些活动，村干部们都在忙些什么……

一份简单又完整的提纲，无处不透露着她对鲁家的熟悉。而且她还告诉我，要把鲁家做得"不一样"，不是一味展现鲁家在乡村振兴发展中做得如何好，而是真地记录一个村在振兴过程中出现的各种各样的问题、矛盾、人物变化、观念变化等，从而引发出一些值得思考的地方，具有借鉴意义。

10 月 1 日，鲁家热热闹闹试开园。没一会儿，川源老师就发现了不少问题，并马上抓住了其中的关键矛盾和细节：鲁家最具代表的小火车，中间停靠点只有一站，没有起到串联农场的作用；农场客流量大小不一，冷热不均等。

为了更好地反映这些问题，川源老师也采访了很多亲身体验的游客、生意不好的农场主等，还把村书记叫来了现场，通过面对面交流，把现场记录了下来，而稿子也立马立体鲜活了很多。

其中，在一家农场的采访让我印象特别深刻。第一天蹲点时，我们就发现他那里生意不太好，只有一桌客人；第二天去，也只有一桌客人。但采访时，农场老板却说："我们只是今天生意不好，昨天可是爆满。"面对老板要面子的"谎言"，川源老师要的却是实话。如何突破这个口子？川源老师通过慢慢地沟通，让老板放下了对摄像机的戒备，并通过真诚的表达和邀请，让老板打开了话匣子，说出了目前在经营中遇到的困难和瓶颈。

采访完后，川源老师对对方的"内敛、保守"的性格也有了一定的了解，便临时增加了一个拍摄任务：让村班子第二天带着老板去村里发名片和传单，带动他迈出经营第一步。

于是，此次蹲点中又一亮点诞生了。这种通过农场老板的内心转变和努力踏出第一步的呈现方式，既体现了乡村振兴中村民们的身份和观念正在慢慢改变，也抓住了他们努力突破自己、寻求商机的细节。

其实不仅仅是这一家农场，在蹲点过程中，川源老师对村干部、游客、村民等一系列乡村振兴的参与者都进行了跟拍记录，她也在用自己的方式，推动和倒逼鲁家村更快发现自身发展的短板，并且寻找破解的方法。

记得蹲点时川源老师还曾教我，拍摄主题报道，一定要抓牢其中的关键人物、关键细节和关键矛盾，如此一来，内容就不会差。当时我听了之后也开玩笑答道：道理我都懂，但真要做到靠的是沉淀、积累和经验，我说我还差太多，需要不断去学、去努力。

其实，不单单是这次蹲点报道，"拜师"途中的几次外出采访，每次都有不同的收获。

第一是采访的时候要多聊，特别是面对一些比较紧张、不会表达的采访对象。因为在聊的过程中，可以和对方渐渐拉近距离，让他放松，觉得这是一次友好的聊天，而不是一次正式的采访。之后再慢慢引导他去说你想要的东西，效果会好很多。

第二是画面要鲜活。川源老师曾说，她不喜欢不会动的画面，会感觉像一张照片。因为画面是新闻的第二语言，所以一定要带人或者是动态的，只有文字和画面一起鲜活起来，整条新闻才算是真正的鲜活。

第三，不打没有准备的仗。对川源老师来说，采访之前前期的准备很重要，因为这关系着在遇到突发情况时，要如何灵活去应变；而且仅仅为了单一选题而做准备是远远不够的，需要我们日常积累、丰富阅历、充实自己，只有这样才能打开自己的思路，不被选题所限。

走出"短平快"的迷失

安吉县新闻宣传中心副主任、记者 ｜ 张洁云

在自媒体鹊起的当下，很多新入行的媒体人眼中，这似乎成了投入少、周期短、回报快、效益高的工作，哪怕是新闻型平台亦是如此。采访时间短，出稿快，表诉只求为平台抓眼球……却忘记了新闻中短平快的真正意义。

这几年，跟着川源采访，很多细节让我感受到了新闻人身上必须具备的特质，而这些特质就是脱离"短平快"迷失的要诀。

勤奋

一条 3 分钟的片子，基础素材不是教科书上的 1:10、1:20，在某些特别选题上，累积量甚至超过 1:50。在 2020 年拍摄的蹲点报道《鲁家村的振兴路》一片中，两天起早贪黑地采访下来，百姓海采素材达到 3 个小时，采访对象近 50 人。连村干部都说，村子的振兴路走得到底好不好，在这种体量采访面前一点假也做不得了。大家在吐槽采访对象说不好的时候，得反过头来看看自己，是不是你拍得不够多，累积得不够深厚，问题引导得不够自然，使被采访人有距离感、戒备心……拍摄要快，但也要勤，更要全。

坚持

在采访过程当中最难的事情，可能就是面临困境如何坚持，且坚守本心走到底。在川源身上，便能看到这种从头到尾不放弃的韧劲。很多时候，我们在面临这样或者那样困难的时候，都会想说"差不多得了"。但是"差不多得了"就注定了这个稿子成不了精品，也成不了经典。在很多的片子采访过程当中，川源也面临着各种各样的困难。譬如《基层牌子何其多》一片中，

想要在基层要去做一个先抑后扬的节目，其实是要面临相当大的阻碍的。基层干部会先入为主地理解这是个负面影响。挖掘事情的本质就成为众人眼中的"曝光""砸饭碗"，从而面临一系列的粉饰和阻挠。

记得两次跟随"白叶一号"扶贫苗深入三省五地采访时，冻雨导致道路结冰，无法车行至茶叶种植基地。为了看到真实的茶叶种植情况，川源就带着大家拄着木棍徒步上山。"再深入一点，再坚持一点"，这时就成了职业素养的闪光点，也是年轻记者、新媒体人应该具备的职业本能。困难和阻碍面前咬牙撑一撑，伪装和粉饰面前理性地多问几个为什么，对于自己的坚持有立场，不妥协，办法总比困难多。

及时

其实在遇见川源之前，我是一个非常严重的拖延症患者。这对于记者来说是致命的，两趟贵州同行治好了顽疾。在拍摄《一片叶子的第 29 次奔波》期间，采访条件异常艰苦。当地下着冻雨，我们要在结冰的公路上，每天飞驰七八个小时的路程，所有的采访只是在间隙当中打冲锋般完成。即便是这样，我们依旧疯狂累积下了体量巨大的素材。川源的工作习惯是无论多少小时的拍摄内容，当天晚上必须整理和剪辑完成。因为等到一两周以后，拍摄全部完成时，对素材的印象一定会大打折扣，这些残余细枝末节的记忆并不能够支撑整个的稿子内容结构。所以每天晚上回到酒店，哪怕再累，哪怕再难，她都会带着小伙伴完成一天的梳理和第二天的采访安排。及时利落、当机立断、绝不拖泥带水是记者职业水平的体现。

好学

记者不是单纯的传声筒，传播新闻事实的前提，是辨别真伪、剖析本质。丰富的知识，强大的思辨力，对采访对象的高度认识，行之有效的调查能力……这都是实现有效传播的基本功。现在流行的 1 万小时定律，说的是任何一个领域一个人经过 1 万个小时的锤炼，就能从平凡人变成大师。每天工作 8 个小时，一周工作 5 天，5 年就能成为这个领域的大师。5 年的媒体人不少，大师却不多，能留下经典新闻作品的更是少之又少。为何？缺乏学习和提升。记者就应该把一切知识都当作自己的领域。 知识面越广，就越能写好各种各样的题材！

和川源认识多年，出差路上能看到她抽空撰写论文，也总能把姐妹聚餐吃成业务交流会，关注各类行业新闻，分析优秀作品……不断地自我提升和业务交流，这可能也是她连续三年攀上国内新闻最高奖项的阶梯吧。记者是一门干到老学到老的活计，资深记者之所以资深，不仅仅是有资历，更有学习能力。

新闻要"快餐"，更要"大餐"。令百姓知道真相的同时，也要留有思辨的空间。作为媒体人，只有走出"短平快"的迷失，才能在行业内迅速成长，持续做正能量输出。

跨省追踪鲁家村向陕西袁家村取经发展农旅

蹲点团队在鲁家村与"超级农民"顾益康相遇

REPORT　一起说

　　我们所看到的美好背后，是无数媒体人的艰辛。——题记

我眼中的媒体人

湖州市安吉县鲁家村党总支书记　｜　朱仁斌

　　我眼中的媒体人大概可分为两类：台前与幕后，静态与动态。台前的光彩夺目离不开幕后的无私奉献，静态的耕耘写作离不开动态的不畏艰险。一段视频见证过的真实故事，一个镜头定格的当事人物，一个标题揭开的事实真相，一段评论聚焦的社会热点……都是这群媒体人呕心沥血之作，为的是还原真相、弘扬真善、推进文明。

　　媒体人与读者、观众的交流不是在纸上就是在电视等多媒体上，不由拉开了与我们的"距离感"。一次机缘，由浙江卫视《浙江新闻联播》节目组首席记者杨川源老师与她的团队对鲁家村为期一年的蹲点拍摄，让我近距离地了解了这群"可爱的人"。

他们工作作风严谨、求真求实、雷厉风行，拍摄过程中不怕苦、不怕累、不怕脏，处处彰显媒体人的"三不怕"精神。

我眼中的媒体人，雷厉风行。上午，杨川源老师团队一到来，稍作休整，就马不停蹄地走遍鲁家村大大小小角落的农场，初步了解地形构造及地标建筑；下午，迅速作出拍摄大纲及场景规划，列出走访人员名单；晚上，村民大会讨论初步采访计划，核实场景人员拍摄。面对这样的"媒体速度"，不仅惊叹于他们强韧的领导力，也感叹组员的迅速执行力以及团队的高度配合。

我眼中的媒体人，专业且不怕苦不怕累。对于鲁家村的乡村振兴模式——村＋公司＋农场，该如何凸显特色、激发他人学习参与的欲望？这些都是拍摄工作的重中之重。杨川源老师团队根据鲁家村各具特色的18个农场及鲁家田园风光、村委领导文化等方面拟定了近20个方案以及上百个拍摄镜头。即便遇上变幻莫测的江南天气，团队依旧风雨无阻地扛着机器翻山越岭。

我眼中的媒体人，求实且热心。新闻报道的真实性是以具体事实的真实准确性为基础和依据的，本质真实，尽可能全面、深刻地反映事物的内在品质和规律。而杨川源老师团队也是这样践行的，随机采访本村村民，上至耄耋老人，下至垂髫小儿；实地拍摄办公场景，反映最真实的基层工作，用村民最朴实的本土语言来反映乡村振兴鲁家村模式带来的真切感受。印象最深的是拍摄期间的那个"十一"假期，他们为了帮助我们找出旅游服务的弱点，白天跟踪拍摄来鲁家的游客，采访他们对景区的建议与评价，晚上实时播放给我们村委班子成员看，帮助我们一起解决旅游服务的问题。短短的7天，鲁家景区的好评率逐步上升，这一切都离不开媒体人的求真务实与热心帮助。

这群可爱的媒体人通过7集宣传片，深入地解读宣传了"鲁家模式"，让鲁家村再一次呈现在观众面前，引起了强烈的反响与高度关注，进一步推进了鲁家村乡村振兴的发展脚步。我们一直践行"村强民富、景美人和"理念，因"媒体同行"，这一路的风景更加绚丽多彩。

我眼中的媒体人是精益求精的。虽然 7 集纪录片，每集时长只有 5 分钟左右，但内容饱满有灵魂。这些精彩的背后是媒体人经历的无数个寒风侵肌的深夜与白露沾草的凌晨，他们只为展示最美的鲁家村。众所周知，匹配优秀视频的是最恰当的文章，好的文章不仅能帮助观众审时度势，顺势而为，更能彰显视频本身的价值和人文观念。

2022 年 5 月 6 日

《来自蹲点一线的报道——鲁家村的振兴路》系列蹲点报道

新闻专题：《乡村振兴职业经理人 为何走？为何留？》

2014 年丽水遂昌县三仁坑口村赶街农村电子商务服务站

REPORT 一起做

用持续关注力 挖掘山区发展新动能

2014 年全国电商蓬勃发展，浙江在电子商务行业和互联网发展中不断取得新突破。也正是从那时开始，各大电商巨头进入农村市场，一支"土到底，洋到家"名为"农村电商"的新兴力量，出现在浙江杭州、衢州、丽水等各地的山区县，引领了农村电商时代的到来。农村电商开疆辟土让人耳目一新的同时，作为媒体也正面临着如何不断通过贴近、深入的宣传，让更多山区群众、地方政府重新认识乡村价值，重新审视农产品发展，如何从线上发展，不断反哺、发现、解决现实农村发展中的物流、人才、政策等一系列的问题。随着"十四五"规划的推进，浙江山乡基础设施和发展意识正在发生巨变。农村电商也正在本地化、社群化的生态圈中，加速从 1.0 模式迭代升级到了帮助农民打造农村特色品牌的 2.0 模式。在这个过程中，主流媒体如何实现激发农村发展活力、助力乡村振兴发展，成为需要长期坚持、不断深化的时代课题。

在"农村电商"报道中"结缘"

丽水市莲都区融媒体中心副主任（遂昌县广播电视台新闻部原主任）｜ 雷蕾

　　2014 年，是遂昌县广播电视台打通与浙江卫视外宣通道的第一年。当时作为新闻部主任的我，成为一名外联的新兵。如何讲好遂昌故事、传播遂昌好声音，令遂昌好经验、好做法亮相全国，成为新课题。每天关注全省通联群里的信息，按照省台老师命题，寻找与之相符的题材，并主动将挖掘出的特色亮点工作与卫视老师沟通交流。那时最开心的事，就是选题被选中，卫视老师蹲点下基层做新闻片，能让我们基层新闻人现场"偷师学艺"。与川源结下的"革命"友情，也是在她一次次带队蹲点报道遂昌农村电商中打磨而来，她就像一位良师益友带着你成长！

　　2014 年，浙江电商是全国的"领跑者"，浙江卫视推出特别策划《直面"双十一"直播特别节目》。当时遂昌作为率先发展农村电商县，引起了川源的关注，她将遂昌的农村电商选作其中一个直播点位。一到遂昌，川源就在寻找原本大家印象中 11 日零点热热闹闹现场下单发货的直播场景。当我们找到电商的发起人之一潘君跃，川源将需要的场景和内容与之交流沟通后，没想到原来"双十一"并不是属于农村电商的狂欢，11 日零点农村电商并不会出现我们想象中热闹的样子。当时的我很是担心，好不容易被老师关注的题材，不会因为场景不符合就泡汤吧？但川源并没有放弃，随着她对农村电商的了解，她像发现新大陆一样充满惊喜。当得知当时的农村电商推出零仓储、零库存、一件代发到统一进货、统一仓储、统一发货，为的就是解决农村农民卖货难和买货难的问题，她立马要求到现场进行踩点。分布在农村的一个个赶街农村电子商务服务站，热闹的不是夜里而是白天，一台电脑、一根网线、一个展示柜、一名懂电脑的代办员，是当时"赶街服务站"的标配。服务站能吸引周边村民把家里的好货拿来卖。不会上网的村民在代办员的帮助下也能在淘宝中买到全国各地的好商品，服务站还能帮他们充值、收发快递。川源立马在现场就调整宣传报道的思路，决定在原本一场夜间直播基础上再增加一场白天的直播，让观众看到互联网时代遂昌的农村电商如何把线下的集市搬到线上。在夜间的中转仓库，工作人员把白天从村里收购来的冬笋打包发货，冬笋成为当天的热销产品。通过一天两场直播，遂昌农村电商"赶街模式"全面立体地展现在全国观众面前，受到了极大关注。不仅吸引了全国各地前来学习"遂昌模式"，在2014年11月19日"首届世界互联网大会"上，时任浙江省省长李强同志还在20分钟演讲中用了2分钟时间点赞了"遂昌模式"。

有了"赶街服务站"，配送的最后1纳米如何突破？农民的散货如何实现统一包装、统一品质、统一配送？"赶街模式"是否适合全国各地发展？每年结束了报道，川源老师总会扔下新的命题，为下一年的选题做准备。就这样，遂昌农村电商连续三年都在浙江卫视"直面'双十一'直播特别报道"中被报道，遂昌农村电商"赶街模式"也从1.0版本升级到2.0版本，最后成为全国标杆。

川源在现场总是临危不乱直面问题，在她面前没有啃不下的硬骨头。每次看似走不通的路，她总能用不放弃的信念、敏锐的洞察力和那股钻研劲，在新闻现场快速清理障碍，找到突破口和新的出路。这让我看到了一个好的报道并不只限于报道好经验好做法，而是在形成过程中如何破题，让主题报道变得鲜活生动、出新出彩。

就是在这一次次的下基层做蹲点报道中，川源身体力行、率先垂范，带领着我们基层新闻人在实践中不断更新宣传理念、提高站位。她对新闻事业那份热爱和拼劲一直影响着我，我要致力于做一名有理想的新闻人！

2022年12月1日

REPORT 一起说

我们是一个团队

浙江赶街电子商务有限公司副总裁 | 潘君跃

　　提到和川源所在的浙江卫视蹲点团队的合作，记忆一下子就回到了 2015 年的"双十一"。其实当时我们是很迷茫的，因为农村电商当时更多的只是在淘宝上做销售，总觉得"双十一"跟我们的关系不大，但是卫视团队要来直播，倒逼我们重新思考遂昌电商的特色是什么，需要把当时我们遂昌零散呈现的电商提炼出最特色的产品，整合起来亮相。当时川源把直播点就放在我们的中转仓库，用他们电视人的视角打量和梳理，这个在我们看来一边销售、一边打包、一边发货再普通不过的现场，突然有了不一样的感觉和意义。遂昌农村电商在"双十一"当天在我们的仓库进行了一场联合营销，想不到效果特别好。通过浙江卫视这么一直播，我们的这些名不见经传的农产品一炮打响，得到了很多客户的好评。当时，我们马上复盘，怎么一次直播，就能产生这样的社会效益和经济效益双丰收？这样一次跳出自己看自己的过程，也令我们加速梳理出了遂昌电商模式的模型：以服务驱动，打造农村农产品销售供应链服务商。我们一直就是把这个模式延伸用到了现在。

　　我记得当时"双十一"中午的时候直播放在三仁坑口一个村里的服务站。现场直播的设备有问题，好像是光缆速度很慢，我看到浙江卫视团队很用心地用了很多的办法，让整场直播顺利完成。当时全村的人都过来了，现场看我们在直播。他们很开心，因为在农村可以像城里人那样买买买、卖卖卖。他们拿着冬笋，拿着大米，拿着那个竹筒酒，特别开心，没想到这样就能把产品卖出去。当时在我们站点代买了很多"双十一"的特价产品。从那时候开始，在遂昌的农村，每一年"双十一"前都成为他们的购物节。

2016 年，定选题的时候刚好我们高坪大米在搞县长众筹，当时现场换了个主题，就是县长众筹大米"双十一"销售，通过现场的直播，让更多的观众了解农村电商是如何从销售本身延升到文化，延升到体验、参与。我们也发现真正的农村电商可能更多的还是要渗透到产业，从源头来驱动。就是这样，农产品的销售慢慢地就成为遂昌的电商模式，就把高山大米、遂昌长粽、遂昌地瓜干这样的农产品从源头到市场去打造供应链、打造品牌。浙江卫视的这个延续性的报道，深入一线的方式，逐渐地把我们遂昌的电商之路捋顺了。

后来川源团队继续蹲点产业的最前端，剖析电商对农村的改变。我们带着团队到柘岱口去探寻地瓜干的种植、生产、加工的整个流程，探索如何通过我们这样的电商模式，把这种特色农产品做成互联网商品，做成网红爆款。

开始我们以为只是偶然被关注，但连续几年，卫视团队总是会来到我们身边，沉得下心，从梳理模式、爆款打造，到供应链服务、市场推广——跟我们一起思考，一起探讨，做得细，问得深。我们常开玩笑，他们每次来蹲点，更像是我们自己的团队又回到了遂昌，很务实，很亲切。在这个蹲点报道过程中，他们对我们遂昌电商模式的打造起到了特别大的推动作用。现在遂昌模式成为农村电商的样板，全国各地都来学这个模式，浙江卫视的持续深入报道宣传功不可没。

2022 年 11 月 27 日

改观念

直面矛盾　推动发展

REPORT 一起做

解开高质量发展中的"心结"

在近十年的蹲点报道中，我们记录和见证了浙江以壮士断腕的决心，坚持着绿水青山就是金山银山的理念。把生态文明建设真正融入了经济建设、政治建设、文化建设和社会建设等各个领域。这样坚持的背后，是产业升级，新旧理念碰撞，从"低散乱"迈向高质量发展中面临的阵痛。改革之初的浙江基层，大都形成了以农村工业化为动力，以县城和中心镇为依托，要素配置相对集中的县域块状经济发展的路子，打了富起来的底子。因此，县域经济改革是观察浙江经济发展的最佳基本单元。

环保政策的严与宽，产业发展的静与动，水治理的变与平，改革的进与退，总是这样紧密联系在一起。如何理出脉络，回应关切？这要求我们剖析现场矛盾，陈述观点交锋，记录多元舆论，凝聚改革共识与力量，推动改革向前。

蹲点团队与诸暨台记者一起加班赶片子

REPORT 一起说

珍珠背后故事的主题报道"三变"

绍兴诸暨市融媒体中心电视事业部主任 ｜ 康伟

从 3 月初得知全市围绕剿灭 V 类水开展珍珠养殖塘退养整治的消息后，我们就一直盯着这条"活鱼"。3 月 16 日，川源刚刚结束两会报道从北京回来，就赶到诸暨，开始了蹲点，一蹲就是一周，连续推出了三篇深度报道，取得了很好的传播效果。在全程学习的过程中，我感悟到对于这样的重大选题，我们也要探究行动之变、方向之变和理念之变。

首先是行动之变。这一点，我觉得就是要将"等"变成"谋"。要将功课"谋"在前面，把该了解的情况先进行摸底。

以这次的《深化走转改 剿灭劣 V 类水：诸暨——出台最严"禁养令"的背后》系列报道为例，我专门抽出了两天时间到山下湖、阮市、店口等珍珠养殖大镇进行摸底，详细撰写了一份千余字的背景资料，前期对每个点位都有了大致的了解，大大省去了很多的中间环节，把更多的时间放在了报道内容的深化上。要从"浅"变成"深"。蹲点团队并没有浅尝辄止，而是在深入地采访中看到了既然珍珠还不能卖就要退养，珠农的损失怎么办？进而又深入了解到珍珠蚌一般是在天气凉的时候才能移动，3 月 20 日已经快是移动的最后时机，政府在制定政策时是为珠农着想而不是一味追求快。而像这样背后的故事在报道中呈现很多，也成了由"浅"变"深"的最好注解。即便是我们自己以后做这样的报道，也更应该遵循这样的思路，在"不为拉长而拉长"的前提下，能做三篇的坚决不浅显地以一篇收尾，力争把报道做得更有深度。

要从"排"变成"抓"。在以往我们的实践中，像这样反映地方政策的重大主题报道其实很多时候做的都是材料的堆砌，报道也会很长。有些时候能做到 5 分钟，但是说实话看了十几秒就不想看下去了，归根到底还是"官话"太多，现场是排起来的，采访对象也以安排的为主，讲得中规中矩。但是这次的三篇系列报道，加起来 10 多分钟，每篇看起来都感觉意犹未尽，其最大的看点就在于鲜活的现场声和契合主题的同期，这些是"排"不出来，而是要靠"抓"出来的。虽然之前卫视老师一直在讲做主题报道要"做足现场，抓住矛盾冲突"，但是以前只是理解字面，通过这次的全程学习，慢慢对这句话有了更深的认识。

以这次拍摄的系列报道为例，卫视老师在谋篇立意的时候就明确提出要走到矛盾中去听听老百姓最真实的声音。以往这样的报道我们可能会觉得老百姓讲实话是推进中心工作的杂音，会刻意安排好"正能量"的代表来代言，但是效果可想而知。所以在这次拍摄过程中，我们始终在告诉相关部门和乡镇负责人，卫视是把握口径的高手，不要安排人了，我们就随意采，在这样的氛围下，很多现场声和同期都比我们想象的要好，而且每位采访对象的语态都十分地契合主题。所以，通过这次我们也总结出来，以后不管是我们自己做这样的报道还是配合卫视做这样的报道，都要首先牢固树立"抓"的思维，"抓"出精彩同期，"抓"出鲜活现场。

这次全程学习，不光让我对重大主题协作有了更深刻的认识，同时也是对自己业务能力的一次提升，让我们在以后自己采写类似报道时能够更加向卫视的报道看齐。

2015 年 5 月 13 日

2015 年蹲点团队跟随诸暨返乡的创业者回到安徽宿州，过一个"久违"的团圆年

REPORT 一起做

产业变革中的"危"与"机"

2015 年春节前，诸暨大唐镇袜业正经历一场前所未有的产业变革，转型升级带来的阵痛真切透骨。大批外来务工人员面临着"去、留"之间的抉择。我们蹲点大唐记录农历春节返乡前人们的真实心态，并跟随在诸暨打拼了近20 年的安徽外来创业者一起返乡。这次他们带着在浙江积累的创业经验和财富，打算在家乡打造一片新天地。眼前的团圆背后，我们听到的是高质量发展催人奋进的脚步声，还有返乡创业已经吹响的号角。

整烫车间里，因为套袜子动作麻利，刘小宇引起了我的注意。他来自贵州，耳机里播放的是一首英文歌曲。后来在我们的牵线中，他结识了电商团队。外面的世界很精彩，希望他能增长技能，在新岗位上有更好的未来

REPORT | **一起说**

原来身边有这么多好故事

绍兴诸暨市经信局诸暨市袜业研究会 ｜ 杨云贵

　　我在单位里面参与了很多年的宣传工作，之前一直觉得新闻报道就是主题宣传，但是到了 2014 年，我的观念彻底转变了，开始认识到好的新闻报道是要讲故事的，也才发现原来我们身边有这么多的好故事。这一切，来源于我参与杨川源老师当年在诸暨大唐的 10 天蹲点。

　　大唐袜业产业集群是从 20 世纪 80 年代中后期开始产生，到 90 年代末期和 21 世纪初期进入快速发展阶段。从 2001 年开始在大唐竟然出现"一机难求"的供求矛盾，那时只要能抢到一台袜机，一天至少能为一家企业或一个家庭增加 200 元至 300 元的收入。也就是从那个时期开始，大唐织袜企业就像"雨后春笋"般茁壮成长起来，最多时大唐拥有 1 万余家织袜生产企业或个体加工户，一举成为全球瞩目的国际袜子生产基地。全球袜子生产订单像雪片一样飞到大唐。

但是，大唐袜业产业集群从萌芽开始到形成整个产业集群过程中，说实话，因为起初很长一段时期内的"四个跟不上"：产业整体规划跟不上、政府有关部门的政策引导跟不上、政府的管理跟不上、行业协会的服务与协调跟不上，所以在产业迅猛发展的同时，难免出现大量的问题，如产业低小散、企业间无序竞争、产业安全、全国各地的外来务工人员结构复杂"难管理"以及环境"脏乱差"等，甚至一时"积重难返"。据统计，到2014年前后，大唐袜业产业集群已形成拥有16000余家袜业企业或个体加工户的巨大规模，年产各类袜子达300亿双左右。当时单凭诸暨市自己的力量，要想全面开展整治提升工作难度的确巨大。

2014年9月，浙江省委省政府作出了"加快全省传统产业整体改造提升"的重大决定，特别提出了计划用3年时间在全省范围内彻底拆除和淘汰中小型燃煤锅炉。诸暨市委市政府根据省委省政府的决定，于当年10月初由市政府挂帅出台政策，必须在3个月时间内拆除全市所有的燃煤锅炉。

得到这个线索，卫视记者迅速到诸暨蹲点。宣传部门选派我陪同。清楚记得，川源看到锅炉拆除现场，听了许多企业对快速拆除燃煤锅炉委屈的诉说时，陷入了深思。她当时就明确对我说："我们要在报道中实事求是展现改革中的艰难和曲折，为全省燃煤锅炉的按时拆除作真实的示范。"

采访基调一确定，我就马上联系大唐镇政府等相关单位相关负责人，得到了各相关单位领导的重视和支持。在采访中，川源走进企业和大唐的产业工人中，和他们进行深度交流，不仅关注他们对政策的配合，更关注他们在配合政策背后的纠结和需求，挖出了很多好故事。同时，为了让故事的后半篇文章更加厚实，临近结束，川源一行还专程乘车远赴安徽宿州，采访当时转移出去的袜业企业，这也成了整组报道中的一大亮点。

最后谁都没有想到，杨记者她们这次蹲点采访，着实让大唐袜业产业集群大大地露了一阵子脸：从2014年底到2015年春节期间，浙江卫视在《浙江新闻联播》节目中重墨连续五期报道了大唐袜业产业集群的先进事迹，充分肯定

《行进浙江 精彩故事：诸暨大唐——袜业工人的走与留》系列蹲点报道

《行进浙江 精彩故事：诸暨袜业——告别燃煤小锅炉》电视专题报道

了诸暨率先完成燃煤锅炉拆除任务和大唐袜业开展转型升级工作所取得的成效，在全省甚至在全国产生了巨大的新闻效应。不仅让大唐袜业产业集群的知名度和美誉度大大提升，而且进一步引起了省委省政府的高度重视，时任浙江省委书记的夏宝龙同志春节一结束就来到大唐视察指导，鼓励大唐袜业产业集群要为全省传统产业全面改造提升树起一面"以治理促转型"的旗帜，为全省做好样板。后来全省"低小散"块状行业整治提升工作推进会和绍兴市工业转型升级工作现场会，都选择到大唐举行，全省甚至全国多地党政组队到大唐交流考察，学习大唐袜业转型升级经验。浙江省经信委专门帮助诸暨市拟定《大唐袜业转型升级实施意见》，指定省工经院帮助编制《大唐袜业转型升级（2015—2020年）发展规划》，真可谓"新闻效应浩大"。浙江卫视记者在大唐的蹲点采访报道工作，我个人认为，对推动全省传统产业改造提升工作具有"里程碑"的作用和意义。

从2014年底到2022年11月下旬，转眼已过去8年，可当时陪同杨记者他们在大唐袜业企业中采访的情景还历历在目。每当看到她在全省各地艰辛认真采访新闻的身影时，就会自然地想起当年在大唐蹲点的10天时光，不断用她的眼光，去发现我们身边的好故事，收获颇丰。

2022年11月22日

改表述

形成同屏共振的话语共同体

REPORT 一起做

在细节中撕开"突破口"

浙江围绕"市场有效""政府有为"，2016 年正式提出"最多跑一次"改革。衢州作为先行试点市，当时正面对全省具有普遍代表性的三个改革推进的难点：一窗受理如何可持续？数据如何跑起来？企业如何少跑腿？我们需要在大命题下选取小故事、小切入，把蹲点报道的特性优势充分发挥出来。抓住典型事例讲故事的同时，还要不断提出建设性意见，不断寻找"人"与"改革"之间的平衡点，真实地展现人民群众对改革的评价与期待、各个部门之间的协同与努力，增进各方对改革的理解，增强省级媒体在"重大"改革中的舆论引领力。

REPORT 一起说

在"最多跑一次"中奋力奔跑

浙江广电集团融媒体新闻中心采访部主任 | 陈婕

2017 年 6 月，浙江提出深入推进"最多跑一次"改革，围绕具有普遍共性的三个改革推进难点：一窗受理如何可持续？数据如何跑起来？企业如何少跑腿？我与川源奔赴全省改革试点地衢州，开始了为期近两月的"深蹲"调查。这也是我回归采编一线后的首个系列报道，可以说是开启记者职业生涯新阶段的"首秀"。多年后回想，当时能与川源"牵手"，为同一个目标奋力奔跑，是人生所幸。大家一起为热爱的事业付出，哪怕过程再苦、困难再多，都是一种收获和成长，值得长久回味与铭记。

《蹲点衢州"最多跑一次"改革》系列报道从策划之初，就以打造新闻"爆款"为目标，力求做出传播力、影响力、感染力。报道主要呈现的节目形态可以归纳为以下三个关键字。

"真"，体现在所有采访均为记者在蹲点衢州市行政服务中心期间的随机采访，这也是川源在基层采访中坚持的最大特色。没有提前联系相关部门，以"海采"的形式，采访不同的办事群众，以百姓视角来讲述对"最多跑一次"改革的亲身感受，并提出对进一步深化这项改革的期待。虽然时隔五年，但每每想到在衢州蹲点的日子，首先浮现脑海的就是行政审批中心灯火通明的一个个夜晚。加班的工作人员值守到几点，我们的采访小分队就蹲守到几点。看着川源不厌其烦地一个个追问着老百姓似乎同样几个问题："你觉得现在办证方便了吗？到底方便在哪儿？改变是什么？"我内心十分感动，或许就是这种"笨"办法，才能让所有采访的问题真实有效，才能让改革决策者听到"真实的声音"，才能为"刀刃向内"的政治体制改革提供有效信息参考。

"善"，体现在该组报道虽然从问题角度切入，带有鲜明的问题意识，目的却是探求改革进程中难以攻破的堵点，报道最终落脚点是为了推进工作、解决问题，是善意的提醒，是"小骂大帮忙"。在最终的呈现形态上，报道严格把握导向，选取能够推进改革的有效同期声呈现于屏幕，展现的是各部门为了解决问题齐心合力，破除思想藩篱，方便群众办事的主题立意，既符合了当下主流宣传的特点，也为各地纵深推进行政审批制度改革提供了浙江方案。在采访中，我和川源讨论最多的，更多是"度"的把握。作为直面问题的蹲点报道，又要在联播这样的主栏目播出，所有同期采访犹如"走钢丝"，必须字斟句酌。还记得蹲点衢州的那段日子，我和川源睡一间房，每天晚上两个人都会拿出厚厚的一沓资料，边看边商量，有时候意见不一致，我们又会在第二天的实地采访中印证自己的观点。正是这样反复的"脑暴"，自我否定，曲折前行，才有了最后呈现的精准拿捏，恰如其分。

"美"，表现在拍摄和制作上力求符合电视新闻传播新样态，努力做到拍摄精良、制作精美。行政审批改革类报道因题材所限，拍摄场景单一、展现元素不够丰富。在以往类似报道中，很难在画面上表现出冲击力。该组报道突破了以往局限在行政审批服务中心拍摄的空间性，充分运用跟踪拍摄、延时拍摄、对比拍摄等多种手法，在画面呈现上力求美感，在叙事手法上做到夹叙夹议，既有可看性，又具思想性，让观众在看到基层改革的真实场面同时也能引发省醒，从而追求传播效果的最大化。

我记得小学毕业的时候，我的思想品德课老师是一位非常睿智的女性。她寄语我们毕业班的一句话就是：无论将来走得多远，都不要忘了对"真善美"的追求。这一幕已经过去了35年，光阴流转，久久难忘。特别是进入职场后，每天面对纷繁复杂的新闻事件和新闻人物，潜意识中我更多是以这样最朴素、最本源的价值判断在处理每一件事，面对每一个人。我觉得我的好伙伴川源的身上，同样也体现了这最本真的三个字：真、善、美。她是这么做的，也以自己坚实的脚步、奔跑的姿态，影响和感染着周围的人。

我们要"在一起"跑起来！

REPORT **一起说**

不能做只跑一次的记者

衢州电视台总编室综合办主任、记者 ｜ 陈波

衢州是浙江"最多跑一次"改革第一个试点市。2017 年 5 月，浙江卫视派杨川源老师带队在衢州行政服务中心蹲点一个月，我也有幸参与其中。在这一个月的采访过程中，我在卫视老师们身上学习到了很多的知识，受益匪浅。

2017 年"最多跑一次"改革在衢州正处于运行、摸索、推进阶段，本身面临着很多的难点、堵点，那怎样才能转变政府职能，深入推进"放管服"改革，优化发展环境，令企业叫好、群众点赞呢？卫视的杨老师就是带着疑惑来看变化、找难点、问方向的。首先，杨老师来到衢州市行政服务中心不动产大厅，了解了工作人员办事的过程、办事效率和办事方法，然后她在大厅里徘徊，采访一些来办事的市民们。在这个过程中，杨老师发现在一个窗口前，有位老伯正在办店面房交易手续，好像遇到了点麻烦，新闻的敏锐性让她马上抓住了报道的方向，示意摄像师全程用镜头跟拍，真实地记录了市民是怎样完成不动产权证交易的。让我印象非常深刻的是在这个过程中，杨老师不做表面工作，做新闻非常走心，对工作人员的办事效率她是通过观察记录时间来体现。善于发现细节，比如办事员们的平底鞋，这有可能是我们平时采访中会忽略的一个细节。在《蹲点衢州"最多跑一次"改革试点》之（一）《"一窗受理"后 群众少跑腿了吗？》的报道中，因为捕捉到了这个细节，工作人员每天上班第一件事就是换上一双平底鞋，方便了她们在工作中来回跑动办理业务，减少群众等待的时间，就显得很生动。加上拍摄的时候摄像师抓准镜头，跟着工作人员一起跑起来，全程跟拍，记录过程，注重现场声音采集，透过每个人物在工作中的忙碌，用画面来表现她们是怎样让群众少

跑腿的。运用了大量工作人员和群众互动的场景和同期声，用事实说话，人物形象生动饱满，表达质朴接地气。整篇报道过程一字未提"最多跑一次"，却用数据和镜头鲜活地突出了"最多跑一次"的主题、政府职能的转变。在一个环境优美的政务大厅，服务员笑容可掬，没有排队，不会拥挤，按照预约的时间，过户、交契税、拿房产证，一切都是那么简单自然。所以讲述有说服力的生动细节，捕捉打动人心的故事，才能挖掘报道的翔实和深度，才能构成有意义的蹲点。

随着"最多跑一次"改革持续推进，其中最难啃的"硬骨头"，就是企业投资项目审批。作为大部头的企业项目审批如何加快流程无疑是一块更加难啃的硬骨头。各个部门如何协调？流程又该如何再造？为做《让企业少跑腿"硬骨头"怎么啃？》这篇报道，卫视老师在蹲点期间和行政服务中心的领导一起参加了无数次大大小小的会议，去了解"最多跑一次"改革的进度。其中在一场"多审合一"协调会上，市住建部门和负责施工图设计的中介对于怎样才能压缩审图时间的问题产生了不同意见。在这次的会议中，摄像师的机器一直是录制着的，这个发言引发了杨老师的兴趣。那么施工图到底该如何联审？会后杨老师就主动和衢州市创安建设工程施工图审查中心负责人沟通。一开始，创安建设工程施工图审查中心负责人是有所顾虑的，不愿意接受我们的采访，我就主动和他联系，一次次地打电话，做他工作。说不通就约好时间上门拜访，先不着急立即采访，而是了解他们的工作情况。交流中知道了他所顾虑的问题，我又和行政服务中心的主任联系，请示帮助协调解决。中心的领导非常重视，很快帮我们解决了问题，打消了他的顾虑。这让他一下子提升了对我们的信任，乐意接受采访，带领卫视老师一起到他公司，实地采访他的新旧资料室，让我们的蹲点采访圆满完成。而在拍摄完成之后，大量的素材需要甄选取舍，最后的成稿工作量是非常大的。我为能参与其中感到自豪，也为浙江卫视的这种铁军作风点赞。

通过这次学习，让我明白要做好蹲点报道，不能只是简单地记录，不仅需

蹲点衢州最多跑一次
改革试点

（一）"一窗受理" 后
群众少跑腿了吗?

（二）让数据跑腿跑
得怎么样?

（三）让企业少跑腿
"硬骨头" 怎么啃?

▶

要一腔热血，更要有吃苦在前的精神；要通过典型的人和事的跟踪采访，认真倾听基层百姓最真实的想法，要用心用情，拉近与百姓心灵的距离；不仅要体验，更要学会观察，挖掘到鲜活的新闻素材，提炼报道主题，这样才能使报道更接地气、更有灵气。

2022 年 5 月 10 日

REPORT　一起做

改革"热"话题的"冷"思考

数字化改革是浙江打造"重要窗口"的重要标识性改革，全省各地正以数字化改革撬动各领域各方面改革。随着改革的推进，基层也出现了基础不平衡、干部能力不平衡、方法的实用度不平衡的种种阵痛。在《"三问"余杭数字化改革》中，我们及时收集基层声音，敏锐预判，主动出击蹲点我省首批数字经济创新发展的先行先试县区杭州余杭区。在深入基层的一个多月里，走访余杭数字化改革各单位部门、镇街社区，与干部群众打成一片。坚持问题视角，从平台、能力、方法"三问"切入改革攻坚层面，以"典型化、故事化、过程化"的记录方式，还原了改革的艰巨性，触碰改革核心，探究改革价值。

REPORT　一起说

数字化改革报道也要"数字化"

杭州电视台记者（余杭区融媒体中心外联部原记者）｜ 常艳荣

2021 年，是浙江数字化改革元年，一场全方位、系统性变革在之江大地上轰轰烈烈推进。在从上及下的推进过程中，"数字化改革"在区县层面的实践如何才能做到"上接天线、下接地气"？推进过程中会遇到哪些阻力？如何破题？要剖析背后的缘由，切口很多，从何说起，需要非常缜密的逻辑以及故事化的叙事风格，让主题报道做得生动。

在近两周的蹲点摸排中，我有幸参与其中，跟着杨川源老师一起，和数管局、经信局、改革办等政府部门反复沟通，坐下来敞开聊；深入企业、社区、乡村挖细节。这是我入职两年多来首次全程参与卫视蹲点报道。过程中，我不仅发现了自身在日常报道中存在的问题，还对不擅长的蹲点报道与主题报道有了新思路，收获颇多，感慨万千。

慢工出细活，找准数字化改革主题报道的小切口

数字化改革是对区域治理的体制机制、组织架构、方式流程、手段工具进行全方位、系统性重塑。在这一赛道上，余杭以先行者的姿态前行，打造出众多具有余杭特色的数字化改革推进方案和成果。改革如何推进？政府怎样转型？建立哪些数字化场景？场景如何惠民？怎么让观众通过报道了解数字化改革的理念、思路、方法、机制？反复推敲这些问题，也是对报道主题、文稿脉络的梳理。

在跨度近两周的拍摄中，杨老师几乎一半的时间都花在与数管局等部门的沟通中。正是这些看似重复的行程，近乎"话痨式"地和采访对象沟通，才能让记者对事件的脉络了解得更加清晰、全面。最终定下了三个主题：从"统"到"融"数据资源超市怎么建？从"懂"到"通"数字化能力短板怎么补？从"能用"到"管用"数字化改革如何深入人心？用三条平均时长5分钟的片子，展现余杭在数字化改革中的探索与担当。

第一篇报道，从数字资源超市这一应用的开建、使用推广、完善切入，展现余杭在推进数字化改革中的顶层设计、改革思路。在介绍数字资源超市来龙去脉时，不着痕迹地插入了定政策、管队伍、成立数字专班、政府部门调整等"硬信息"；第二篇报道，非常像电视剧的续集，沿着首篇的报道思路，聚焦于改革背景下余杭的领导干部如何提升自身能力，克服本领恐慌，以数字化改革撬动政务工作能力、方法，转变作风。切口有两个，一是数管局每周开网课，给大家线上培训，经信局设置产业数字化推进科，组成"中小企业调研组"下到一线帮企业解难题；二是从企业角度着手，剖析余杭企业如何迎接数字化浪潮。同时，二者之间环环相扣，干部要提升，企业有需求，干部在调研

基层的过程中，再一次提升了自身的能力；第三篇报道，更加贴近群众，探讨数字化改革究竟如何和老百姓的需求紧密相连，切入点则是社区里的一场"云上板凳会"、径山茶农的烦恼，这些都是有情节、有看点的巧妙切入点。

不拿自己当外人，带领观众沉浸式了解数字化改革

多跨场景应用是数字化改革牵一发动全身的重要抓手，可以增强人民群众的获得感、幸福感、安全感，提升治理能力和群众满意度。数字化改革的报道，需要让老百姓有参与感、接近性，感受到改革和自己息息相关。在报道里，我们看到了涉及基层治理的"云板凳"议事会数字化场景，看到了乔司街道想要筹建数字驾驶舱应用，看到了数字资源超市这一区级层面的应用平台。这些场景的选择，都是观众日常看得见、摸得着的成果，非常容易有代入感。

除了选取和大家日常生活相关的案例，这次蹲点报道中，杨川源老师还把自己当成一个普通群众、项目研发团队的一员、数管局的工作人员等，带着大家的疑问，用最质朴的方式，问出群众的心声。数管局的小吴作为项目长，负责为全区相关单位开展线上数字化培训。采访他时，我本来设想的问题是："针对这么多部门如何准备自己的课件？有什么特别的设计？接下来如何完善内容？"而杨老师的提问则是："刚讲完课紧不紧张？没有人提问会怎么办？课堂上有什么新发现？"把自己当作培训课程的一员，真诚地向"老师"提问，采访效果真实自然。这样的顺畅沟通其实并没有特殊的技巧，只需把自己当作事件当事人。只有带着和当事人相似的困惑，扎进去、沉下去，才能记录到我们真正想要表达的内容。

巧妙啃下硬骨头，直击数字化改革中的堵点、痛点

数字化改革，本质属性是改革，它既要不断打破不适应当前实践发展要求的体制机制，还要积极应对新变化，探索建立新的体制机制。在这一过程中，会面临领导干部思路不清、能力不足，应用场景重复建设、使用率不高等堵

点、痛点。杨川源老师的蹲点报道，正是直面这些问题，看余杭如何破题。

　　在本科和研究生阶段，老师告诉我们记者要有问题意识。参与这次蹲点报道后，我的理解是：探索问题要有始有终，打破砂锅问到底，切忌一知半解，也无须"粉饰太平"。如高地社区"云板凳"议事中，线上收看人数不足20人。按照我以往的做法，很有可能会刻意回避，找几位居民夸一夸这种新型议事模式。杨川源老师则是直接问社区工作人员如何解决使用率低的问题，在追问过程中，也是倒逼社区想对策。在拍摄数管局总架构师赵阳懿走访街道时，报道没有仅仅停留在"访"上，更注重这场讨论会后，街道和赵阳懿碰触的火花是什么，对接工作中存在的问题是什么，如何突破等，从而收获了街道工作人员那句经典的表达：跟数管局沟通的时候，他们讲的是"文言文"，而我讲的是"白话文"。因为他们的专业术语比较多，最后我们在相互学习、相互沟通中，在"普通话"体系里面，能够交流通畅。

　　三篇报道看下来，能够从余杭窥见浙江的数字化改革不断走深走实，重塑浙江干部的能力结构，撬动各领域改革，打破条块分割、条线孤立的碎片化模式，为现代化先行和共同富裕示范区建设提供根本动力。在一遍遍捋思路、调整文稿的过程中，也让我对今后做蹲点报道有了新的认知。

　　蹲点报道要鲜活，应注重场景的丰富、现场声的运用、细节的捕捉。三篇报道中，都录制了海量的现场声，方便后期选用。如第一篇报道中，开头采用了余杭数字化改革工作专题研究会的场景，这场看似寻常的会议，选用了区经信局、区府办、区数管局等部门一把手的发言内容，将观众带入了这场激烈的讨论中。在收官篇中，社区板凳议事会上，社区书记、乡贤代表等你一言我一语，充分展示了"菜市场何去何从"的难度和迫切性。此外，走动式的拍摄风格，也为报道的鲜活增色。在拍摄冷冻市场港虹西路大堵车时，杨老师和摄像密切配合，在实地走访、全程跟拍中，解释了余杭将各部门分散的数据化零为整，探索数字资源超市建设遇到的"堵与疏"。此外，片子最鲜活的场景之一是参与数字化改革的干部因为压力大，边打沙包边接受采访，无心插柳而令人印象深刻，增加了报道的可看性。

蹲点报道要出色，应具备故事化的叙事方式、破案式的逻辑思维。从一次小的会议、一个新部门的成立等细微处着手，探讨为何"变"、怎样"变"、遇到的阻隔及创新的解决方案。如庖丁解牛般解释来龙去脉时，新闻报道也会娓娓道来。比如《"三问"余杭数字化改革（二）：从"懂"到"通"数字化能力短板怎么补？》中，由区数管局牵头每周开设三次网上课堂，引出余杭各部门干部提升数字化实践能力，根据区经信局特地设置的"产业数字化推进科"，呈现出余杭 1100 多家企业面临数字化转型的大背景，以及对应科室部门改制度、转作风、办实事，最终抛出本篇的主题：面对数字化改革，余杭各领域、各部门补短板、重实践，从"懂"到"通"，运用数字化破难题。

事实上，电视新闻主题报道所反映的虽然是国家和政府的政策方针，落脚点却还是生产生活等与老百姓息息相关的问题。让主题报道回归基层是一个必然趋势。要用真情体验才能更接地气，拉近与百姓心灵的距离；更要吃苦在前，克服采访时间长、联系起来困难等问题；要带着问题去蹲点，解决新闻宣传套路化、模式化、浅表化问题。愿从本次蹲点采访中汲取并总结更多的经验，使今后的报道更接地气、更有灵气。

2021 年 12 月 2 日

拍摄间隙的路上，讨论拍摄方法

改格局

小县城大观察

县域经济高质量发展是中国式现代化的重要标志之一。改革，让浙江率先找到了以农村工业化为动力、以县城和中心镇为依托的县域块状经济发展的路子，极大地提高了要素配置的效率，奠定了"富民"的基础。党的二十大报告提出促进区域协调发展，发展不平衡是区域经济发展普遍存在的现状。只有不断动态调整发展格局，探索政治制度文明、政治行为文明，才能实现社会管理文明，推动区域协调发展。

近年来，浙江有相当一批县正在加速探索"腾笼换鸟"，走产业转型的高质量发展之路。长兴县作为浙北地区的工业县，持续积极调整产业结构，谋划布局了以高端制造业引领的现代产业体系。产业越高大上，越需要社会配套的完善。从这个角度观察，当人们还在欣喜于大项目来了的时候，地方政府和县域社会也迎来了大考。如何科学释放县域生产力？蹲点的话题只有高起、低打，才能打到制约发展的瓶颈上。

三婶的感受与感动，正是浙江不断优化营商环境的真实写照。那筐村里阿姨送给她的鸭蛋，留在了我们每个看过这个故事人的心里

三婶的惊喜

湖州市长兴广播电视台外联部主任、记者　|　赵占东

2019 年上半年，有 102 个亿元以上项目落地长兴，这在全省来说寥寥无几，可见长兴的招商引资工作迎来爆发期。这正是一个蹲点的好选题！这个消息马上出现在了川源老师的微信窗口。

小县城大项目扎堆落地的背后有什么故事？哪些举措值得全省其他县域借鉴？按照川源老师的话来说，一定要找鲜活的故事。我开始了先期踩点。也许是缘分，我和川源老师都是东北人，我在"摸鱼"的过程中，也遇到了一位东北老铁——"三婶"。

三婶已经退休，给侄子帮忙，她负责整个项目的建设工作。泗安镇工办主任王捷说："这个项目投资 1.5 亿元，让项目业主下决心跨越 5000 里来这里投资的原因，竟然是一筐鸭蛋。"真有这事？这让我充满了好奇！

"小县城"来了这么多"大项目"，浙北小县城为什么备受这么多大项目青睐？要让大项目来得了、落得下、发展好，进而形成区域产业转型，有哪些困难正在一步步解决？三婶的故事给了我惊喜。

原来，长兴县泗安镇新丰村的吴奶奶，一次在家门口遇到"三婶"，她早就听说这位老太太是投资商，二话不说就追了上去，把家里的一筐鸭蛋递了过去，"自己产的，您尝尝"。三婶被盛情感动了，"当时我就在路上无意中说这些鸭子下的蛋应该很好吃，没想到这位大姐转身回家就拿出了一筐鸭蛋一定要送给我们，感动啊！非常感动！"

大项目正像一面镜子，真实地反映出了当前县域经济转型提升、群众谋求发展的迫切需求。这筐鸭蛋，正是体现着当地村民对大项目满怀期待的好细节。

架海擎天。川源老师在这个线索的启发下，又继续深入调研。原来，各大工业平台的负责人都在琢磨如何解决招工难问题，如何加强配套服务，让落户的企业安心发展。在画溪工业园区，附近村民的蔬菜直接进园区食堂，既解决了农产品的销路，又丰富了工人的餐桌；在和平镇工业平台旁，十村联建的职工宿舍即将竣工，既壮大了村集体经济，又解决了企业员工的住宿难题，还配套了商业综合体，小乡村也有了城市里的服务。

那天，我陪着川源写稿到凌晨，记得她在文稿结尾处写道：大项目落地倒逼了小县城产业转型。同时，也正在推动县域经济、社会同步高质量发展。

看来，一个地方的发展，不是一朝一夕就能成功的。营商环境更要依靠全社会共同打造。作为一名记者，能够与媒体同行，同心协力，潜心"摸鱼"，共同发掘时代的"音符"，实在是幸事！

2021 年 10 月 20 日

为了让被采访对象在最自然的状态下接受采访，摄像做了大量艰辛的努力。他们是每一条蹲点报道血肉的铸造者

改锐度

用机制来凝聚共识

蹲点团队与陈定模合影

REPORT 一起做

把脉改革进行时

中国第一座农民城温州龙港在全国率先"镇"改"市",成为国家新型城镇化改革的试验田。这也是我第一次蹲点正在进行时的政治改革。龙港是个神奇的地方。40 年前,一群农民集资,造了一座"中国农民城";40 年后撤镇设市,探索扁平化"市"直管"村",一竿子插到底。两个时代的两次改革,凝结着两代改革者的梦。"进行时"就要展现过程。然而,初到龙港如盲人摸象,政府各个科室楼层,人们忙得脚不沾地,开会开到半夜,采访匆匆忙忙。用什么角度去记录?改革的初心与实践如何统一?我们决定在"历史"里找到观察"现在"的方向。

陈定模,40 年前建镇时主动请缨到龙港镇任书记。龙港人称他为"改革奇人"，那时的改革绝不是锦上添花，而是为了生存。20世纪80年代，浙江温州流传着民谣："平阳讨饭，永嘉逃难，洞头靠贷款吃饭……"他有一个梦想，那就是带领老乡们就地建城，让农民们过上城里人的生活——有电灯，有公路，有中学，有医院，有图书馆。没有申请到国家投资，龙港在陈定模的带领下，只得挖掘"中央一号文件"的政策资源——在中国率先推出户籍制度改革，在土地法出台前，率先实施土地有偿使用，吸引一批先富起来的农民"集资建城"，创造了震撼全国的"龙港速度"。

我们的对话就在他筹建的巨人学校的办公室里进行。老陈书记一点儿都不像80多岁，思路清晰，一坐下就跟我们谈起了对国家推进城市化撤镇设市政策的理解，并毫不留情地指出现在改革中存在的问题。他认为政治改革的最终目的是提高政府效能，更好满足群众需求，这是改革必须回答的时代之问。我们听得带劲，心里也渐渐理出了观察纷乱改革的方向。

"小政府"如何"大服务"？改革的红利如何释放？找到方向后我们的报道紧扣"改革"，以问题视角切入龙港"镇"改"市"后"城市格局、居住条件、产业发展"三大刚需中的难点、痛点，选中三个具象载体：一座拐弯的大桥、一片难升级的民房、一类亟待提升的工业园。

紧扣群众看得见摸得着的"改了啥"，聚焦改革核心。直面改革痛点、难点，坚持百姓视角，直面发展问题："规划之变、民居之变、产业之变"中城市面貌迫切需要提升；民房居住环境迫切需要提升；产业如何解决地少问题等，在大量鲜活典型的场景中展现改革。改革的核心推动力是"人"，实现基层治理现代化的最终目的是实现"人"的现代化。我们着力突出城市化进程中"新市民"与"新干部"思路的提升和转变，精准、生动地传递了改革推进中基层需求和推进改革的信心。

一晃，龙港蹲点已经过去2年，很多当时参与采访、提供过帮助的人，已经到了新岗位，有了新未来。也有一些当时处在改革风口浪尖上的人物，由于各种各样的原因，渐渐远离了公众的视线。每每想起当时的某个场景、某次对话，不禁要问：发展到底需要什么样的改革者？我们能为改革者做些什么？改革人物的命运沉浮和改革事业的曲折总有着共同的交织，改革报道的核心就是如何看待和勾勒改革中的人。浙江是改革的摇篮，如何让改革进行到底，如何让改革者克服人性弱点，坦然面对悲欢荣辱，往前走？进行时的改革报道，考验的是记者的历史眼光，更是对人性观察的能力。与改革者同行，共悲喜、同甘苦，才能推动改革，铸就时代。

　　记得即将离开龙港的前一晚，我特意找到了当年农民集资填出来的江堤小广场。阿姨们伴着节拍投入地跳着广场舞，空气里弥漫着悠闲、满足的味道。如果你知道这座城市的历史，一定能在这里清晰地感受到40多年前浙江农民对城市、对幸福生活的期待与想象。这个因改革而生的"城市梦"也同样被人们写进了广场的名字：龙港小外滩。

2022 年 5 月 21 日

龙港小外滩

REPORT 一起说

做新闻就要"稳准狠"

温州龙港市融媒体中心采访部主任 | 谢陈啦

2020年5月，《浙江新闻联播》推出《龙港"撤镇设市"改了啥》3篇系列报道，不仅在龙港上下引起巨大反响，而且连周边县市区的新闻单位同行也纷纷投来羡慕的眼光，甚至质疑龙港哪来的能耐居然请到了浙江卫视首席记者杨川源老师来做蹲点报道。

印象中川源老师的报道风格"一针见血""直击要害"，看问题总是"快、准、狠"。这次来龙港蹲点，具体报道什么？正面还是负面？刚开始我们心中完全没谱，有点七上八下。

记得他们到达龙港是当天下午，没有休息片刻，立马就和相关部门、社区干部等10多人开展座谈。在座谈会中，杨老师开门见山，要求大家畅所欲言。但大家有点不知道该讲什么，或许也是不太敢讲，生怕说错话给龙港"抹黑"。杨老师听得很认真，她努力快速地收集各种信息和线索，尽可能多地了解当下的龙港正在做什么，尤其是撤镇设市后龙港百姓到底有了多少获得感。

龙港"撤镇设市"才8个月，龙港市领导班子正式到位运行才6个月，再加上年初疫情又让这座年轻的城市按下了暂停键，我作为本地新闻人，感觉似乎拿不出什么现成的"惊天地"事件可以上《浙江新闻联播》。但凭着新闻敏感，我想到了晚上文卫路征迁动员大会召开。文卫路征迁关系到龙港入城口之一的瓯南大桥是否可以拉直以改善龙港城市形象，这也是群众对"撤镇设市"后龙港形象提升最期盼的事件之一。杨老师决定当晚就去现场拍摄。但很多人对杨老师的这个决定显得有点"慌"，一是和杨老师沟通不够深入，二是拆迁向来是一项艰巨的工作，大会上任何状况都有可能发生，不希望让记者看到"糟糕"的、"不可控"的局面，担忧对龙港产生负面影响。但我知道作为记者，是希望拍到"冲突"的，事件有冲突、有曲折才能让新闻鲜活，更具可看性。

当晚的拍摄持续进行了两三个小时，直到动员大会结束，杨老师团队才开始采访，采访了市领导、征迁攻坚小组工作人员、散会的征迁户等三四十位对象。在播出的成片中，我们看到的每个采访对象短短的几秒同期声，是现场好几个小时的采访素材凝结而成的。杨老师团队这种全面捕捉式、不间断式、执着式的采访态度，使我这个地方新闻人深感敬佩，又有几分羞愧。

他们全身心投入工作的样子令我难忘。在胜利村拍摄的那天，王西老师的摄像机一路记录着杨老师和村干部的对话、村民的采访以及村貌等。这是我第一次看到一个摄像记者全程几乎不停机地拍摄，这不仅考验业务技术，更是对体力的一番考验。晚饭时，我问王西老师累吗，他说今天确实累到了。在敬佩王西老师的同时，更多了一份心疼，同时也意识到了自己和省台老师的各种差距。

杨老师团队来龙港蹲点半个月期间，在他们身上我学到了很多。正如这个系列的标题《龙港"撤镇设市"改了啥》，对我来说，"撤镇设市"后龙港新闻人一方面需要加强业务能力提升，另一方面更需要改的是务实的作风和敬业的态度。

作为《浙江新闻联播》与地方台的联动，《龙港"撤镇设市"改了啥》系列报道无疑是成功的。龙港作为全国首个"镇改市"，承担着国家新型城镇化综合改革探路的使命，"大部制、扁平化、低成本、高效率"的基层治理体系正在探索和创新。这是一个承载梦想、创造传奇的地方，从新中国成立初期的5个小渔村，到"中国第一座农民城"，再到小城市培育、全国撤镇设市试点。"无改革不龙港"，是对龙港最贴切的表述。这里的百姓勤劳朴实，敢闯敢试，尤其是"撤镇设市"后，对美好生活的向往比任何时候都迫切。《浙江新闻联播》的《龙港"撤镇设市"改了啥》系列报道不仅给龙港百姓带来了鼓励，也

《〈来自蹲点一线的报道〉龙港"撤镇设市"改了啥?》系列蹲点报道

〈来自蹲点一线的报道〉龙港探索"市管社区"新模式"一竿子"到底能不能插到底（上、下）

给起步即冲刺的龙港注入了一份坚定的信念。

从业务角度来说，十分期盼省台能够与地方台建立协同机制，定期开展联动报道。一是省台老师下来蹲点，对地方台来说是一个无比珍贵且难得的学习机会，可以帮助基层新闻人提高业务水平。拿龙港融媒体来说，目前文字加摄像记者一共 11 人，同时承担着电视、报纸、新媒体等多平台的供稿，在人手极其紧缺的情况下，上派挂职学习的机会几乎为零。二是省台老师下来蹲点报道，让地方有机会在省级宣传平台展现地方特色亮点，是对外形象宣传的大好时机，有助于提高知名度和美誉度，有利于提振当地经济社会发展。三是省台老师下来蹲点，可以密切联系群众，听取基层声音，发挥媒体舆论作用，为党委政府的工作决策部署提供真实信息。

2021 年 6 月 30 日

龙港蹲点花絮

改硬度

用"软实力"碰"硬"

REPORT 一起做

以民生视角解读城市转身涅槃

促进人的现代化是中国式现代化的重要方面。近年来，我们身边的很多大中城市，正逐渐从追求 GDP 回归到注重现代化发展。老百姓的幸福感，文化的归属感，正在成为衡量城市能级的最高标准，也是城市全面、协调、可持续发展的内生动力。

2019 年 1 月 1 日，绍兴出台了《绍兴古城保护利用条例》，以立法手段破解难题，为古城保护利用工作提供了法律保障。然而，绍兴古城的蹲点困难重重，能人多，名人多，古迹多，顾虑也多。可是，当你看到古城老台门里还有群众，每天要倒马桶，一倒就是几十年；当你再深一度走进享誉全球的"书圣故里"的巷子，便会感到满是空置的遗憾……你会和我一样暗下决心，关于绍兴古城的蹲点，已经到了非做不可的时候。

透过镜头，观众看到了：古城高楼降层中的利益纠结，群众生活基础设施提升中的观念拉扯，"保"后"用"难的文旅发展瓶颈。"古城保护利用"看似是一个"软话题"，却是一个城市寻找"文化之根"，探索可持续发展，提升群众幸福指数的"硬核之问"。

2020 年，曾经绍兴古城中的第一高楼"王朝"大酒店已纳入"书圣故里"规划拆改范围

REPORT　一起说

蹲点报道那些事

绍兴电视台记者 | 余斌

"在一起"这三个字，简单朴素，却蕴含千钧之力。比如："只有和人民群众想在一起、干在一起，才能凝聚智慧力量。"

同样，新闻行业也一样，浙江卫视新闻联播的"蹲点报道"就很好地诠释了"在一起"这三个字。

2020年10月，浙江广电集团《浙江新闻联播》栏目来绍兴拍摄"绍兴古城保护去留之间的抉择"系列报道。绍兴市新闻传媒中心《绍兴新闻联播》栏目有幸参与采制。从前期的收集资料、踏勘现场、制订方案，三天的拍摄计划初步敲定。

我们对川源的评价是"铁娘子"。碰面地点是原绍兴市委市政府办公楼，这里是古城保护利用削楼降层第一楼，刚刚建成绍兴名人馆。在了解完大致情况后已是下午4点半，我们原定是入住宾馆，先安顿下来，可川源却站起来说："马上去古城，去老小区改造的地方。"

青藤社区是绍兴古城保护修缮的其中一块区域，35号老台门并不是我们预设的采访点。川源这种"不打招呼、直奔现场"的蹲点方式，让陪同人员措手不及。

傍晚5点前后，正好是社区居民回家做饭的时候。电视文稿是这样叙述的："35号老台门是青藤社区里再普通不过的老台门，十八户人家挤在狭窄的过道两边。在尉阿姨家，厨房很小也比较简单，一转身，里面有个淋浴房，小到仅能转个身。尉大姐的邻居周凤英说，青藤社区的365户居民中，像这样的情况还是蛮多的。"

"难看的，不要上镜头。""住过五代人了。""最好政府给我们改善一下。""不要只有面子。""我们天天盼。"这是老百姓发自内心的需求。这种原生态的表白和浓浓"烟火气"的市井生活，通过一帧帧画面展现给了电视机前的观众。

这道关于古城"面子"和"里子"的考题播出后，反响强烈。它把老百姓的需求真实地传递出来，让媒体成为政府和老百姓之间的一座桥梁，是真正和老百姓"在一起"。这样的蹲点报道才是民之所望、施政所向。在新媒体时代，想要获取"独家新闻"越来越难，只有记者的身心沉下去，好的新闻才能浮上来。

2021年8月，浙江卫视再次走进绍兴，这次报道的主题是"共同富裕"，聚焦于上虞区岭南乡的"闲置农房激活"。夏天的绍兴，天气预报白天在35℃以上，室外实际温度还不止。顶着烈日，卫视记者和乡村干部挨家挨户走访调查，询问村民对激活闲置农房的疑虑。

"我不签。为什么？我只有这块地，没有别的收入。""我们在激活闲置资源的同时，更要激活的是人。"这是浙江卫视记者蹲点上虞时，老百姓和乡镇干部说出的心里话，也是进一步激活闲置农房的难点和政府要做的下一篇文章，是一种思辨。

这次卫视除了大屏播出《上虞：破解一冷一热　激活全域资源》，还完成了《书记区长说"共同富裕"》《共同富裕圆桌会》两个小屏直播。把握选题一直是地方台新闻采制过程中的一大困惑。最大的困惑就是地方台的记者把新闻当宣传来报道，把蹲点报道当作成就报道来把控，都是顺风顺水式的采访，稿子中满满都是成绩。记者没有完全和老百姓"在一起"，不能真正"沉"下去，去聆听老百姓的呼声。

高质量的新闻选题应该以引导社会舆论、提高新闻深度作为蹲点报道的起点。这需要记者能够深耕时政热点、社会生活、社会文化等板块，心怀"问题意识"，将地方发展的优势和痛点同浙江省委、省政府和绍兴市委市政府出台的政策精准匹配，落到实处。

纵观浙江卫视的蹲点报道，无论从"绍兴古城保护的去留"还是到"上虞共同富裕的破解"，每一帧画面、每一处声音，都始终与老百姓"在一起"。从地方台的选题到卫视的新闻协作，特别是在融媒体时代，浙江卫视将"动态新闻""网民跟帖""新闻链接"等形式有机地导入蹲点报道，使得每一条新闻更加公开、公正、公平，更加有速度、有广度、有深度，更加有真实、有真相、有真情。

或许，这就是蹲点报道里的那些事，看似微不足道，回味起来却充满意义。

2022 年 3 月 17 日

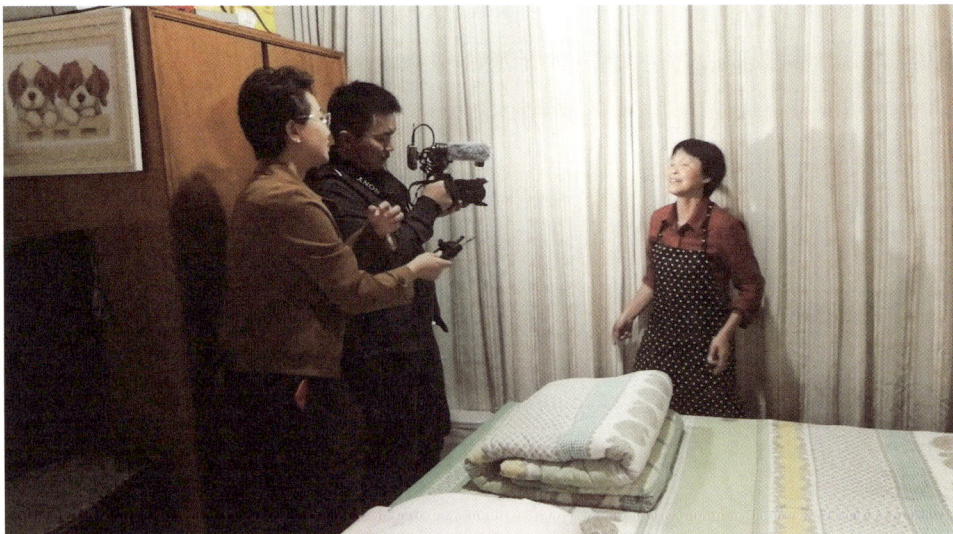

记者走进绍兴古城老台门，记录群众真实生活需求

REPORT　一起说

对话绍兴古城的昨天、今天和明天

绍兴市历史文化名城保护办公室主任 ｜ 徐觉民

绍兴是国家首批历史文化名城。近年来，随着日新月异的城市现代化建设，如何做好古城保护与合理利用这篇文章，是需要绍兴不断探索和实践的课题。绍兴立足传统文化资源软实力，探索出一套适合自身需要的古城保护利用模式，打造"不易被模仿的竞争力"，破解历史文化传承与现代城市发展间的矛盾。

为了推进古城保护利用工作，绍兴从 1982 年成为国家首批历史文化名城开始，编制《绍兴历史文化名城保护规划》，出台《绍兴历史街区保护办法》，古城内八大历史文化街区与许多历史建筑都较好地保存了下来。2006 年，第二届文化遗产保护与可持续发展国际会议在绍兴召开，发表了具有里程碑意义的《绍兴宣言》。2018 年，编制《绍兴古城保护利用总体城市设计》，确立了"一城一桥三故里"的整体发展构架。2019 年，颁布实施《绍兴古城保护利用条例》，构建了"一部法规、一个机构、一项基金、一张清单"的"四个一"体系。

绍兴古城保护利用的重要目标是全城申遗，成为全中国乃至全世界的宝贵资源，将古城让给世界人民。如何顶层设计，讲好古城故事，推介展示好古城的昨天、今天和明天，是摆在城市管理者面前的一项重要课题。在多元媒体时代，如何系统、全面、权威地解读古城，防止片面、割裂、噱头式地"消费"古城，也是一项具体考验。

2020 年 10 月，个别网络媒体报道了以"震撼全国！绍兴老城区内 178 幢高楼将全部拆掉、削平"为标题的信息，引起广大人民群众的误读，在社会中引起了一定的反响。

报道所涉及的其实是一项关于古城风貌天际线管控的工作。古城区域内的高层建筑基本建于 2000 年前。而后 2001 年编制与 2012 年修编的《绍兴历史文化名城保护规划》明确规定"禁止在古城范围内再新建高层建筑"。2013 年《绍兴市城乡规划管理技术规定》明确"古城保护范围内的新建筑，其檐口高度不得超过 19 米，建筑总高度不得超过 24 米"。《条例》第二十条明确"对古城范围内现存不符合城市天际线、传统格局、历史风貌要求的建（构）筑物，应当根据古城保护相关规划逐步依法实施降层、改造或者拆除措施"。

根据上述控制要求和北京清华同衡规划设计研究院等专业机构研究成果，有关单位对古城超过 24 米的建筑进行了摸排梳理，共计梳理出 178 幢建筑，围绕"显山露水、视廊互通、风貌协调、肌理重塑、功能织补"的理念，秉着"依法依规、充分研究、量力渐行"的原则，提出古城高层有序疏解的设想。

但"178 幢高楼将全部拆掉、削平"的不实报道，也让有关方面意识到亟须用权威媒体特别是省级媒体发出权威声音，以消除广大人民群众的疑虑。

杨川源老师是浙江卫视资深首席记者。她的名字又与水乡绍兴特别有缘。蹲点团队跑部门、下社区、走企业、访专家、问居民，深入古城的角角落落。调研群成员也从刚开始时的个位数增加到后来的 47 人。点题、论证、分析、采访、梳理环环相扣，包括参加绍兴市委市政府决策研究会、古城项目专家论证会等，并随机对相关领导、工作人员做即时采访。强人作风、不知疲倦、刨根究底、探寻真相，调研团队的专业性和敬业精神深深感动了大家。调研成果在浙江卫视《浙江新闻联播》以《绍兴古城保护的"去留"之间的抉择》为题进行了 3 条长篇报道和 1 次评论员评论，全方位报道了古城昨天厚重的历史人文、今天的"去留"抉择和明天的发展蓝图，并对古城保护利用工作提出了富有建设性的意见建议。

传播正能 为高层疏解正名

2020 年 12 月 5 日，第一篇报道《让 178 幢高楼变"矮"：真的不容易》

在浙江卫视《浙江新闻联播》首次播出。报道显示：在"书圣故里"历史文化街区，记者随机对居民、游客进行了采访，"古城得像古城的样子，不能古不古今不今""如果拆掉跟古街匹配一点"是居民、游客对拆除王朝大酒店、新华书店的总体意见。通过对"书圣故里"旧城改造重点项目负责人采访显示，因为与周边风貌格格不入的王朝大酒店和另一幢高楼堵在历史保护区大门口，让他整天为打不开门、迎不进客而干着急。再到绍兴市人大经过8个月的反复论证，把"削楼"（高层疏解）标准明确写进了地方性法规，指出高层疏解是依法依规、试点先行、慎重妥善、循序渐进开展，而不是个别自媒体标题所说的一削到底、全部拆平的简单粗放模式。报道播出后引起强烈反响，得到了专家学者和社会大众的高度认同，高层疏解的背景、理念、方法、程序得以被社会正确解读。

补齐短板 满足群众需求

2020年12月12日，第二篇报道《要"面子"，更要"里子"》在浙江卫视播出。如何在保护古城的同时提升基础设施，让仍然生活于其中的居民日常需求得到满足，合上社会进步节拍，达到现代生活标准？报道以青藤书屋及周边综合保护项目为例。改造前居住在这里（青藤社区）的老百姓反映最强烈的是缺乏卫生设施的问题，有关部门针对青藤社区巷子窄、台门地势低洼、居民不愿在自家门口建污水池的实际，采用新技术给每家安装坐便器，居民彻底告别了倒马桶的历史。这则报道为古城谋划建设共同富裕未来社区提供了有益借鉴。与传统的全新建设未来社区不同，古城里建设未来社区面临着更大的现实问题和工作难度，需要用改革思路和超常规手段加以解决。

注重活化利用 发挥综合效益

2020年12月13日，第三篇报道《"保"下来更要"活"起来》在浙江卫视播出。报道从鲁迅故里拆卸围墙入手，指出绍兴坚持"在保护中利用，在利用中保护"的理念。通过徐渭故里整体改造提升案例，指出古城保护不能只保护修缮，而缺乏互动体验和文化活动，需要与时俱进，让游客有更丰富的体验，增强吸引力。报道指出要注重把鲁迅故里、书圣故里、阳明故里、越子城片区、八字桥片区等八大历史街区串联成片，有机结合，充分发挥其社会效益、经济效益，增强古城活力。

《绍兴古城保护"去留"之间的抉择》系列蹲点报道

▶

坚守保护初心　更好持续发展

2020年12月17日，《绍兴古城——如何"削"出保护与发展的等高线》在浙江卫视《今日评说》播出。浙江卫视评论员刘雪松这样说，别的城市还在拼命长高，绍兴古城却壮士断腕，在阵痛中变矮，这是保护古城的一种逆向思维，是对过去存在的不符合古城形象气质、难以发挥既有使用功能的建筑实施的一次纠偏。立法在前，拆改在后，师出有名，"规划很大胆、操作很谨慎，规则很严格、动作不贸然"，目的就是为了最大限度地减少损耗，更好保护好利用好绍兴古城。评论员建议，保护古城是为了更好地生活，更好地发展，让它有文化基因的传承感，有古今交流的对话感、触摸感，既要有历史文化气息，又要有现代古城的活力。这使得古城人更加坚定信心，锚定目标，久久为功，统筹把古城保护利用这篇文章做好。

2022年3月17日

改思路

回应急难愁盼   助力基层治理

"以百姓心为心"是强化媒体传播力，增强主流媒体舆论引导力的核心。媒体传播是听取民意，快速发现和解决问题的最短路径之一，是推动国家治理体系和治理能力现代化的一个重要力量。但应该看到在实践中仍长期存在采集信息、甄别价值、研判走向的能力欠缺等一系列亟待解决的问题。这要求我们打通基层宣传梗阻，转变舆论引导范式，兼顾把握社会短期、长期公共话题，引导和鼓励权威表达，搭建理性互动平台，承认并运用好多元公共话语，变被动为主动，在地方政府、基层群众中间架起沟通桥梁，促进良政善治。

REPORT   一起做

在风声雨声中回应人民心声

做了 17 年台风报道，记不得我和同事们曾多少次追逐风雨。从最初的体验式报道，到蹲点化转型。我们一直在实践中摸索，怎样才能让台风报道更有用？自 2015 年"灿鸿"台风报道开始，我与团队有意识地对台风报道的形态与结构作出了一些改变，每一次突破都让人感到温暖和振奋。

台风报道不该是"样子货"，从"大风大雨"到"排忧解难"，我们要干实事，解难题。"灿鸿"台风来袭时正值浙江省的农业"双抢"期，农民们的焦急可想而知。抗台返回杭州后，我们重返受淹严重的宁海、象山、绍兴，

以最快速度及时播发了两篇灾后回访《灾后农民急需啥？》。当我站在宁海长街村数十亩被台风摧毁的甜瓜地里，和甜瓜种植大户王安定一起捡起一只只已经开始腐烂变质的甜瓜，他说的那句"心疼啊！没办法！"重重地打在我的心上。在早稻倒伏最严重的象山、绍兴，我遇见了光着脚、皮肤晒得黝黑的钟亚春大姐。她家里的早稻几乎全部倒伏、葡萄架被吹散，她已经焦虑得几天没睡过觉、没换过衣服，采访时不好意思地特意拽了几片草丛里的大叶子塞到衣服的破洞里面。站在迟迟下不了地的收割机前，她低头转身时默默流下眼泪，我的心里像撒了把盐。台风给这些朴实的农民带来的损失逼近内心，带来刺痛。他们的乐观与坚强，也更加催促和鼓励我们做更贴近百姓的台风报道，让人民群众的困难和需求在我们的节目中得以展现、引发共鸣、促进解决。现实倒逼我们必须在台风报道"去形式化"这条路上加速前行。

2015—2016 年台风报道现场及回访报道

REPORT　一起做

向"台风报道"要价值

2021 年第 6 号强台风"烟花",探索了追着灾情走"深蹲 + 及时"的报道路径,让台风报道进一步回归新闻价值和社会价值。

6 天里,我们先后辗转宁海、奉化、海曙的 7 个村、社区,步步追踪"烟花"带来的痛点,"直播 + 蹲点"持续深入蹲点基层 6 天。完成 18 次连线、5 条蹲点报道:在宁海的雪山村,我们追踪了 3 户 5 名老人在劝说中的转移;在水车村,我们关注了宁海历史上最大规模的整村 3000 人大转移;在地势最低洼的下渔村,我们与基层干部一起坚守海岸线,奉化四明山降水量猛增到 400 毫米,奉化江暴涨,我们火速赶赴奉化江边,在与地面落差达到 3 米的奉化江堤坝上连线直播,及时关注奉化江倒灌风险;在最大城中低洼地奉中社区,我们走进街巷台门,关注群众家中排水情况。原本以为蹲点会止于奉化,怎料朋友圈突然得知海曙区洞桥镇全镇遭遇江水倒灌,14 个村社受淹,我们再次整队集结,挺进洞桥。在路、桥纷纷被封,水深过腰的情况下,我们辗转锁定奉化江大桥引桥口,边做蹲点,边张罗皮划艇进入村庄。第一时间在《浙江新闻联播》水上连线,及时准确地向外界通报了洞桥及周边石碶街道的水情及人员转移情况。上岸后我们连夜蹲守桥头,跟志愿者们劝阻老乡冒险返家。在没有信号、没有任何交通工具的情况下,第二天扒上 4 米高的大卡车、推土机,反复在齐腰深的水里,随机搭乘路过的救生艇,想方设法,争分夺秒,跟随救援人员记录洞桥镇干部群众的急需与必需、努力与坚守。

台风报道是练兵场,是团队凝聚力、作战力的试金石,更是理解传播核心目标的检验场。在基层最需要鼓劲加油的时候,我们要向着干部群众的需求出发,向着难点、痛点出发,做"深入"而"有效"的内容传播,这才是"风雨"战斗的意义。

台风蹲点报道要"深"更要"快"。从被淹乡镇坐皮划艇出来，就地在救援帐篷里写稿、剪片、回传，让观众看"热乎"的

在 2022 年台风"梅花"中，宁波余姚部分镇村淹水严重。我们深入水深超过 1.5 米的三七市村蹲点，跟着应急民兵连一起用皮划艇为被困村民送去物资。当很多朋友担忧我的健康发来询问微信时，我总会把这张照片发给他们。图片上有村民、民兵和很多不知道姓名的志愿者。作为记者，我们本应与他们同甘苦、共喜忧，没有捷径，不能逃避

追风逐雨"硬"碰"硬"

宁波广播电视集团多媒体新闻中心外联二部主任｜俞济树

2021年"烟花"台风的新闻报道中，我作为宁波台的通联，随着浙江卫视"杨川源报道团队"，6天时间，先后辗转宁海、奉化、海曙三地多个乡镇街道的7个村和社区，这支并不在台风登陆地的小分队，却完成18次连线、5条蹲点报道。一路上，我们步步追踪"烟花"带来的痛点"水患"，团队作战。风雨中，以"超长待机"的干劲和姿态，持续"直播+蹲点"，向着问题和群众的"急难愁盼"走，为做更有价值的台风报道进行了有益尝试。

找到群众和干部工作中的"硬"需求

2021年7月23日中午，和"杨川源报道团队"在宁波集结后，我们被指派前往宁海。预计"烟花"台风将在杭州湾到临海沿海的漫长海岸线一带登陆，各路小分队正纷纷投入到渔船、养殖户撤离、堤防加固、各地指挥中心部署防台举措的台风前火热报道中。苦于"无米下炊"的我们到哪里去寻找有价值的台风报道呢？和浙江的许多地方类似，"七山二水一分田"的宁海有大量的山区群众。此刻，一场山区群众的大转移正在进行，看似没有雨就是最佳窗口期。如何尽快转移？实际状况如何？我们一路进山，直奔位于桑洲镇山区的雪山村，当地海拔800多米，民居是典型的砖木结构老旧房子，情况着实让人担忧。

我们的第一次直播连线，就把镜头视角聚焦高山村群众转移，在下午众多的台风报道中，第一时间关注这一急难愁盼问题。随后的排摸，当地将对最后3户5位老人进行劝离。当晚6点半的《浙江新闻联播》节目中，记者杨川源跟着工作人员一起走进村民老杨家中，直播采访报道劝离过程，展现工作人员耐心说服和村民老杨表态撤离的真实过程，给此时此刻散落在沿海的众多山区村落起到尽快转移的示范作用，从老百姓生命安危"硬"需求中发出了"硬"声音。

一堆数据和措施不如一个"硬"现场

循着问题向着群众的"急难愁盼"走。我们从两次雪山村转移的直播后离开了山区，来到了平原地区的跃龙街道水车村，该村在历史上的"730"台灾中，曾经遭受上游山洪的灭顶之灾，在水车村的安置点我们连夜直播连线，关注了安置夜群众的吃住娱睡等安置生活的方方面面。

从宁海到奉化，从山区到河网，我们始终关注台风带来的水情给沿岸老百姓造成的危险和当地的排险工作。在奉化江沿岸的强排水报道中，我们从朋友圈突然得知海曙区洞桥镇全镇遭遇江水倒灌，14 个村社受淹，我们再次整队集结，挺进洞桥。

在路、桥纷纷被封，水深过腰的情况下，我们辗转了四个口子不放弃，锁定奉化江大桥引桥口，边做桥头蹲点，边张罗皮划艇进入村庄现场。当时，我们被告知当地采取了很多的措施，村里的老百姓已经被转移，目前水深 1 米 5。这些紧急情况如何报道出去呢？我们决定在当晚的《浙江新闻联播》里做一次水上直播连线，循着皮划艇行进的路线，镜头中是沿途的水况和空无一人的村子，通过我们的直播和记者杨川源的实时采访，真实直观地传递了现场状况。通过这样一个"硬"现场，第一时间准确向外界通报了本次台风最受关注的洞桥及周边石碶街道水情及人员转移情况。这条现场连线报道播出后，省市主要领导第一时间来到受灾点指导抗灾。报道给党委政府的决策部署起到了很好的参考作用。

用过硬的作风啃下一截截"硬"骨头

7 月 27 日，《浙江新闻联播》播出的蹲点报道《群众急需啥，我们就去做啥》是我们此行报道的收官之作。鲜明的问题导向,扎实温暖的现场,赢得了良好的收视反响,可很少有人知道这条报道的背后记者到底经历了什么。27日上午,台风过境带来的超级雨量和来自农历十六的东海大潮,把处于四明山区与奉化江之间的这片海曙平原,堵成了一片被水围困的孤岛,也把我们死死困在口子上。第一时间连线完"大量救援物资力量向宁波高速洞桥口集结"的报道,我们扒上了唯一的交通工具——过驳救援物资的巨型石料箱车,终于进到孤岛洞桥镇。

报道中,我们看到,从洞桥镇政府的门口,记者挂着木棍,蹚着齐腰深的水走入一户户民房,整整数公里,探访百姓受灾后的真实状况,采访百姓的稳定情绪,走进集中安置点里看到老百姓有吃有喝,记者特意问小女孩喜欢吃啥,女孩拉起记者阿姨的手去看方便面却带出灾区停电缺热水的百姓急需等种种温暖细节。蹚水、搭冲锋艇,扒上大铲车,大家相互打气鼓劲、团结互助,凭着双脚在一片"汪洋"中穿插,抓拍手机集中充电点服务居民解难,跟拍镇里工作人员抢修电力的鲜活内容,在断电、断水、断网的情况下,赶着当晚联播发回蹲点报道。我年长川源几岁,这次报道中,每次紧急状况下她的"超稳定发挥"为团队的精彩报道起到了主心骨的作用,而她面对困难敢于碰硬的自信和不退却,善于团结大家一起克服困难的团队精神,给我留下了深刻印象。

台风登陆很难预测,新闻和宣传也没有先知先觉,更多情况下是脑力、眼力、脚力的长跑。是追风逐雨中的硬碰硬,对接群众硬需求,寻找基层硬现场,啃下困难硬骨头;是向着群众的"急难愁盼"奔走的远征。这也是我加入蹲点团队台风报道之行收获的启示。

2022年11月20日

最主要是没开水 没开水

蹲下去，让台风报道有速度更有了温度

2021年台风"烟花"直播中在宁波海曙区石碶街道直播受灾情况

REPORT　一起做

在"深蹲"中传递"力量"

2019年8月9日至10日,超强台风"利奇马"正面袭击浙江,受灾严重的古城临海,遭受了70年一遇的洪水,市区、乡村大面积淹水,最深处水深达到两米五,一时间,古城断水、断电、断通信。8月12日,随着古城临海城区积水退去,更大的灾后重建的困难摆在眼前,临海出现社会负面情绪,亟待用深入一线的报道推动灾区党员干部、基层群众迅速形成合力,加速重建家园。

8月12日一早,在结束温岭、玉环抗台报道任务返回杭州后,我带领团队重返灾区临海,以"蹲点日记"开启新一阶段的灾后重建报道。从8月15日到17日,《浙江新闻联播》聚焦灾区重建中的难点、痛点、着力点,连续推出《(蹲点日记)临海古城水退之后》系列蹲点报道,用"记者手记+短评"的形式及时提炼思想、提振信心。同时节目的新媒体版本也持续在中国蓝新闻、新蓝网、无限台州、台州发布等多个平台以多角度、多方式、融媒体传播,用务实而充满感染力的电视化表达,有效呈现临海干部、群众灾后自救中不断面对的困难与努力,有效传递了"困难面前不等不靠"的灾后重建正能量。

报道播出后，引发了强烈的社会反响：全省及台州地区的干部、群众纷纷转发，"学习强国"也第一时间转发，数万条点赞、留言情真意切，更多人行动起来为临海灾后重建鼓劲加油。我们用持续播发的蹲点报道，汇聚了更多的社会关注与社会力量，及时消除了当时正在逐渐扩散开的社会负面情绪，增强了灾区群众重建家园的信心与决心，生动展现了在自然灾害面前，社会各界同心协力，干部群众不畏艰难、顽强奋进的"浙江精神"。

作为一组典型的事件性新闻后续报道，《（蹲点日记）临海古城水退之后》的有效实操，为我们提出了新的业务思考：如何增强主流媒体在事件性新闻后续报道中的舆论引导力？定位、站位、方位决定了记者在一线操作的方式与方法、语态的样式，我们要在传递信息的同时传递温度。

讲实话 才能汇聚大能量

客观面对现实，是灾后重建报道可信性、权威性、贴近性的重要前提。记者重返灾区开启蹲点时，临海当地由于高水位过水面积大，居民家里受损严重，清理重建速度不一致，网络上随即出现杂音。然而不能把群众的困难和需求当作"舆情"，这些来自基层的真实声音，正是我们蹲点报道推进问题解决的方向。

到达临海后我们深入淹水严重的区域，深入基层群众家中，直面海水退去之后的最大难题：全城垃圾大清运。8月14日凌晨开始，我们连续蹲点了这场垃圾清运接力赛中的24小时：武警官兵、民兵、普通群众、志愿者等各方力量，怀着要让临海尽快恢复正常生活的目标昼夜奋战。他们接受采访后马上投入工作时匆匆的背影、不愿留下名字时的挥手、满头大汗奋力推铲的坚守——古城街巷垃圾清运之难跃然眼前。

对临海"困难"并没有点到为止，而是步步深入核心：24小时清运的3000吨垃圾只是这场清运战中的一部分，古城街巷狭窄，大型机械难以进入，当务之急是广泛发动群众灾后自救。报道锁定临海市区受灾最严重的大型敞开式无物业小区鹿城社区，通过一场在"社区之歌"中开始的动员大会切入，基层党组织在困难面前的号召力与行动力，在社区群众积极主动投入家园重建的高昂士气中，得到生动而深刻的印证与展现。当这首《全心全意》的社区之歌再次被唱响，歌声中传递出来的，正是临海上下重建家园的信心与决心。在蹲点中我们与灾区干部群众同呼吸、共命运，提前预判，促进解决，为整组蹲点报道奠定了"直面问题"讲真话、办实事的基调。

报道第一期播出后，金华、衢州、湖州、嘉兴等多地社会组织纷纷驰援临海的街巷垃圾清运，更重要的是很多之前没有加入到这场垃圾清运战中的临海普通群众也被感召，以"主人翁"的担当，积极投身到家园重建中，有效摒弃了舆情杂音，加速了社会正能量的释放。

讲细节 才能提振士气暖人心

临海蹲点报道之所以能用报道汇聚起更大的力量，关键一招就是在"深蹲"中以"浸入式"的方法，与广大干部群众一起奋战在一线，全身心发掘身边的细节，获得场景的张力，呈现出相当一批有血有肉、生动鲜活的平凡人。

我们看到了在24小时全城总动员垃圾清运接力赛中不断克服困难的平凡人的坚韧；看到了基层党组织在困难中带领群众迸发出的强大力量，听到了在社区中响起的团结奋进、凝聚人心的歌声；看到了基层干部忘掉日期，放弃休息，抢排水，抢清洁，无怨无悔的真挚情感；看到了每个市民对这座城市的爱与付出，加紧脚步重建家园的决心与勇气；看到了临海人对"长城精神不倒"的深刻理解——这些热气腾腾的"细节"不再只是一样东西，而是一个场景、一群人、一个燃起希望的想法——这些由一连串的围绕主题的"体验式"细节组成的"场景链"，传播的不再只是视觉、听觉上的简单感受，而是信息在融合情感后的凝聚与升华。

在融合传播的背景下，好报道必须有效果。在临海最需要统一力量、增强信心的时候，3篇带着温度的报道感染人心、催人奋进，得到了社会各界的一致好评。台州市各级领导、临海市委书记和广大干部、群众纷纷转发报道，

临海古城蹲点日记
（一）24 小时不停歇
打赢垃圾清运战

临海古城蹲点日记
（二）吹响集结号 打
通垃圾清运"最后一
公里"

临海古城蹲点日记
（三）尽最大努力把
灾害损失降到最低

（▶）

感谢媒体营造了强大正能量宣传氛围，记者用心、用情为临海灾后重建鼓劲加油，用新闻的力量凝聚了基层共识，展现了困难面前强大的"浙江精神"。这也印证了：最优秀的故事和讲故事的人都在传达"体验"。动人的电视报道要求你使用有效的故事讲述工具，赋予其意义的发动机。

准评论 才能传播正能量

"蹲点报道＋记者手记＋本台短评"是《浙江新闻联播》在该组临海蹲点日记以及其他台风后续报道节目形态中着力强化的模式。在此类事件性后续报道出击追逐热点和焦点，在深入蹲点获得第一手权威资料的前提下，主动打破以往片末简单处理"一条接一条"的排播，以一线亲身体验的视角在矛盾冲突中理出思路，理清争议，"记者手记"贴近、生动，形成了具有清晰判断和独特认知视角的"软评论"；在节目结束后的主持人过渡段落，配发"本台短评"提炼并强化报道核心思想，不仅增加了报道本身舆论传播的分量，更让整档节目形成了明晰的"思想段落"，增强了电视主流媒体在传播过程中的思想性与权威性。

这次灾后蹲点报道是电视主流媒体发挥内容优势，深化推进主流传播的有力实践，也为不断深化总结突发事件报道总结了实用经验：以更加扎实的"深蹲"，增强"四力"，优化采编流程与效果，强化新闻报道的"推动力"。让报道"好看"更"有用"，挖掘"报道过程""传播过程"的社会影响力与推动力，实现从"做节目"到"做事情"的转变。让"情怀"与"担当"在"四力"的增强中融合发光。

三篇蹲点报道后的网友留言（部分）

2019 年 8 月 14 日，从凌晨 1 点到早上 8 点，我们完整记录下了这个城市的人们是如何夜以继日地清理 3000 吨垃圾的

当临海市政广场重新响起排舞音乐时，我知道美丽整洁的临海回来了

REPORT　一起说

向心而行　同频发力

临海电视台副台长、主任编辑 ｜ 罗凌芳

2019 年 8 月 10 日，台风"利奇马"的狂风暴雨，给临海带来重创，一时间，临海古城陷入一片公众舆论之中。这时，浙江卫视新闻中心蹲点团队来到临海，深入灾区一线，走遍背街小巷，走进居民社区，用最短时间进入事件核心，用镜头记录，用事实讲述，用真诚评说，将临海人民共同抗灾、重建家园的行动与决心传递出去，及时回应公众关切，引导了舆论走向。作为主流权威媒体，浙江卫视在特大灾害面前积极主动、正面有力地发声，极大地凝聚了人心、鼓舞了士气，宛如混沌中的一道光，照亮并温暖了每位参与临海古城救援者的心。

哪里最危险，哪里有困难，哪里就有浙江卫视记者的身影。到达临海之前，川源团队已经在长兴、绍兴奋战了十多天。她人还在途中，就叮嘱要找到一条线索上的人物，一到临海立马采访。此时的临海，洪水尽管已经退去，但长城脚下的古城一带重灾区，到处是黑乎乎的淤泥，垃圾堆积成山，太阳暴晒下发出令人作呕的臭味，再加上大型工程车来回穿梭，四周尘土飞扬，尽快还市民一个干净整洁的环境成了当务之急。

记者踩着泥泞路，走进背街小巷，将话筒对准了那些不愿意留下姓名的基层干部、环卫工人、志愿者。他们几天几夜没合眼，奔忙在一线清扫搬运，汗水湿透衣衫，连续作战的疲惫挂在每个人脸上，还得面对部分市民的埋怨与不理解。每天3000吨的巨大垃圾清运量如何解决？这时，川源提问十分简洁：有困难吗？有信心吗？采访结束，已近晚上12点，月光无声，静静地照着熟悉而又陌生的家园。

受台风影响，临海大部分地区处在断水断电状态，城区仅有一家酒店在运营，在宣传部的协调下才腾出两个房间供记者住宿。转天7点半我们碰面，川源一边往嘴里塞吃的，一边说已经定了今天的采访方向，她要了解：灾后菜价是否平稳？百姓菜篮子拎得起吗？职能部门有没有履行起监管责任？带着这些问题，她带着摄像许勤跑遍了临海大型中心菜场，边跑边自语：洪水来时人身安危需要关注，灾后的困难更需要关注。是啊！当洪水退去，灾区渐渐淡出人们视线时，卫视记者逆向而行，采用蹲点的方式，以细致的笔触，饱含深情为灾区人民鼓与呼，给临海百姓鼓劲加油。

8月15日，炙热烤得到处臭气熏天，身上粘上的那股味洗都洗不掉。走进了临海古城街道鹿城社区，这个在全省都很典型的开放式小区，在此次洪水中也遭受了重创。小巷里、楼道内乃至居民家中，垃圾成堆，污浊不堪。因街巷狭窄，大型清运车进不来，清运垃圾只能靠人工手推肩扛，进展十分缓慢，给后期的消杀防疫工作带来极大困难。找到社区党委书记方华芬时，她已连续奋战了四天四夜，嗓子哑了，一脸的焦虑，说大件垃圾运不出去啊，干着急。这是个干起活来不要命的女汉子。女汉子遇到女汉子，真有聊不完的话题。

为了进一步动员社区居民共同参与垃圾清运。8月15日晚6点，鹿城社区召开会议，号召大家不等不靠积极行动起来，用自己的双手还家园以洁净。"磨破嘴皮，只为摆不完的理；磨破脚皮，只为解不完的题……我就在这意思意义之间全心全意。"这是社区之歌——《全心全意》，歌声显得那么嘹亮动听，令人振奋，也特别鼓舞士气。基层社区这份守望相助与乐观坚强令人动容。当晚，第一篇蹲点报道《24小时不停歇 打赢垃圾清运战》在浙江卫视新闻联播顺利播出了，第二天，连续推出第二篇蹲点报道《吹响集结号 打通垃圾清运"最后一公里"》，台州市领导也纷纷给予转发，这无疑给正在日夜鏖战的临海百姓以极大鼓舞。方华芬书记看了片子后，赞道：说出了我们基层真正的心声！

川源在手记中写道：这是我在临海几天来第一次听到歌声，这是一首来自临海受灾最严重的大型社区的歌声。大水退去后，当社区面临更多垃圾清运困难时，歌声在大会上响起。这首歌也激励着我们，遇到困难不要轻易放弃，普通群众的凝聚力与战斗力是我们战胜一切的源泉。好的新闻作品，必是先打动自己，然后才能打动受众。记者身影在哪里，镜头就在哪里，记录就跟进到哪里。正因为有这样的指向性，才能与群众达成共识，实现全心全意。

剪片时刻，房间里弥漫着一种紧张。川源躲在角落里，以特有的嗓音，节奏明快地给审核过的稿件配音。随后，她弓着背伸着脖子守在电脑前，几个小时不动弹不挪窝，"嗒嗒"地剪辑，算着分秒与时间赛跑，争取早点给台里传片，争取多些审片时间。她每每将片子修改到最后，精益求精到最后。最后一篇蹲点日记《水退之后的第一个双休日，他们全员无休》，让人泪奔的真情讲述，临海干部舍小家为大家的忘我工作状态，都是她一次次抓狂后所作的真实呈现。

在临海抗台救灾的日日夜夜里，卫视记者没有停下过寻找的脚步，在被洪水冲毁的长城断垣残壁上，在阴暗潮湿弥漫着刺鼻消毒水味的地下车库里，在装满衣物当沙包一起保卫家园的社区里，在紫阳街开张的第一家海苔饼店老板平静的脸上。作为一名资深记者，川源并没有简单地停留在表象，而是深入到问题背后，瞄准困难，带着真诚蹲点在一线，用自己特有的方式，与灾区人民同呼吸共进退，唤醒共同的努力。三篇贴着地气、冒着热气的蹲点报道出炉，以来自现场的真实回应网上关切，营造了强大的正能量氛围，极大地鼓舞了士气，大家纷纷转发报道并为临海点赞加油。一直以来，我总在想：新闻工作者倡导"脚力、眼力、脑力、笔力"，脚力为何是放在首位的？从卫视记者不停歇不知疲劳奔忙的身影里，我已经找到了答案。

2022 年 3 月 21 日

时隔两年后，我们在《共同富裕圆桌会》中相遇，临海古城上空云卷云舒

在最闹心的时候相遇

台州临海市发改委主任（临海市委宣传部原副部长）｜ 沈速

2019 年 8 月 12 日，台风"利奇马"登陆后的第二天，我已经 N 天没有好好休息，至少两晚没合眼。尽管宣传舆情组各项应对工作都在紧锣密鼓地开展，但相关媒体、论坛、朋友圈的负面消息仍在满天飞，犹如看不见的"利奇马"，来势汹汹，正形成滔天之势。下午，杨川源从玉环"转战"而来。听了新闻办具体负责接待帅小伙的描述，对川源的第一印象并不"美丽"，简言之是"豪横"。"豪"到一直坚持锻炼一身肌肉的帅小伙跟不上她匆匆的脚步；安排的点位，她只瞄一眼，只抛出俩字："再选！""横"到当我们听说她要住下作蹲点报道，以临海酒店目前没有接待能力为由，想把她"推"到其他地方。她大眼一瞪，直接把行李往地上一扔：不走了……

我和川源的交集，就在她把行李一扔，要在传媒集团住下的时候开始的。"豪横"的她连手都不给握，就直接给我们分析当前舆情走势和应对之策。"当前的现状是'敌'强'我'弱，负面声音满天飞、满大街跑，而政府的发声，还处于'穿鞋子'的阶段，没有'起跑'，完全单边倒。""当前的重点，是抓紧'起飞'，'起跑'都来不及了，打好舆情'反击战'，把我们的声音，把我们的信心、状态、行动、成效持续有效地推送出去。"川源给我们一层一层剥笋壳，"'大灾之后必有大疫'，这是古人总结的朴实道理。8 月酷暑，满城的垃圾如果不及时清运，不仅恶臭难闻，影响市容市貌，更有可能产生局部疫情，成为公共安全事件。""所以第一篇蹲点报道，就是全城垃圾清运和消杀情况。我们也要通过这个报道，号召更多的人，参与到这场宏大而紧急的行动中来。"

说干就干，因为主路段的垃圾清运和消杀必须要安排在晚上，以尽量不影响交通出行和群众生活。好不容易给她在酒店腾出房间，上楼不到 5 分钟，她就带着我们出去了，这一出去，就是整整一晚。第二天一早，匆匆在路边喝了几口粥（志愿者免费提供），她又带着我们"扫"大街了……

"明天的新闻是金子，今天的新闻是银子，昨天的新闻是垃圾。"时效性就是新闻的生命，我们必须马上采写，剪辑完立即发稿。以往的蹲点报道，都是磨了又磨，一个星期左右才开始发。我们这次蹲点，要尽量做到即蹲即发，这是对你们的考验，更是对我的考验。"这话，当时听了没多大感觉，现在看来，就是沉甸甸的责任感、紧迫感和担当意识。

8 月 15 日晚，第一篇蹲点日记《24 小时不停歇　打赢垃圾清运战》在浙江卫视新闻联播黄金时段播出。这篇报道，是省级媒体中发稿最快、影响力最大的稿件，从一线的视角、基层的视野，全面展示了临海清理主城区垃圾的宏大场面，展露了党政军民齐心协力、奋起自救的良好风貌，展示了普通群众自强不息、不等不靠的强大内生动力。这篇时长 3 分 40 秒的蹲点报道一经播出，就收获一致好评和广泛转载，犹如在负面、消极、质疑为主流的舆论圈里投下一颗重磅炸弹，搅动这个盘子由负转正。正面的声音，正一点点壮大起来。"作为临海人，感恩、感动、感谢！""众志成城，重建家园，临海加油！""从烈日到晨光，从深夜到天明，我们不停歇，只为早日让临海露出明眸皓齿。""记者蹲点守候，让满满正能量及时传送！"……

"现在多的是碎片化的新闻，缺的是系统性、持续性的报道，群众及网民的认可度不高，传播效力不强。只有把蹲点报道往深度做、往一线做，才能达到应有的新闻效果，最后形成推倒负面舆情的'多米诺'效应。"几天下来，身体略显疲惫的川源精神上依旧"豪横"，"蹲点报道的核心是抓住人心。外界在关心什么，在质疑什么，群众在期盼什么，这些都是我们蹲点报道的重点，要有的放矢地展开回应"。

于是在第二篇和第三篇的蹲点报道里，通过"豪横"的川源视角，我们感受了从四面八方涌入临海参与救援的"热心人"带给我们的温暖，看到了街头巷尾普通群众灾后自救、恢复生产热火朝天的场面，我们被社区干部和社区居民在劳动之余嘹亮的《全心全意》歌声所鼓舞，被一线工作人员默默无语两眼泪的艰辛和坚韧所感动。当看到紫阳街灾后第一炉海苔饼出炉，市政广场大妈们跳排舞的身影又活跃起来的画面时，我的眼眶里蓄满了泪水，那个充满人间烟火味的古城回来了！而这几天，在舆论战场，在浙江卫视三篇蹲点报道和短视频、评论的主导和联合推动下，临海灾后自救的合力正在形成，媒体、网络及民间的负能量正逐渐被正能量所替代。舆论引导的成效已经显现。

　　"利奇马"前后，我听得最多的是恩雅的《雨过天晴》，感觉很能舒缓紧张的情绪。我坚信，阳光总在风雨后，尽管川源还是那个不省心的"豪横"老师，但至少身处宣传舆情一线的我们不那么"闹心"了！

2019 年 8 月 10 日，临海遭受台风"利奇马"袭击，府城被洪水围困。图为水退之后在受灾点之一余丰里普通读者书店，这些被浸泡的书即将被晾干，摆上专设的"利奇马"书柜，成为临海人永远的古城台风记忆

REPORT　一起说

声音的力量

台州临海市余丰里普通读者书店负责人　｜　金鳃

　　2019 年 8 月，突如其来的"利奇马"台风，让整个临海措手不及。普通读者书店距离城门仅数百米之遥，成为重灾区。洪水刚刚退去，我就踩着泥浆，迫不及待地赶到了店里，展现在面前的是一片狼藉：家具已被冲得东倒西歪，价值上百万元的书籍散落一地，积上了一层厚厚的泥浆，书店整体被淹差不多有 1 米的样子。历经 3 年准备，还有两天就要开业的书店遭此天灾，经济上的损失，迟早可以弥补，但心灵上的创伤，不知何时才能抚平。

　　8 月的烈日炙烤大地，我们正在院子里整理被洪水泡过的书，半遮掩的木门"咯吱"一声被推开，进来的是浙江卫视的记者杨川源老师和摄像许勤老师，他们一路蹚着洪水踩着泥浆过来。因为自己也从事过新闻工作多年，对他们的到访并不感到意外。记者，总会出现在突发事件的最前沿，只不过，此时我的角色从采访者成为被采访者。

采访过程中，川源老师一直关注的是：面对天灾，我们如何积极自救，如何恢复生产，如何得到实际的帮助，如何重建对未来的信心。一个个问题，让我终于从麻木中清醒过来，仔细回顾了这几天我们得到的帮助。其中有当地金融机构第一时间送来的灾后重建特别低息贷款，有文旅集团工作人员一次次来到现场，帮忙恢复电力供水，查看房屋结构安全等。临走之前，我们坐在院子里，一起合了张影，照片上的我们，不再是愁眉苦脸。川源老师跟我们约定，一年后她会再来。

自己当记者时，采访过很多人很多事，我一直在思考：新闻能带来什么？有多少人或者事，因为我们的报道而得到改变？ 而这一次，我第一次站在被采访者的角度，感受到了新闻力量。这种力量，是让我们沉下心来去面对问题、思考问题、解决问题。

一年后，初夏的一个夜晚，还是在普通读者书店，川源老师完成了我们的约定。她独自来访，不是作为记者，而是作为一名普通读者的体验者。书店的院子里，洪水的痕迹尚存，但它不再是我们的伤痕，而是激发我们前进的无穷动力。

2022 年 11 月 15 日

一起战斗的日子，社区干部群众在歌声中相互鼓励重建家园

REPORT　一起说

她把我们的歌声传了出去

台州临海市鹿城社区党支部书记 ｜ 方华芬

2019 年 8 月，9 号超强台风"利奇马"袭击台州，10 号凌晨台风在温岭登陆，上午古城街巷留下一地树枝散叶，清洁工在忙碌打扫，当人们以为平安大吉时，恰恰相反，利奇马的登陆，才是真正灾难的开始……由于山洪与潮汐并存，灵江水猛涨，下午城门"失守"，洪水涌进城内，半小时后洪水到了社区办公楼门口。为了与洪水赛跑，社区快速组织人员，即刻在"鹿城正能量"群发出紧急通知：洪水来势凶猛，危险区域人员马上全部转移。以人的安全为核心，一楼住户向高层转移。洪水围困期间，大家要相助相帮提供粗菜淡饭和生活所需，共渡难关。正因为组织有序，转移及时，鹿城社区无一人伤亡。

　　11号下午4时，洪水缓慢退去。晚上9点，救灾物资分批到达社区。当时社区工作人员短缺，在安抚好受灾群众的同时，重建家园工作刻不容缓。洪水过后，泥沙、垃圾堆积如山，在弄堂巷口积有50~80公分高，人都走不出来，加上高温太阳暴晒，已经慢慢发出恶臭，防疫卫生状况堪忧。按以往惯例应该马上叫小工、拖拉机进场清理，可由于市区周边村庄都被淹，叫不到车辆和小工。12号下午我向朋友圈求助："急！急！急！"目前大街小巷极目之处都是垃圾，先清理小街巷是当务之急，因为小巷是住人的地方，高温天垃圾发酵发臭细菌滋生，多处老鼠蚊子成群，若是防疫没跟上来，是要出人命的。可市内环卫力量都集中在大街，小街巷怎么办？马上联系市委宣传部，结对单位汛桥镇（汛桥也是灾区）与我联系，转天派出30名小工，自带手头工具来支援，加上社区工作人员和部分党员70人，5辆电动三轮车，先在望洋路开始清理。由于没有大型搬运工具，苦干2天只推进了30米，收效甚微。那个时候全城都需要救灾工具，特别是铲车、推土机、拖拉机等大型机械更是紧缺，难啊！

　　正在无望时，浙江卫视杨川源记者带着媒体团队出现在清运现场，采访时我说：要设备、要铲车，一台铲车只抵二三十个人工，大件垃圾人工扛不上去。记得当天中午社区分到了一辆铲车，清理工作大大加快。但是鹿城社区是个有2.5万人口、8719户的全开放的老社区，除了老人老房子多，更多的是狭窄的弄堂、巷子，别说小挖土机进不去，连电动三轮车进去都困难。面对这样的情况，我们只能使用最原始的"人力"。社区党委向居民发出"重建家园、你我共行动"的号召，15日晚上召开动员大会，会前先唱《全心全意》社区之歌鼓劲："记本里事无巨细，记心里轻重缓急，千言万语，千方百计，能让愁容变笑容不是手艺……"川源团队来加持，使会场气氛活跃，大家信心倍增，当晚形成共识：不等不靠，自力更生。党员带头干，楼道长、小组长分头干，居民群众一起干。正是依靠党员、志愿者带头示范，媒体呐喊助阵，群众积极性大大提高，集中清运，清洗场地，细菌消杀，发送物资，修理服务……那几天，我们在哪里，哪里就有浙江卫视记者共同战斗的身影。他们白天走街串巷，进门入户用镜头捕捉群众真实生活，晚上加班加点熬夜赶稿，播送蹲点日记，劳心又劳力。与他们在一起，我感到每天有使不完的劲。在最困难时刻，他们向全省全国播报了《临海古城蹲点日记（一）24小时不停歇 打赢垃圾清运战》《临海古城蹲点日记（二）吹响结集号 打通垃圾清运"最后一公里"》，及时准确地反映了临海灾情严重性，让灾区得到全省全国各地的支援。他们还专门推送《临海面临前所未有垃圾清运困难，居民制作MV唱歌鼓劲》视频，把群众团结在一起，凝聚全部力量，投入重建家园工作中。通过15天的艰苦奋战，我们共出动志愿者1200人次、小工455人次，动用车辆90多台，清运垃圾360多车，清理背街小巷垃圾70余条，打赢了垃圾清运战，有效控制了灾后的细菌传播，还居民群众一个美好家园。

"利奇马"洪灾已过去两年半，留给我们的记忆是刻骨铭心的。防台，防洪，垃圾清运，重建家园，每天都处在"水深火热"中，那时候的基层干部有"三个全部"，走路全部是瘸的，喉咙全部是哑的，形象全部是邋遢的，但我们精神不倒，初心依旧。当杨川源得知我高血压发作整夜没睡的情况时，多次提醒我要注意休息，注意身体，这份关切、这份亲情还时时浮现在心中。两人戴草帽一起拍的合照录下了我们并肩作战时的傻样，社区党员群众团结奋斗，冒着高温酷暑日夜奋战的场景，一直激励着我前进！

临海鹿城社区灾后自救动员大会

好新闻是蹲出来的

台州市黄岩区传媒集团采访中心主任 ｜ 王莹

记者 ｜ 章鸣宇

"新闻是历史的底稿，唯有扎根于人民群众，实打实地走进百姓的生活，才能将这份底稿打好。"浙江卫视新闻联播的"蹲点报道"就很好地诠释了这句话。

"记者'蹲'下去，新闻'立'起来。"每一个成功的新闻作品都离不开前期实地勘访积攒的素材，每当探讨新闻成品和吃苦耐劳专业精神坚守的关系时，我们都不由回想起那段与杨川源老师同行的难忘时光。作为见证拍摄过程的人，我们体会到打电话、聊微信替代不了深入新闻一线，细节、感情是坐在办公室里编不出来的。

2019年的"利奇马"台风，是1949年以来登陆我国的第五位超强台风，造成的经济损失惨重。在黄岩台风灾后的重建工作中，川源老师马不停蹄地带领记者团队来到黄岩西部山区一线，每天早上6点钟起床，在路上从简从快将就饼干等早餐，到达采访地点后顶着炎炎烈日开展采访工作。我们及采访当事人也都深深为杨川源老师的敬业精神所感动。

5天的时间里，"一头汗、两腿泥"，他们不辞辛苦往返于驻地、上郑乡山区和学生家中，采访了解村委会干部、村民和学校工作人员，每天来回行程超过200公里。为了达到最佳音响效果，在没有空调的教室里，拍摄时他们不开电风扇，甚至还要关上门窗；有时为了拍摄的最佳效果，他们在闷热的房间要待上整整一个上午。为了抓住最动人的细节，她常常与村民们细聊到深夜，用心用情去体验、感受、记录当地老百姓的生产生活、所思所盼，用真情实感采写了《30名灾区孩子的上学路》系列报道，让受灾地山区孩子的上学交通难问题得到了社会各界的高度关注。

　　"心中有信念，肩上有担当，眼里有大局，手中有妙笔，脚下有泥土。"川源老师的这一段话一直鞭策着我们。作为一名新闻工作者，无论背后付出的汗水有多少，能用自己的所见、所闻、所思、所感讲述好浙江发展的故事，记录下浙江发展的脚印，当外界通过自己的宣传报道了解浙江的那一刻，一切都是值得的。

　　　　　　　　　　　　　　　　　　　　　　　　　2022 年 9 月 2 日

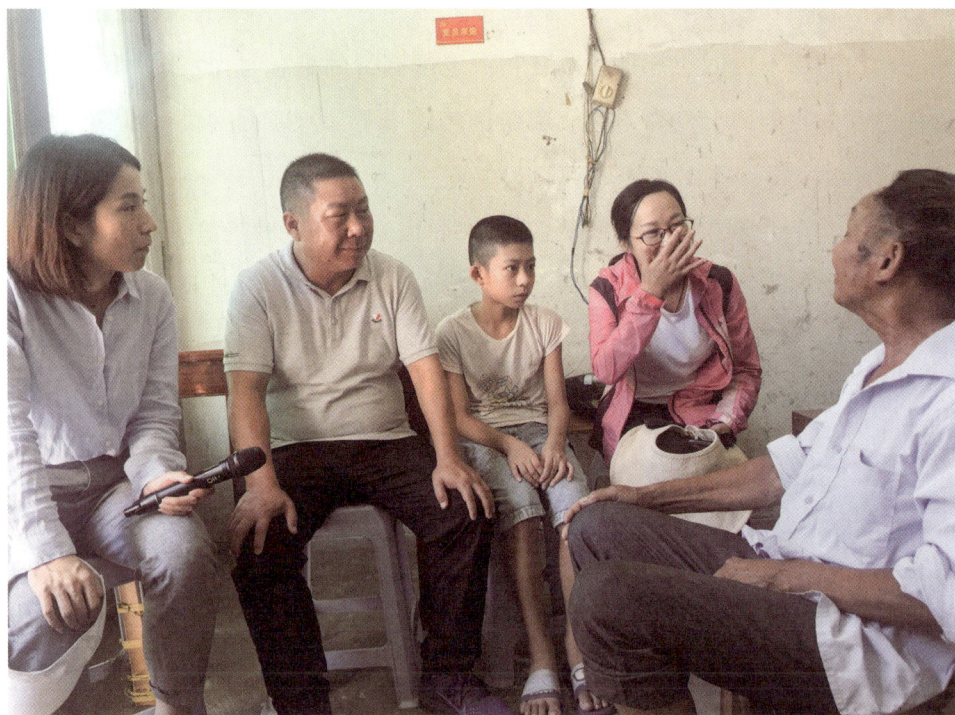

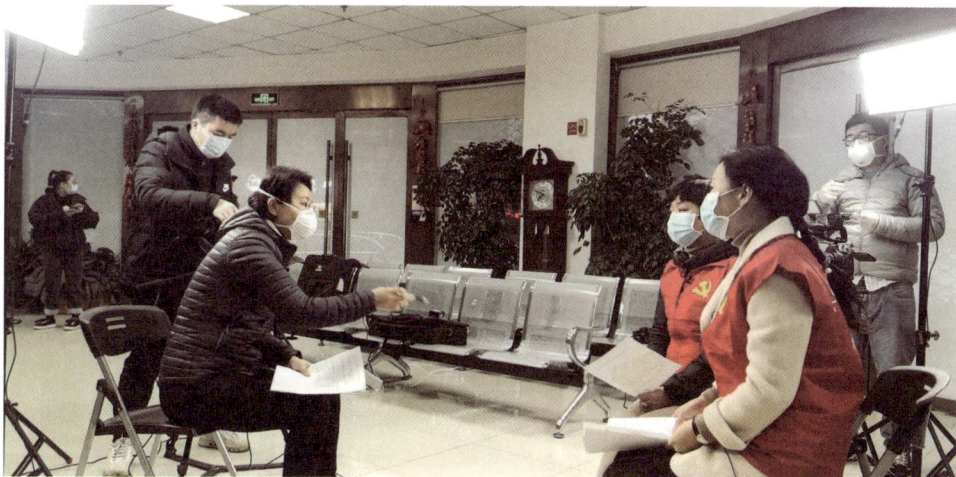

2020 年 2 月初，蹲点团队在温州市区最大的开放式社区八仙楼，与社区书记面对面

REPORT 一起做

蹲到抗疫最前线去

  舆论场是基层治理中的重要一环，是构建媒体与基层紧密联系的关键连接点。我们在日常的采编实践中的方法与态度，决定了我们构建基层互动空间的有效性。特别在自然灾害、社会公共危机事件面前，媒体在推动社会共识形成中，承担着不可替代的责任和作用。只有迎着问题去，迎着危险上，用更及时、更深入的内容传播，才能消除谣言，引领公众凝心聚力、共渡难关。

与你同在

2020 年 1 月 27 日，随着新冠疫情的升级，《浙江新闻联播》增强权威发声加推专访版块，先后专访了国家卫健委高级别组专家李兰娟、浙江省疾控中心副主任陈直平、省立同德医院临床心理科主任徐方忠。那时浙江省新增确诊病例数已增加到 132 例，其中温州最多，新增 58 例，累计 172 例。温州要"封城"的谣言四起。我再也坐不住了：要赶紧把专访搬到一线去！要让我们报道的速度跑赢谣言与恐慌！31 号一早，我、王西、李帅、殷力，带了一箱防疫物资和一整车的设备直奔温州。

疫情如战场，同样在宣传舆论阵地，消灭谣言最好的武器就是直面真相。我们的第一个蹲点目标锁定了温州六院。这个看上去出奇安静的传染病专业医院，承担了救治温州大部分新冠肺炎病例的繁重任务。刚到现场，我们就遇到全院护士长关于一线物资情况的碰头会。我清晰地感受到了抗"疫"前线的严峻与紧张。散会了，伸过去的话筒被推开，他们一路小跑奔向了各自的岗位——这个场面第一时间奠定了我们此次深入重疫区一线蹲点、专访的原则：不打扰、不违规，要把这些奋战在抗疫一线的故事讲好！在随后 8 天的温州蹲点中，我们坚持"蹲点＋专访"双管齐下，紧紧抓住温州六院抗疫一线的重要信息节点、关键人物、典型故事，深入群防、群控阶段性难点的城中大型开放式社区，探讨史上最严社区管理中的执行方法，群众生活的真实困难与需求。先后播发了 2 篇《蹲点第一线》联播头条：《温州第六人民医院：61 号病区的第一次交接班》《温州八仙楼社区："红马甲"抱团打好社区防控战》；5 篇《对话第一线》与医院管理者面对面探讨疫情持久战的制度保障，与刚刚结束 15 天一线救治的护士面对面问询工作难点和坚持的方法，与刚刚出院的温州第 10 例患者面对面探究治愈过程，与大型开放式社区的工作人员、群众面对面直面探究严管新政的落实与推进，用"了解"消除"误解"，用"理解"消除"隔阂"，努力形成务

（对话第一线）对话温州六院一线护士

（对话第一线）温州第 10 例治愈出院病人专访

（对话第一线）温州市第六人民医院蔡玉伟：站出来是医生的天职

实、向上的舆论合力。

他们的誓言是：我上

疫情开始十几天以来温州六院 61 号病区医护人员的第一次交接班，撕开了我们报道的突破口。我走近了一进一出两对倔强而可爱的女护士：周爱珍和赵海滨要进隔离区，替换出王阿静和徐蒙蒙。还遇到了一位放心不下病人主动申请延期的二孩医生爸爸。

早上七点半，周爱珍和赵海滨已经早早搬着箱子在做最后的准备。周爱珍是 2 岁孩子的妈妈，原本自己并不在梯队名单里，但大年三十晚上，奋战在一线的护士长发来的"需要需要"四个字深深触动了她。连夜安顿好孩子，瞒着父母，她报名上前线。

按照防疫规定，出隔离区的医护人员、出院病例都要再经历 14 天的隔离期，这让我无法靠近走出隔离区的王阿静和徐蒙蒙。坐在两米外的她们，浑身散发着胜利的疲惫与喜悦，十几天来这两位 90 后姑娘经历了前所未有的生死考验。徐蒙蒙总是对自己经历的艰苦与危险轻描淡写，一个劲说"没困难"，而其实我们从侧面了解到她是所有隔离区的护士中第一个累到流鼻血的人。从确诊全省第一例新冠肺炎病例到现在，温州危重病例大部分都集中在这里救治，隔离区里的一线护士从 2 人一组到 4 人一组，一直到 7 人一组，队伍在不断壮大。随着确诊病例的不断增加，每个人每天都要没日没夜地三班倒，雷打不动坚持为患者每两小时测一次体温，动态监测。为了节约一线医疗物资，他们穿上防护服就不舍得脱下，也不敢喝水。王阿静这些天在手机的记事本里写了15篇日记，在其中19号的病区日记里，她这样写道："当我开始一层层地穿戴好防护用品后，马上就觉得呼吸比之前费力了，护目镜也开始起雾……但是这些都阻挡不了我进隔离病房的决心。"这位1993年出生的小姑娘坐在我对面这样描述她当时的状态："对讲机里都是我们这样的呼哧呼哧的声音。病魔不会因为你是医务人员就害怕你、逃离你，只有你去战胜它克服它，才不会恐惧。"

困难孕育决心。1月31日，隔离区里，23名党员火线成立了临时党支部。当天的仪式很简单，但从那一刻开始，每个人身上都又增添了一股强大的力量。十几名一线医生、护士纷纷向党组织郑重递交了入党申请书。

作为第一批进入隔离区的医生，蔡玉伟也是这个特殊党支部的书记。他的名字也在第一批交接班的名单上，可是我在走廊上却没等到他。原来在撤出的前晚，他向组织提出了再加一个工作周期的申请。这意味着他将再加14天工作周期和14天隔离期，总共28天后才能回家。那天，在医院的协调下，我通过视频专访到了蔡玉伟，作为两个孩子的爸爸，他的小儿子只有1个月，然而为了生死线上的患者，他毫不犹豫地提出了延期。理由很简单：如果我们一批人都走了，下一批人来对里边的环境和防护的措施都不是特别了解，我在这也可以带带大家。其实他还是想着做医生的职责吧！

一张张被口罩遮挡的面孔，就在我对面。面对记者，他们毫不掩饰自己也曾害怕，也曾紧张，也曾不断和想要退缩的自己作斗争，可是，他们都选择了坚守，都选择了逆行。采访中，他们中的很多人总是说着说着就突然停下来，翻着眼睛向上看，好久说不下去，口罩在微微抖动，眼角是无法抑制的热泪……是的，因为是医生，面对疫情，他们的誓言是：我上！

150对15000："严"与"暖"共生

在这场疫情防控阻击战中，城市中的很多大型开放式社区都面临着前所

来自蹲点一线的报道 温州第六人民医院：61号病区里的"交接班"

来自蹲点一线的报道 温州八仙楼社区："红马甲"的抱团防控战

未有的管控大考。我们到达温州的第二天，疫情管控再次升级，所有社区实行"通行证"制：每户家庭每两天只允许出去一个人采购生活必需品。这样的闭环管理，老百姓是否能接受？面对大量的群众工作，基层工作人员如何在"制度"和"人性化"之间寻求平衡？我们决定选择蹲点有15000人的八仙楼社区。

　　我们的车一开到八仙楼社区的门口就被拦了下来，不管是谁，想进社区，都要经过严格检查。从2月2日晚上起八仙楼社区对原有的16个进出口中的14个实行了封堵，只保留了两个，24小时严格检查。管理者正是一支由市直机关志愿者、社区网格员、志愿者150多人组成的"红马甲"队伍，从大年三十到现在他们天天奋战在一线。采访中，我一路走，一路采，发现大量的劝解说明工作，让"红马甲"们几乎都变成了哑嗓子。忙前忙后的社区书记周淑华满眼血丝，坦言：这段时间太难了，各种不放心。听到这句时，我真切地感受到了基层工作人员白天黑夜连轴转，都是屏着一口气，奋力拿下基层管控这一关。

　　在走访中，我见识了要让这张史上最严社区管理的"通行证"管用，基层工作人员真是费了九牛二虎之力。4500户都要挨家挨户走过来，15000多名居民要一个个详细登记，一遍遍排查出入人员。正在发通行证时，忽然听到了搓麻将的哗啦声，社区干部赶紧上门劝阻，发现屋内群众不但聚众打牌，而且都没有戴口罩，场面一下尴尬起来。牌是不打了，可被查的老人恼羞成怒破口大骂，把大家都赶了出来。虽然我听不懂温州话，但在基层制度落实中，"规矩"与"人情"的平衡难度可见一斑。

一路见证严管的同时，我也遇见了不少暖心事：正在社区门卫采访的时候，一位不愿意面对镜头的大姐，放下一箱点心就走，我越追，她脚步越快，头也不回连声说："他们太辛苦！"晚饭时间，一位阿姨拎了5大盒刚出锅的饺子上门，一定要让这些24小时轮班的志愿者、工作人员趁热吃——以心换心，以情交情，防控疫情，隔绝的是病毒，拉近的是人心。一个个社区就是一个个防疫管控的单元，要真正管起来、管得好，投入的不仅是大量的精力，更重要的是在保证居民生活物资充足的前提下，以心换心，建立一整套可持续的科学＋人性化的管理方法。让人欣喜的是，奋战在第一线的这支"红马甲"队伍正在扩大，一场"群防、群控"的战"疫"已经打响。

我们的努力：随时准备出发

疫情报道不同于普通报道，从报道本身来讲要及时准确，从报道过程来讲，作为温州四人小组的团长，我必须带领大家在安全的前提下做好报道，这也是我在完成本次抗疫报道阶段性任务中最大的难点。

这里不得不提到的是温州六院办公室主任戚中和护士长朱莉娅，他们是经常唠叨着"阻止"我们的人：哪个门可以穿哪套衣服走，与被采访对象对话时防疫规定如何遵守，被采访对象用什么方式接受采访符合规定……不论我走到哪里，身边总有他们。他们不仅及时纠正我们的错误，同时也第一时间精准地传递有效信息。从31号下午到达温州开始，我就一直在争取在《对话第一线》采访一位出院的治愈病例，可是即使我们主动提出不出正面拍摄、不出真实名字的条件，仍遭到了所有人的拒绝。2月4日下午温州六院眼看着又要有两例治愈患者出院，戚主任跑上跑下反复沟通，终于在艰难中为我们争取到了温州出院第10例的独家专访。护士长朱莉娅更是爱"唠叨"，采访靠近半隔离区，是她最紧张我们的时候，一个劲催我们在楼下就穿好从杭州带来的白色防护服，一上楼就把我们几个一直护在身边……这么严厉的她，也是第一个给我们点开手机相册的人，那里记录了这些天发生在 61 号病区的点点滴滴：女护士剃掉了后脑勺下方的头发，男医生一水地剃了平头，很多医护人员都把孩子送回到了父母家，病人在护士防护服的背后写下一句句感谢与鼓励……而她自己也是把孩子送走，从年三十开始就没回过家。她的叙述，加深了我们对这支战疫医护团队的理解。他们的"阻止"与"唠叨"，也正是这场战疫中医生对记者最好的保护。我希望他们也同样被保护、被关爱、被更多人理解和铭记，早日回到亲人身边。

我们温州小分队分工明确：我负责全盘联络协调、敲定被访对象、采访、专访；王西负责拍摄、布景；李帅除了布光，还要兼职做辅机摄像……我们团队的目标是：最快速度、最高效率、精准提问搞专访；自然流畅、感情真挚做蹲点。5 场专访，几乎都是突如其来，悬念迭起：时间不定、地点不定、同意不同意再说——我的手上从没有专访提纲，但一个标准却始终明晰：提问要代表最普通的老百姓，问疑虑、问担忧、问方法。没有提纲，胜有提纲，把草稿打在心里，从容自然才能带动被采访对象更好地袒露心声。

在最艰苦的日子里，我们三个抱团作战，不但效率大大提高，还建立了一整套自我防护措施：上车前统一消毒鞋底、裤脚，回房间统一消毒话筒、机器，丝毫不曾懈怠。

温州抗疫行动的阶段性报道暂告段落，返回杭州的我们正在接受统一隔离。突然足不出户，虽有诸多不适应，但几天来从窗口望出去，杭城的人声、车声渐起，寂静正在打破。这也让我们越发意识到，随着工厂复工、返程客流回潮，一场更为艰巨的疫情阻击战正在打响。14 天隔离后，我们又将随时待命，向着艰险再出发！

2020 年 2 月 8 日

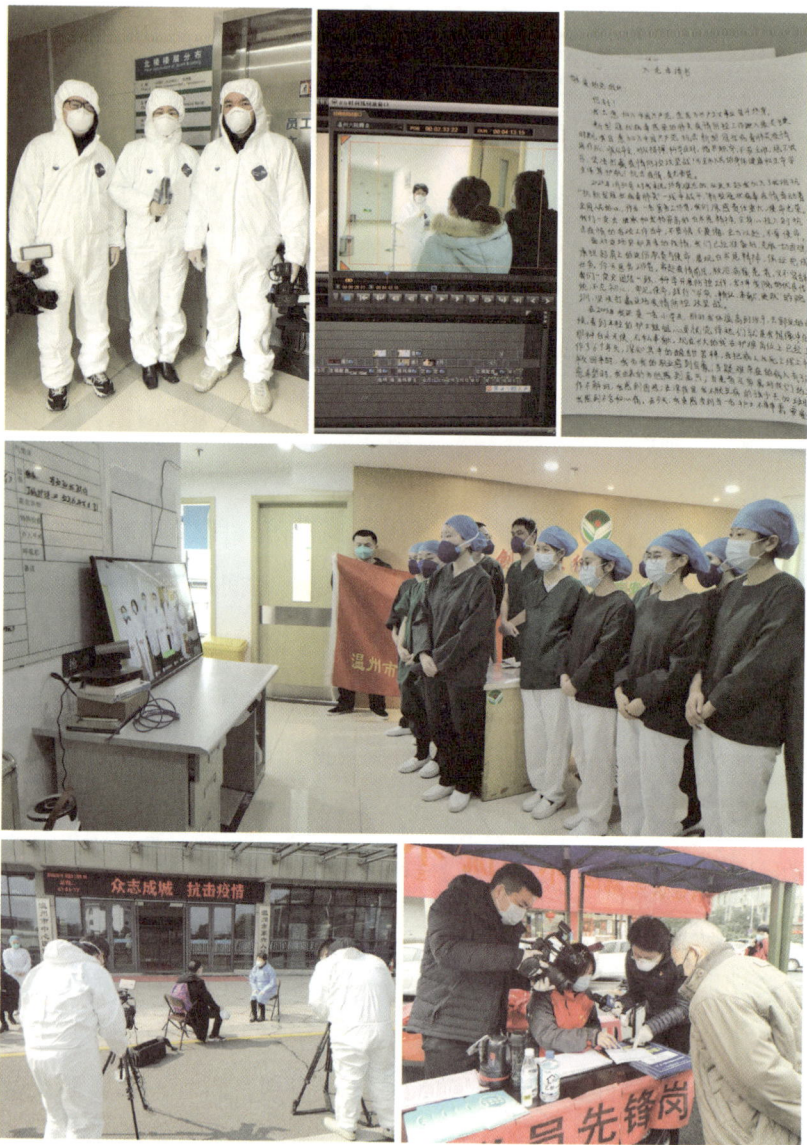

蹲点团队在温州六院和大型开放式社区采访

隔离的 14 天，团队始终在一起

你回来了春天就回来了

REPORT　一起做

蹲到救援一线的队伍中去

苏村的 7 天 7 夜

　　赶去苏村的那个晚上，大雨没有停下来的迹象，山路狭窄，山体碎石随时可能继续掉落，车进山不久就只能被迫停了下来。为了避免车堵在路上耽误到达时间，由 8 人组成的第一直播小分队肩扛手提设备徒步挺进，午夜时分终于进入塌方现场。泥石流形成的巨大堰塞湖随时面临溃堤，直播小组的全部成员还是决定留守在距离塌方现场最近的位置，开始记录这场与时间赛跑的生命大救援。

　　黑夜里山洪泛滥，冲不走我们蹲点救援一线的决心；泥石流阻断了山路，却阻挡不了我们传递第一现场的急切心情。7 天 7 夜中，我们开出了多档灾害现场直播连线，一次次跋涉在泥石流形成的巨大的废墟上，一次次浸泡在冰冷刺骨的山洪中。上山要靠爬，下山也要靠爬，老鼠乱窜、钢筋尖木遍地。为了不被湍急的山洪冲走，我们总是手牵手一起蹚水前行。为了不错过记录每一次救援，摄像顾不上脚被割破，在雨水中待上一整天。我们始终把镜头、把视角对准这场救援现场中的普通人，对准那些散发着爱的力量与光芒的普通人。

正因为有了这样的坚持，在我们的报道中才看到了不顾自己安危，紧锁眉头嘴角起泡四处奔波的女村支书华素萍；看到了扣人心弦让人热泪盈眶的堰塞湖救援；看到了救援部队不抛弃不放弃的信念与担当；看到了那些宁愿自己睡阳台，也要让救援部队睡在自己房间的老乡们——一场场，一幕幕，充满着生命至上的张力与光芒。

在苏村救援故事片段中最让我难忘的还有这样一幕：救援第五天，深夜我与团队回到指挥部时，身上已经湿了一天，夜风中大家瑟瑟发抖，特别想吃一碗热汤面，谁知站在一旁的小卖部老板娘默默地记了下来，不到 10 分钟，就端来了几碗热气腾腾的方便面，上面细心地加了蛋，还拿出了自制的辣椒酱……感动之余，我执意要付钱，却被大姐拒绝了，她笑着转身只留下一句："我哪能收你们的钱，你们记者和这些来帮我们的人都太辛苦了！"这是老百姓发自肺腑的表达，这是一股暖流中的暖流。那碗面，让我终生难忘，那里有老百姓对记者这个职业的肯定，有催促我们更加勇敢、更加坚定的力量。

苏村救援，是一次关于生命与爱的赶考，作为一线记者，我们和那七天七夜中共同与时间赛跑的救援队伍一起，交出了一份无愧于自己职业的答卷。

2016 年 10 月 20 日

　　这碗被老板娘加了蛋的热汤面，一直温暖和提醒着我：越到艰难处，越要
到群众当中去，那里是好新闻取之不竭的力量源泉，那里是新闻人的生命线

第五章 ○

蹲出感悟

一个人的力量是有限的，一群人的力量是无穷的。

感悟来自实践，力量来自团队。畏难时，总有心底的声音告诉我奔波并不盲目；退缩时，总有远处的声音召唤我目标并不虚无。

一次次向深问，增长着记录真实的能力；一次次向下扎，给予我摒弃功利的自信。任何时代都有梦想，让梦想成为现实的路径只有一条：行动。

征途漫漫，长思、长干的人，才能长悟。在这条感悟之路上，唯有看见平凡，才能理解平凡；深入平凡，才能讲述平凡；影响平凡，才能凝聚平凡。那一刻，我们将收获非凡的温暖。

思想向上　心沉基层

在建党 100 周年的历史节点上，《我的党媒情缘》这个题目，更像是一次对自身记者职业的审视。16 年来，不论在城市或乡村，深山或高原；遭遇骤雨或冰封；感受热情或是冷漠，一路摸爬滚打，见证了无数陌生人命运的跌宕起伏与喜怒哀乐。他们面对生活时的"选择"，在时间的长河里虽如同沧海一粟，但对个人而言，却或许是生死抉择。特别是在一些典型人物报道播出后，我总会问自己：怎样的"选择"才能禁得起岁月的涤荡？怎样的人，才能历尽沧桑，最终赢得信任与尊重？答案在每一次的记录中沉淀。迷茫时，鞭策我立足基层，向阳成长；胆怯时，鼓励我跨越沟壑，奋力前行。这也正是我与党媒从"缘起"到"情深"不竭的动力源泉。

一、什么样的人会被祖国铭记

拍摄新中国成立 70 周年系列功勋人物主题报道《我和我的祖国·功勋》，让我有机会走近了三位高龄的老党员：84 岁的于洪福、92 岁的曲福仁和 102 岁的邹鼎山。

于洪福是建设共和国第一座自主设计、建设的秦山核电站的老厂长。一坐下，于老就向我描述刚到海盐时受不了南方沿海的湿冷，东北、西北来的第一批技术人员抱在一起集体跺脚取暖的场景。提起小时候在东北被日本人欺负的时候心底里暗暗立下的志向：要用知识让自己强起来，才能让祖国强。在漫长而高风险的核电岗位上，他献完青春献子孙，带着全家主动放弃回北京的机会，一辈子扎根在祖国东部海岸线驻守核电站。

102 岁的邹鼎山，是从上饶集中营逃脱的为数不多的共产党员。很多记忆虽然已经消退，但当年妻子跪在他面前，求他不要再跟党组织联系的情景，依然历历在目。当被问到为什么不顾妻子反对还要跟党走？他的回答只有一句："我认准了。"2019 年 1 月，常山传来邹老离世的消息。在弥留之际，他不顾家人反对，坚持捐献遗体，完成了自己最后的心愿。

采访淮海战役一等功获得者曲福祥那天，老伴要帮曲老戴上珍藏的军功章，却被他推开了。阿姨尴尬地笑着跟我说："他向来就是这个倔脾气，不愿意炫耀。"这份低调已经持续了 70 年，哪怕是在生活最艰难的时候，曲福祥也从没向组织开口，而是勤勤恳恳坚守肝胆科一线。退休后他坚持传帮带，在小区里热心为身边人提供健康服务。曲老笑称自己是不知道累的"90 后"。他的年轻态，源于心底里的那份开阔。深藏功名 70 年，采访时，我们记录下了他脱口而出的一句话："什么也不说，祖国知道我。"报道播出后被大量转发，曲老这句大白话的座右铭被广为传颂，成为《我和我的祖国》系列报道中最朴素、真挚的精神深意。

三位老党员，不同的人生经历，却有着同样的信念：坚守平凡，深藏功名。他们用实干印证了奋斗的价值。

　　他们的"选择"回答了"什么样的人会被祖国铭记",是那些与祖国同呼吸共命运、不求索取的人。

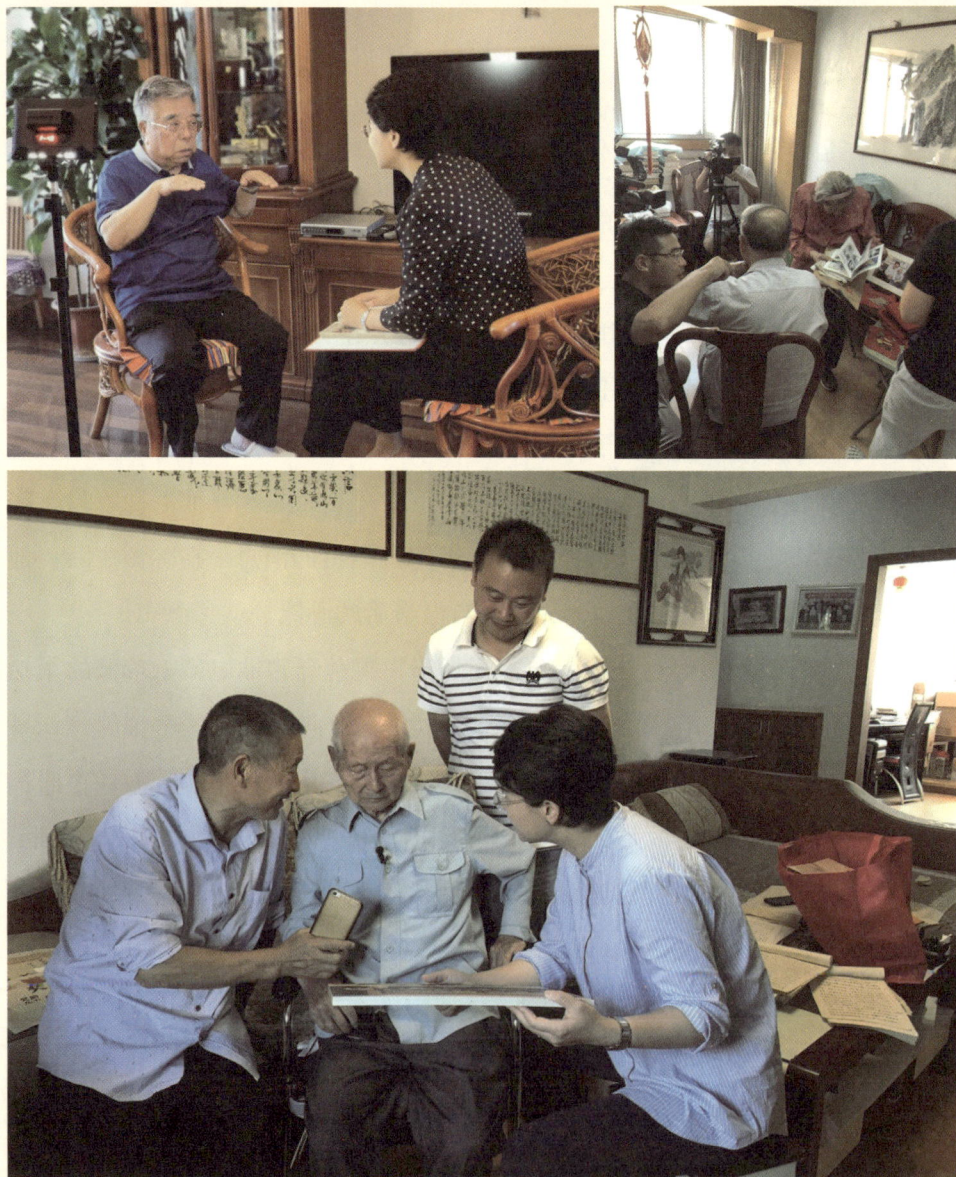

二、什么样的事会被人民点赞

2020 年是决战脱贫攻坚、决胜全面小康的关键之年。根据总书记重要指示：两年多来，浙江安吉县黄杜村捐赠的"白叶一号"茶苗在贵州、湖南、四川三省五县落地生根。接下来，如何让扶贫更"精准"，实现"脱贫"不"返贫"？在国务院扶贫办电视电话会议上，"白叶一号"捐赠项目牵头人盛阿伟，直面"精准难、难精准"的现实问题。得知贵州大山深处移种的"白叶一号"正第一次面临冻雨的考验，盛阿伟决定即刻出发，这也是三年来的第 29 次。那天，盛阿伟跟我说："自从黄杜村的苗移到贵州，我一刻都不敢松懈。既然要帮就要见效，否则就是欺骗群众、欺骗党。"这番话，颠覆了我对"明星"书记的固有印象。作为记录者，两年多来我们跨越贵州、湖南、四川多地，深入高山、苗寨，积累起数百小时新闻素材。攻坚之年他的这股认真、较真的劲头，极大地激发和鞭策着我们，我们有责任、有义务与基层同频共振，直面问题，攻坚克难。

随后我们辗转贵州、湖南处在扶贫协作不同发展阶段的雷山县、古丈县翁草村。在遭遇冻雨的贵州雷山县，盛阿伟努力探寻"白叶一号"难落地的精准扶贫症结；面对苗族群众对外来茶的信心不足，盛阿伟脱掉袜子套在鞋上，再上冰山。古丈县翁草村脱贫后迈出茶旅融合第一步，盛阿伟跟大家一起想方设法建立新思路，迎接新挑战。我们记录了观念融合难，"等靠要"的想法难扭转，基层党组织带动力不足，乡村振兴实用型人才的欠缺等现实难题——从"种茶叶"到"种思想"，在精准扶贫路上，盛阿伟有很多纠结与困惑。东西部理念、方法正在不断碰撞中融合。盛阿伟这股不放弃、不认输的韧劲，就是务实的浙江精神。

报道播出后，湖南、贵州、四川三省五县干部群众积极转发，干部、群众纷纷点赞留言"脱贫，靠的就是这种共产党人"等。这更坚定了广大干部群众从实际出发，不断激发基层党组织在小康路上的引领力，打赢"脱贫不返贫"战役的决心与信心。

　　盛阿伟的"选择"回答了"什么样的事会被人民点赞",一定是那些心里装着别人,总为了更多人过上好日子着急上火,实事求是的人。

三、什么样的精神会被时代传颂

　　2017年教师节前夕,我与团队深入山水阻隔的贵州省台江县苗寨,持续跟踪记录来自浙江的支教校长陈立群呕心沥血帮大山深处孩子改变命运的感人事迹。报道播出后,引发强烈反响。省委书记作出"向陈立群同志学习"的号召。陈立群先后被评为"浙江骄傲""感动中国"人物和全国"时代楷模"。经过3年的艰苦努力,2020年高考台江民族中学实现了本科率从10%到79%的猛增,共计2200多名民族地区的学子走出大山,实现了大学梦。

　　2020年是中国全面打赢脱贫攻坚战收官之年,花甲之年的陈立群,在3次推迟返杭后,即将告别台江。得知消息,我们冒着贵州山区连续的暴雨,记录了陈立群到苗寨展下村的最后一次家访。雨中孩子们大声呼喊:"陈爸爸,不要走!"陈立群大声承诺:"我挂着拐杖也要来关注台江教育!"

报道播出后，新浪、腾讯、网易、搜狐等各大门户网站纷纷转发，全网点击量迅速突破千万。我们用事实印证了在决胜脱贫攻坚奔小康路上"扶贫先扶志，扶贫必扶智"的重要意义和深远影响，也再次证明了主流媒体"主力军占领主战场"的融媒传播优势与能量。

陈立群的"选择"回答了"什么样的精神会被时代传颂"，是那些忘我投入、无问西东、心系祖国未来的人。

作为一名党媒记者，记录和感受这些"选择"的过程，加速着我的成长。让我越发懂得：无论身处何时何处，越遇急流险滩，越要"思想"向上，"脚步"向下。以更坚定的步伐，扎根基层新闻一线，迎难而上：在疫情来袭的危急时刻，我必须到抗疫的最前沿，让更多人看到抗疫一线的真相，消除恐慌；在海拔4500多米的西藏那曲，我必须以饱满的热情，记录好那些嘴唇青紫的浙江干部，如何成就精准扶贫的高原奇迹。如何帮助高原上的100个妈

妈，用浙江织机在氆氇上编织出更加艳丽的"格桑花"——从那曲回来，很多人问我：川源，格桑花到底长啥样？我说：所有高原上鲜艳的不知名的小花，都叫"格桑花"。是啊！格桑花的动人，不仅是因为那一抹亮色，更因为高寒、风雪都阻止不了她们的绽放。只有奋力向上，才能赢得阳光。这是生命的启示，也是我在无数"选择"里读到的真理。

作为一名新时代的党媒记者，岗位是我们成长的摇篮，更是播撒友爱、传递能量的平台。面对身边飞速更迭的浪潮，越是思想向上，越要心沉基层。在实践中寻找答案，在信仰中孕育选择，才能赢得大地的回响，听到时代的宏音。

2021 年 9 月 26 日

杨川源：烟火气里寻找大滋味

浙江广电集团总编室融媒体管理部主任 ｜ 胡睿

　　杨川源又拿中国新闻奖了，而且又是一等奖！这次不一般——连续三年获得中国新闻奖一等奖，全国罕见。

　　以主题论，乡村治理、教育扶贫、数字化改革，三年来的作品都是敲击时代的重大选题；以体裁论，系列报道、短消息、新闻专题，展现了团队多样态的新闻表达功力。

　　不过，无论内行还是普通观众，但凡看过这些作品，一定能感受到一股共通的气息，沾泥带露，有潮湿的情感，有坚韧的追索；它是具体的、可感的，如同大江大海积于水滴雨露，恢宏的事功化自日复一日、人复一人的日常。

　　如果以菜品比喻作品，杨川源做出来的就像是一盘鱼香肉丝，家常馆子里刚端上桌，热腾腾冒着锅气，肉丝垒得铺出盘子边儿，食材都惯见，但酸甜鲜辣凝起神来叫板你的味蕾。须知，这背后是个掌勺 17 年的厨师，每日挥汗灶前，信奉烟火气里藏着大滋味。

温州永嘉县红星社区合村并居后举行首场拔河比赛

一头扎进"泥土"里

2021 年 11 月，浙江数字化改革进入打造重大标志性成果的关键阶段。夜晚的卫视新闻中心编辑机房，时任省市场监管局办公室主任的姚画紧盯着屏幕里的初剪片。浙江卫视即将推出重点系列报道《数字化改革之道》，省市场监管局这方面的工作要作为第一篇打头阵，他备感责任重大。"我也很紧张。"一旁的杨川源则盯着姚画。报道数字化这样的重大改革，第一位要求是精准，因此她破例把采访对象请进机房给专业内容把把关。"没想到是这样。"姚画突然起身，脱口而出来了这么一句。数字化改革是省委中心工作，他想象中的报道，是常见的宏大叙事，全景展现改革架构和推进举措，而这个报道却没有一句这样的话语，镜头对准的是改革中一个个忙碌、鲜活的人——连夜奔赴各地的调查员们带着行李箱开会；两位处长从不熟悉到常常串门"思想碰撞"；地方干部摸不透三张清单"求开药方"；"白＋黑"埋头研发的专班成员因为妻子的点赞感到骄傲……姚画拍了下脑袋，坦陈这和"印象中的主题报道不太一样"。

浙江省市场监管局干部与记者合力核对报道内容

"我喜欢记录各种各样的人。"这几乎是杨川源报道的一个"标签"了。

要记录人就得走进人群中。杨川源团队的小伙伴们说，拍摄温州龙港"撤镇设市"，采访组把所有的村镇片区摸了个遍；追踪安吉县鲁家村的振兴路，他们与村民熟络得靠刷脸就能借车……

杨川源参与的报道不仅人物多，而且经常不太"光鲜"。贵州雷山的冻雨天气里，为了确保扶贫茶叶早日为当地老百姓增收，安吉黄杜村的"明星"支书盛阿伟第 29 次来到这里，为了防滑，脱掉袜子套到鞋上，连滚带滑地奔波在结冰的山路上，生气、着急——这是《一片叶子和盛阿伟的 29 次奔波》记录的画面，狼狈却真实。扶贫的难，一下子穿透了屏幕。这些年，杨川源采访的重大选题数不胜数，这些喜怒哀乐的面孔也总是执拗地"霸屏"。同事们也纳闷，川源这口字正腔圆的北方话竟在吴语江南很吃得开，采访对象总能信任她，对她露出真性情。殊不知，单是盛阿伟在山路上的这一组画面，就来自跨越四省，辗转高山、苗寨的一路追随。走进人心，没有捷径，需要投入时间，投入自己。镜头前，盛阿伟不懈地与扶贫效果较真；镜头后，采访组也在不懈地与自己较真。常年跑在边远山乡、高原海岛，从田间地头到工厂车间，当采访组扛着拍摄装备擦拭汗水时，这些报道中的人物也在他们的心中沉淀。普通人的急难愁盼，实干者的"不服输，跟我上"，既是报道中的故事，也是每一次出发时采访组给自己的鼓劲。

好故事在基层，好记者扎根在基层。2021年11月的剪辑机房里，姚画与杨川源的沟通十分有效，《省市场监管局："闪电速度"的背后》很快播出。报道里又一次"人头攒动"——有把开发"浙江公平在线"称作"上甘岭战役"的工程师，有"浙江e行在线"的"窑洞"专班，有从迷茫走向坚定的普通人，几十张"办法总比困难多"的改革者的面孔，让原本抽象、陌生的数字化改革热气腾腾、触手可及。

在现场找"路"

今年又一次获得中国新闻奖一等奖的消息传来，杨川源说，得奖当然很开心，是浙江数字化改革的先行底色，让这个报道有了价值，而连续三年获得一等奖，一方面是团队自身的努力，但特别重要的，是集团党委、编委会和浙江卫视对新闻报道的高度重视、舍得投入，是集团和新闻中心领导对业务创新创优的耳提面命、严格要求。电视讲究的是团队合作，每一篇报道都是多环节一起使劲的结晶。

"编委会领导经常给我们新闻选题，和我们一起提炼主题，甚至直接帮我们改标题。如果说这几年来我的业务能力有所提高，都是被这样的业务氛围给逼的。"杨川源的报道，最大的亮点是现场。而这几年来，她对"现场"两字的理解、把握和呈现方式，也经历了一次次的提升，这就是逼出来的结果。2020年的夏天，在贵州大山深处的苗寨，采访组又在苦苦等待着一个现场。杭州学军中学老校长陈立群义务支教，带领台江民族中学实现了高考升学率的逆袭。此时，陈立群即将卸任，新校长接力到岗——这是只有一次也是最后一次的节点。得知消息，杨川源踩着最后一分钟跳上了南下的列车。

"我只有一个念头：必须在现场！"陈立群支教的故事是浙江卫视首先挖掘报道的。2017 年，集团编委会分管领导发现了这一新闻选题，要求立即报道、持续关注。老校长的感人事迹迅速随着新闻全网传播，激起强烈的反响，中宣部授予他"时代楷模"称号。杨川源是最早的报道组成员，多年来，她一直和陈校长保持着联系，跟踪报道从未停止。陈立群的告别，是她早就想好要记录的时刻。为了这一个现场，卫视派出了 4 人全媒体团队，全程蹲守、实时报道。然而，理想很丰满，现实却是陈立群不搞送别仪式。千里迢迢而来，学校是平静的学校，人是"淡定"的人，现场在哪里？大家很头疼。

"我总是在找出路。"杨川源觉得这次磨人的拍摄，奇妙地暗合着自己一直走来的路。她曾经为如何做好主题报道迷惘，直到"走基层"记者沉浸式报道让她找到了路。2014 年，《基层牌子何其多》调查报道中，她连数 18 块牌子的现场出镜，是当时的"名场面"。

出镜是她的强项，也给报道带来亮色。但渐渐地，她又觉得不对，出镜再好、再有设计感，也无法代替现场画面的感染力。于是她开始"消失"，不再轻易"抛头露面"，更不允许简单拉住采访对象"站桩式"采访，而是让人物在事件进程中、新闻场景中自然地"说话"。

"我一直是在这种'较劲'的业务氛围里成长的。"

"好新闻永远在路上——这是浙江卫视新闻根深蒂固的传统。"随后，《"并村"之后》系列报道，一根水管、一片鸭棚、一条山路牵引矛盾交织的现场，在一个个紧密连缀的场景中，人们内心的矛盾、胆怯、愤怒、焦急、自私、坦诚……真实地流露，他们的问题在解决过程中可见地转变。这组报道获得了 2020 年中国新闻奖一等奖，她的较劲收获了肯定。

对陈立群的采访真正"出活儿"只在最后一天。陈立群突然提出要去几个村寨转转，因为有些学生他还不太放心。

"一直到最后一个村展下村，一进去就感觉到有戏了，才真正激动起来。"杨川源回忆道。

消息《陈立群的最后一次家访：即使拄着拐杖也要来关心台江的教育》又一次摘得中国新闻奖一等奖。

报道里，没有村民的群访，有的是高考光荣榜前你一句我一句的嘈杂；没有新校长的采访，有的是村民"一手挽一个老校长，一手挽一个新校长"的笑语；甚至没有陈立群的采访，有的是他突然回身"我拄着拐杖也要来关心台江的教育"的高声一喊；现场不完美，学生的眼神有些尴尬，新校长的表情过于拘谨，天降暴雨，镜头里的人一会儿干燥，一会儿湿淋淋；现场很完美，迎宾的牛角酒，一道道的眼神，仿佛读懂情绪的雨，孩子们的呼喊，村民们的歌声，挥着手的陈立群的脸……

"没有最好的现场，只有最真实的现场。"这是记者杨川源心目中的现场。

带着三个问题向前走

在基层，杨川源有不少外号，最意想不到的莫过于"铁匠"的"美誉"。别人觉得用来形容女性太硬，她自己倒觉得挺合适，打铁的务实，匠人的坚守，"我们就是打铁人"。

伙伴们都叹服于川源常年奔跑的精力，集团和频道着力培养她成为多面手，带动更大的队伍。

同事曾经记录下她连续17天的行程：

"8月2—7日，长兴蹲点报道；7—8日，'一起翱翔'绍兴站直播总导演；8—9日，连夜赴温岭迎战台风'利奇马'；9—11日，转战玉环直击台风登陆；12—18日，返回临海蹲点灾后报道。地方经济报道、融媒体专题直播、台风直播、灾后蹲点，她像陀螺一样高速、高质量运转着。"

这是2020年，超强台风"利奇马"正面登陆前后。连续出差的杨川源没怎么吃晚饭，"我等下就去温岭。"她忽然说。"不回杭州了？直接去吗？""直接去!"没有丝毫犹豫。台风报道是浙江广电人每年的重头戏，杨川源也年年赶赴从不缺席。这次她还有另外一个身份：作为新闻中心采编部副主任带队抗台。她要科学调配各路力量，让更多年轻记者得到锻炼，同时把握好报道主线。台风登陆刚停歇，临海古城又水淹告急。杨川源满脑子都是挥之不去的小疑问：被淹的临海古城恢复面貌了吗？水电通了吗？临海百姓吃什么怎么住？"临海需要被关注被鼓励!"于是，她又出发了。这一次，她不仅瞒着父母，还在微信里拉黑了老公，一怕他们担心，二怕他们打扰工作。她需要沉下心，蹲下去。杨川源的先生在银行工作，他经常向川源发起"灵魂三问"：你是干什么的？你赚多少钱？你要干什么？这三个问题，她时时自问，也常拿来跟团队讲，她觉得这是身处当下的社会需要记者回答的问题。

"我说我是时代的记录者，作为一个普通的社会公众，他是否真能体会得到？""我的工资确实不高，但职业选择光看收入就够了吗？""对于我到底要干什么？我怎么能把我的目标和价值充分地和社会价值结合在一起？"在临海古城，杨川源和同事们"浸入式"深蹲，对准了灾后重建中的痛点：全程垃圾大清运。细致、动情的镜头，告诉人们3000吨垃圾是如何用一个晚上清理好，基层组织是如何抢排水、抢清洁，在困难中迸发强大的力量。

"作品不会说谎，它会把你的一点一滴都如实地反映在大众面前。"

"如果你做得好，或许还能够回应社会的诉求，传递一种精神。"

如今的杨川源，又锚定了新目标——"在一起"基层蹲点工作室。她正在牵头建设网格化的基层宣传战队，把蹲点报道的经验做法沉淀、推广。

2022 年 11 月 7 日

蹲点团队与浙江新闻界前辈江坪老师合影

做顶天立地的记者

2022 年 11 月 30 日，杭城迎来了这个冬天的第一场雪。冒着纷飞的大雪，浙江卫视记者杨川源团队拜访了浙江新闻界的老前辈江坪同志。这位已经从事新闻工作 70 年、年近九十的新闻老兵，对年轻一代的新闻人有何期待？新闻事业又是一份怎样的事业？

当好记者 不要说德高望重

一见面，江坪老师就强调了不要说德高望重，当好一名记者就可以了。关于曾担任过《浙江日报》总编辑，他谦虚地表示这只是一名普通记者的不同分工而已。记者，就是应该在不同的地方、不同的战线，用饱含深情的笔触和镜头，记录下时代的万千变化，当好一名党的政策主张传播者、时代风云的记录者、社会进步的推动者、公平正义的守望者。

丰富自己 结出为社会服务的果实

至今，江坪还认为自己是一名"小学生"，笔耕不辍，永远在学习、调研、思考、写作。聊天中，他拿出了上个月新出版的书——《生活的果实》，勉励大家要始终以记者名义自爱、自重、奋斗不懈，不断书写"热爱、坚守、创新"的篇章。

手握笔杆 成为真正的战士

新闻工作者，就是要手握笔杆，真正推动社会的进步。做新闻，就是要走到一线，扎根一线。对着今天到场的70、80、90三代新闻记者，江坪特别强调了绝不能做跑会场、蹲宾馆、吃不起苦的"漂浮记者"，记者要跟着"新"字走，引领时代的新思想、新问题、新人物都是应该要关注的重点。虽然年近九十，但江坪也时刻叮嘱自己不能被时代落下，不仅身兼十七八份社会公益工作，几天前，他还通过网购买了最新的智能手表。

江 坪 寄 语

一、要有赤子之心，听党的话，讲党性是第一位的；二，要有竹子品格，要正直、讲真话、实事求是；三，要有钉子精神，深入实际、深入生活、深入群众；四，要有轮子作风，要24小时关注新闻事件的发生，随时准备出发。

做"顶天立地"的记者，顶天就是读懂党和国家方针政策；立地，就是报道人民群众的创新创造。只有深入基层，扎根群众，报道才会接地气、有深度、动人心。

寄语

一、要有赤子之心，听党的话，讲党性是第一位的；二、要有竹子品格，要正直、讲真话，实事求是；三、要有钉子精神，深入实际、深入生活、深入群众；四、要有轮子作风，要24小时关注新闻事件的发生，随时准备出发。

做"顶天立地"的记者，顶天，就是读懂党和国家方针政策；立地，就是报道人民群众的创新创造。

只有深入基层、扎根群众，报道才会接地气、有温度、动人心。

后　记

　　历史往往是在一次次回首中温暖，回忆总是在一个个镜头里感动。因为这个立项的阶段性总结，曾经散落的一次次蹲点报道，自然巧妙地串成一条扎根的红线。从边远山乡到高原海岛，从田间地头到工厂车间，从乡居土房到国际会场，我和伙伴们共同走过了 17 年。因为这个英才计划，曾经碎片的一回回现场报道，就这样深刻地汇成一条朴素的真理，基层深厚的土壤让我扎下根，一线鲜活的现场让我沉下心，群众热情的话语让我蹲下身，广阔的人民生活引领我们走进了新时代。

　　在时代的宽广大道上，新闻才有力量。在人民的火热生活中，新闻更有温度。每一次采访都是训练场，每一组报道都是新考卷。人民是出卷人，我们是答卷人。镜头里最生动的是人，"联播头条工程"坚定了我们新闻向着基层走、向着改革发展走、向着人民群众需求走的业务方向；报道中最动人的是细节，"鲜活新闻大赛"加速了我们与全省骨干记者、基层宣传干部建立联络网，心往一处想、劲往一处使，打通基层宣传"最后一公里"，用沾泥土、带露珠、冒热气的新闻吸引受众；动情处最难忘的是基层新闻工作者的困惑表情，倒逼我们更加深入地向下扎根，更加清醒地直面问题，共同面对突发事件舆情，以新话题引领舆论场，以新高度提高引导力。《"并村"之后》《陈立群的最后一次家访：即使拄着拐杖也要来关注台江的教育》《（数字化改革之道）省市场监管局："闪电速度"的背后》连续三年成功斩获中国新闻奖一等奖，为我们打开了以"场景叙事"提升蹲点报道质量的新空间，以扎根基层走新时代群众路线的新力量，以增强"四力"开拓媒体融合发展的新未来。

蹲点报道，让我在日复一日的新闻一线工作中，找到了自信的话语体系、志同道合的伙伴，练就了实干的本领，坚定了前进的方向。我越发感受到融媒传播时代蹲点报道走得更深更实的迫切性和与人民群众走得更近更亲的必要性。主力军占领主阵地，唱响主旋律，要求我们以更深入的工作作风，深入基层，推动基层，发展基层，与基层同频共振，与人民同甘共苦。主力军打好主动仗，要求我们不断优化融媒传播表现力，提升记者蹲点思考力，增强"省、市、县"三级宣传队伍的联动力。

风雨历练让我越发清醒：记者的生命线在基层。思想向上，更需脚步向下。只有融入基层，才能发现基层，解读基层，鼓舞基层。这是一个"扎根"的过程，需要越挫越勇的干劲，主动向难题要方向，向难题要方法，向难题要价值，蹚出一条增强主流媒体传播舆论引领力、感召力的实效之路。立项的三年行动计划，是在基层发现问题、展示问题、解决问题的实践探索，距离真正在基层形成一套完备有效的内容传播打法相去甚远，也因此更显任重道远。

实践总是异常艰辛的。每年，我与团队有三分之二的时间奔走在基层、奋战在机房。也曾在深夜加班的机房想放弃，在冰冷的阻碍前想退缩。在整理书稿期间，常常闪现在眼前的，是共同跋涉的伙伴；那些拨动心灵的，是温暖人心的鼓励。每每蹲点报道篇末，当我说完"浙江台报道"时，心中总会油然而生强烈的归属感。感恩我们生活和工作的深厚土壤，感恩我们伟大的时代，感恩浙江鼓励改革创新的氛围与底色，感恩浙江广电集团党委、编委会和浙江卫视为我们创造的广阔空间。每一次出发，我们身后都是一支高水准的采、编、制、播专业化团队，他们就是我们的底气。新闻工作天天都是赶考，我们要特别感谢浙江省委宣传部、浙江新闻界的师长们，是你们在我想放弃时，拉我重新站起来，向前走——就在这本书开始排版的前一天，耄耋之年的新闻界前辈江坪老师，受邀为本书题写书名"在一起"。集团"青雁"计划也已启动，相当一批 90 后 00 后电视人，加入到蹲点团队中来，一代代新闻人立志在基层扎根，在困难中凝聚！

今天的新闻就是明天的历史。人民群众怎么看待、评价、传播我们的报道，决定了我们记录这个时代的笔触是否准确，是否经得起历史的审视与评判，也决定了我们的媒体是否有发展的生命力和真正的吸引力。作为新时代记者，我们要时时树立危机意识，以这样的提问鞭策和激励自己，扎根基层新闻一线，坚定"在一起"的决心，讲老百姓听得懂的话，做党和政府与广大人民群众的连接，当好党和政府的喉舌，思想带头、技能带头、实践带头，更大范围地凝聚起一支有理想、敢担当、愿吃苦、能创造的基层新闻队伍，勇攀业务高峰，用实际行动证明：越难越有价值，越做越有意思。

杨川源

2022 年 12 月 1 日